Scheitern vorprogrammiert

Lernt erst mal Deutsch...
...und dann sehen wir weiter!

„*Wenn man als Erwachsener in ein neues Land einwandert, ist es eine Mammutaufgabe, sich nachträglich einzugliedern. Wenn die aufnehmende Gesellschaft dazu aber nicht bereit ist, wird es unmöglich.*"

Alparslan Babaoğlu-Marx

Autor:
Alparslan Babaoğlu-Marx
(Der Integrator)

Lektorat:
Gregor Leschig

Bibliografische Information der Deutschen Nationalbibliothek:
Die Deutsche Nationalbibliothek verzeichnet diese Publikation in der Deutschen
Nationalbibliografie; detaillierte bibliografische Daten sind im Internet über
http://dnb.dnb.de abrufbar.

Lektorat: Gregor Leschig
Layout: Erhan Zengi / 80ML GmbH
Illustration: Danny Frede

Herstellung und Verlag: BoD – Books on Demand, Norderstedt
ISBN: 978-3-735-71859-4

Inhaltsverzeichnes

Orhan & Melek

Integrationshemmende Faktoren der Gastarbeiter

Inhaltsverzeichnes

Integrationshemmende Faktoren im Aufnahmeland Deutschland

So etwas wie ein Vorwort

- „Hey Alparslan. Fühlst du dich eigentlich eher als Türke oder eher als Deutscher? Du lebst doch schon so lange hier." - „Heute fühle ich mich eher als Deutscher."
- „Schön! Zu wie viel Prozent denn?" - „Darf ich ehrlich sein? Langsam bekomme ich das Gefühl, ich bin ein Mexikaner! Aber ein Mexikaner mit chinesischer Mutter."

Wollt Ihr wirklich wissen, warum die Integration von Türken manchmal nicht funktioniert? Wirklich? Wollt Ihr Euch wirklich Eure kostbare Zeit versauen? OK, sagt alle Eure Termine ab und lasst Euch für die nächsten 4 Wochen krankschreiben.

Damit mein Buch nicht missverstanden wird, hier eine kurze Gebrauchsanweisung:

Jedes Mal wenn Du denkst...
„...ist es denn in der Türkei oder irgendwo anders auf der Welt besser?" bedeutet das, dass Du dich persönlich angegriffen fühlst. Aber das ist unberechtigt. Es geht nicht darum, ob Deutschland im Vergleich mit anderen Ländern besser oder schlechter ist, sondern ob etwas vernünftig oder unvernünftig ist. Nur weil China die Umwelt hemmungslos verschmutzt, kann man sich in Deutschland nicht zurücklehnen und sagen, wir brauchen unsere Umweltschutzgesetze nicht mehr zu verbessern. Wir müssen das machen, was wir für richtig halten.

Jedes Mal wenn Du denkst...
„...warum gehen die Türken denn nicht zurück in die Türkei, wenn es ihnen hier nicht gefällt?" bedeutet das, dass Du die Kritik als Einmischung in die inneren Angelegenheiten empfindest. Aber Deutschland ist mein Land, genauso wie das Land aller anderen die hier leben. Wenn in Deutschland ein Atomkraftwerk explodiert, werde ich genauso wie alle anderen verstrahlt. Meine Kritik ist als Verbesserungsvorschlag eines Einheimischen zu verstehen. Wenn ein jeder, der Kritik an Deutschland übt, das Land verlassen müsste, wäre das Land in kürzester Zeit leer.

Jedes Mal wenn Du denkst...
„...darf man dann die Türken nicht kritisieren, wenn sie sich daneben benehmen?" heißt das, dass Du die Probleme mit der ethnischen Herkunft in Verbindung bringst. Denn natürlich kannst Du jeden kritisieren, der sich nach Deiner Meinung daneben benimmt. Bei der Kritik sollte aber nur das benannt werden, was einen stört. Sobald Du dabei „der Türke" sagst, betrifft diese Kritik die gesamte türkische Community. Das macht die Aussage rassistisch. Dann fühlen sich alle Türken betroffen und das Problem springt auf andere gesellschaftliche Bereiche über.

Fertig? Gut, ich fange an.

Hallo?

Entschuldigung. Darf ich mich vorstellen?

Ich heiße Alparslan.

Und ich bin Türke.

Alle, die ich treffe, halten das für einen Witz: Ich habe keine schwarzen Haare! Okay, auch keine blonden. Ehrlich gesagt habe ich gar keine. Ich fahre auch keinen 3er BMW, trage keine Goldkettchen und hab auch keinen Bodybuilder-Körper. Und mit meinen 1,90 m Körpergröße bin ich der lebende Beweis, dass es sich bei mir auf keinen Fall um einen Türken handeln kann.

Aber ich bin es wirklich. Ein ganz normaler Türke.

Ich habe fünf Frauen, 120 Kinder, sieben Kamele und lebe in Köln in einer Dreizimmerwohnung. Und die Menschen in Deutschland, die das hören, sagen: „Ja, ja, das kann wohl sein. Er ist ja ein Türke!" Und das, obwohl ich heftig übertreibe. Welcher Türke wohnt schon in einer Dreizimmerwohnung?

Wenn erst einmal klar ist, dass ich wirklich Türke bin, bleiben die Menschen in Deutschland erstaunlich ruhig. So wie die Passagiere in einem gekaperten Flugzeug: „Oh Gott, er ist drin. Ein Türke! In Deutschland! Ein Moslem! Hat er überhaupt Abitur? Etwa ein Koran-Abitur? Habe ich die Prämie für meine Lebensversicherung bezahlt? Jetzt bloß keine Panik! Wo ist meine Frau? Wo hat er die Bombe? Wo sind hier die Ausgänge?"

Hey, hey, beruhig Dich! Es kann gar nichts passieren. Denn: Ich bin voll integriert. Dank der deutschen Integrationspolitik! Sie hat mich zu einem zivilisierten Menschen gemacht.

Früher, als ich noch in der Türkei im Urwald lebte, kannten ich und meine Stammesmitglieder natürlich keine Zivilisation – ja, wir wussten nicht einmal, was Hygiene ist. Nicht einmal die Felle haben wir uns gelaust. Jetzt aber, also seitdem ich hier in Deutschland lebe, lege ich sehr viel Wert auf Hygiene. Man könnte fast sagen: Hygiene ist mittlerweile die wichtigste Errungenschaft für mich. Zum Beispiel schicke ich meinen Sohn jeden Abend ins Badezimmer - wenn er das Lamm schlachtet. Im Wohnzimmer sieht es sonst aus wie im Schweinestall - völlig unappetitlich. Der Junge ist hier in Deutschland aufgewachsen und ist noch integrierter als ich: Er hat nicht einmal gelernt, nach dem Schlachten sofort das Blut zu trinken. Er leckt dann auch nicht den Teppich ab. Mein Vater dagegen wusste nicht einmal, was ein Messer ist. Er hat dem Lamm direkt in den Hals gebissen.

Das Seltsame daran ist: Es gibt tatsächlich Menschen in Deutschland, die solche Geschichten glauben.

„Hallo, ich bin Günther!" - „Hallo, ich bin der Alparslan!" - „Hää? Wie war das?" - „Ich heiße Alparslan" - „Hä? Das habe ich nicht verstanden? Kannst du es langsamer sagen" - „Alp-ars-lan" - „Oh, das ist aber sehr schwierig, hast du eine Abkürzung?" - „Das ist schon die Abkürzung. Eigentlich heiße ich Al Muhammed Bin Kaida el Fatah Bin Laden EL AL KLM PANAM Jordan Air. Mein Vater hat am Flughafen gearbeitet." - „Oh ja! Verstehe. Kannst du denn Al... Alpalla..., äh Allah... buchstabieren?" - „Ja natürlich: Anton, Ludwig, Paula..." - „Kann ich dich Anton nennen?" - „Natürlich, wenn du nicht anders kannst." - „Und du bist Türke? Das glaube ich nicht! Du bist kein Türke! Für einen fundamentalistischen Islamisten siehst du zu nett aus. Hmmm. Du bist ein Pole! Im schlimmsten Fall".

Das war als Kompliment gedacht. Und wenn ich weg bin reden alle von „Anton der aus Polen kommt". „War das nicht ein Türke?" - „Nee. Niemals. Welcher Türke heißt denn Anton?"

Deutschland deine Türken.

Kommen wir zum Anlass dieses Buches.

Wenn ein Deutscher sagt: „Ich habe 120 Kinder" sagen alle: „Tock, tock, tock, du spinnst!" Aber wenn Du sagst „Ich bin Türke und ich habe 120 Kinder", dann sagen alle: „Was nur?" Aber natürlich. Was denkst denn Du? Ich kann doch nicht mit fünf Frauen im Bett liegen und ein Buch lesen? Wann denn? Und was für ein Buch überhaupt? In welcher Sprache denn? Türkisch? Denkst Du wirklich, dass das überhaupt eine Sprache ist? Eine Klopfzeichensprache kann man nicht schreiben oder? „Drisch-drisch" mit dem Baseball-Schläger auf den Tisch heißt: „Mama, ich habe Hunger!" Und ein Schlag mit dem Stock auf den Kopf – „drisch" - heißt „Mein geliebter Sohn: Gedulde Dich einen Moment. Das Essen ist heute erst später fertig!" Willst du einen Türken zum Schweigen bringen, musst Du ihm seinen Baseballschläger wegnehmen.

Ein ehemaliger Finanzsenator und Bankvorstand hat folgerichtig Deutschland darüber aufgeklärt, wie gefährlich die Türken sind. Und dies mit hoher Kompetenz! Als Politiker und Banker hat er seine Qualitäten bewiesen. Da wo er war, herrscht Notstand: Die von ihm betreute Kommune ist pleite, die Banken unglaubwürdig, die Welt in der Finanzkrise. Nun versucht er sich als Genetiker und packt das Thema „Integration" an. Kein Wunder, dass die Menschen in Panik sind. Gott bewahre uns vor einer Weltintegrationskrise!

Eine seiner Thesen lautet: „Die Türrkn ärrrobärrrrn Deutschland mit ihrrän horrrändän Gäburrrrtenrrraten!"

Stimmt! Schließlich sind wir Türken ja lernfähig! So etwas wie damals vor Wien soll uns nicht noch einmal passieren. Da sind wir prächtig gescheitert, als wir Europa mit Gewalt erobern wollten! Also haben wir jetzt eine neue Strategie: Erobern durch poppen!

Und natürlich kennt unser Ex-Banker die Lösung: „Seit heute morgen 5 Uhr 45 wird zurückgepoppt!" Das ist nur leider nicht das Problem in Deutschland. Daher will er jetzt Verhütungsmittel für alle reinrassigen Deutschen verbieten lassen. Alle anderen sollen sterilisiert werden.

Eine andere seiner Thesen lautet: Die Türken produzieren nur Kopftuchmädchen. Das stimmt allerdings nicht. Denn woher kommen sonst die vielen Türsteher, Drogendealer und Amokläufer?

Doch halt! Amokläufer haben wir Türken eigentlich noch nicht hervorgebracht. Schade eigentlich. Aber wir können ja nicht in allen Kategorien die Besten sein. Obwohl... Wie praktisch wäre es, wenn die jungen Amokläufer einfach alle Türken wären! Dann müsste man in Deutschland nicht monatelang darüber nachdenken, warum sie ihre Taten begangen haben. Und dann könnte man bestimmt auch nachweisen, dass die Amokläufer alle türkische Gene besitzen. Und dass diese Gene ansteckend sind! Wie sonst ließen sich kriminelle Rockerbanden wie die Bandidos oder die Hells Angels erklären? Oder terroristische Organisationen wie die RAF? Oder die vielen gewöhnlichen Mörder und Vergewaltiger, die es vor den Türken in Deutschland nicht gegeben hat.

Mal ganz ehrlich: An was denkst Du, wenn von Türken die Rede ist? Und jetzt komm mir bloß nicht mit: „Döner!" Wenn Du an Döner denkst, dann hast du einfach alarmierend viel Hunger.

Nein, Du kannst ruhig aufrichtig sein! Du denkst an Kriminalität, Ehrenmord, Zwangsheirat.

Zumindest ist es das, was die Medien uns ständig weismachen wollen: Das Leben eines Türken ist durchsetzt von Kriminalität, Ehrenmorden und Zwangsheirat. Nicht gerade die gesuchten Attribute für einen perfekten Schwiegersohn. Und dann fragen sich noch manche, warum die Türken ständig nur untereinander heiraten. Ist doch kein Wunder bei dem Image! Wer will schon so einen Türken heiraten? Zwar nehmen die deutsch-türkischen Eheschließungen laut Statistik mittlerweile zu – aber bei den meisten Deutschen handelt es sich dabei um Türken... mit deutscher Staatsangehörigkeit.

Jedenfalls ist das Image der Türken in Deutschland miserabel.

An diesem Punkt stelle ich meistens die ersten Komplexe bei mir fest. Ich habe doch die gleichen kulturellen Wurzeln! Aber diese ganzen kriminellen Eigenschaften habe ich nicht! Hat man mich vielleicht adoptiert? Bin ich ein alternatives Lebensborn-Kind? Oder bin ich krank? Bestimmt hast du auch schon oft gehört, wie jemand über einen Türken sagt: „Er ist Türke! Aber er ist nett!"

Wie kommt das? Wie kommt es, dass die Türken in Deutschland einen so schlechten Ruf haben?

Es scheint alles sehr komplex zu sein. Und niemand durchblickt, wie diese Image entstanden ist. Gab es erst Probleme und dann den schlechten Ruf, oder war es umgekehrt? Ich möchte versuchen, etwas Licht ins Dunkel zu bringen. Und ich mache das in der Art, die ich von meiner Großmutter gelernt habe. Zunächst erzähle ich dir eine Geschichte: Die Geschichte von Orhan und Melek.

Orhan & Melek

Die neue Moschee
1955

Das Dorf, in dem Orhan aufwuchs, hatte keine Moschee. Zum Freitagsgebet fuhren die Männer in die nahe gelegene Stadt Bingöl. Dort gab es eine neue Moschee. Als Orhan fünfzehn wurde, hat sein Vater ihn zum ersten Mal mitgenommen. Er war sehr stolz, mit den Männern in die Stadt gehen und eine Moschee von innen sehen zu können. Gleichzeitig war er aufgeregt, da er zum ersten Mal beten sollte. Zwar hatte er seinen Vater gefragt, wie man es macht, aber dessen Antwort wirkte fast zu einfach auf ihn: „Mach einfach nach, was wir tun!" So hat er es dann auch gemacht und es fiel nicht auf, dass er keine Ahnung vom Beten hatte. Es war ein gutes Gefühl, dazu zu gehören und zusammen mit den anderen die gleichen Bewegungen zu machen. Es wurde ausschließlich auf Arabisch gebetet. Obwohl daher nie verstand, was die Gebete bedeuteten und es ihm schwer fiel, sie auswendig zu lernen, konnte er drei Gebete auswendig, als er im Alter von einundzwanzig Jahren nach Deutschland kam.

Arbeitstauglichkeitsuntersuchung
1961

Mitten in Istanbul saß Orhan auf einer Bank neben einer kleinen Grünfläche, die seit Jahren nur noch aus festgetretener Erde und ein wenig Wildwuchs an den Rändern bestand. Ein kniehoher Metallzaun konnte die Menschen bei schönem Wetter nicht davon abhalten, auf der 10 qm großen Fläche zu picknicken oder sich darauf auszuruhen. Einige der Passanten kauften Vogelfutter bei einem alten Straßenverkäufer und fütterten damit die Stadttauben, die zu hunderten ständig um den Platz herum flatterten. Sie konzentrierten sich nur auf das Füttern. Der Ohren betäubende Verkehrslärm der viel befahrenen Straße schien sie nicht zu stören.

Teilnahmslos sah Orhan das lebendige Schauspiel um ihn herum an. Er dachte an sein Dorf und an seine Verwandten, die er nun über zwei Wochen nicht mehr gesehen hatte. Seitdem er in Istanbul angekommen war, verbrachte er die meiste Zeit mit Warten. Ob in einer Schlange vor dem Arbeitsamt, dem Einwohnermeldeamt, dem Standesamt oder einfach auf einer Parkbank bis der nächste Termin anstand. Das Warten war seine Hauptbeschäftigung geworden. Heute hatte man ihn zu einer Gesundheitsprüfung einbestellt, zu der er allerdings erst in zwei Stunden erscheinen musste. Dabei hatte er bereits aus seiner Heimatstadt ein ärztliches Attest mitgebracht. Zudem hatte er beim Arbeitsamt eine Gesundheitsprüfung durchlaufen, die bescheinigte, dass es bei ihm nichts zu beanstanden gab.

Heute sollte seine Gesundheit noch einmal von einem Ärzteteam aus Deutschland geprüft werden. Dabei würde sich entscheiden, ob er zum Arbeiten nach Deutschland durfte. Obwohl ihm ja bereits bescheinigt worden war, dass er gesund war, machte er sich Sorgen, dass die deutschen Ärzte das anders sehen könnten. Er hatte bis jetzt noch keinen Deutschen gesehen, aber schon öfters gehört, dass sie sehr streng sein sollten. Deshalb hatte er Angst vor diesem Termin. Sein einziger Trost war, dass Fırat mitkommen würde. Fırat hatte er in den Warteschlangen vor den Ämtern kennen gelernt. Er stammte aus dem Norden und sprach mit starkem Akzent. Dennoch konnten sie sich gut unterhalten und fühlten sich fernab von ihrer Heimat eng verbunden, wie in einer Art Schicksalsgemeinschaft. Er war froh, dass sie gemeinsam zur Gesundheitsprüfung gehen würden.

Während Orhan mit den Gedanken zwischen den deutschen Ärzten und seiner Familie hin und her wanderte, erschreckte ihn Fırats Stimme: „Hey, Orhan mein Bruder!" Sie umarmten sich so herzlich, als müssten sie gleich in den Krieg ziehen. Fırat hielt Orhans Schultern fest, schaute ihn an und sagte: „Hey Deutschland! Bereite dich vor, wir kommen!" Fırats Worte motivierten Orhan und seine Angst vor dem Termin ließ ein wenig nach. Dann gingen sie los. Sie wussten nicht, wie lange sie unterwegs sein würden und wollten auf keinen Fall zu spät kommen. Außerdem waren sie zu Fuß unterwegs, um ihr knappes Geld zu sparen.

Nach eineinhalb Stunden erreichten sie das Arbeitsamt, in dem die Untersuchungen stattfanden. Eine große Menschenmasse wartete bereits vor dem Gebäude. Sie stellten sich hinten an. Die Tür war bereits geöffnet, aber die Türsteher hinderten die Menge daran einzutreten. Immer mehr Menschen kamen hinzu, so dass Orhan und Fırat sich schnell inmitten der Menschenmenge befanden. Plötzlich wurden alle unruhig, die ersten wurden jetzt eingelassen.

Nach einer halben Stunde erreichten sie endlich die Tür. Drei Mitarbeiter des Arbeitsamtes versuchten den Einlass einigermaßen zu ordnen. Aber sie waren mit dieser Aufgabe überfordert, denn sie waren eigentlich als Hausmeister eingestellt worden und verfügten über keinerlei Erfahrung im Umgang mit Menschenmassen. Hilflos schrien sie in die, gegen den Eingang drückende Menge. „GEHT ZURÜCK! GEHT WEG!" Orhan, der jetzt unmittelbar vor den Hausmeistern stand, wurde regelrecht in das Gebäude hinein gedrückt. Die überforderten Türsteher wussten keine andere Lösung, als auf die vordersten Personen einzuschlagen, damit sie zurückgehen würden. Die Szene ähnelte eher einem Viehtreiben als einem Auswahlverfahren für Arbeiter. Eine weitere menschliche Druckwelle katapultierte Orhan und seinen Kumpel in das Gebäude hinein. Trotzdem bekamen sie von den genervten Türstehern noch ein paar kräftige Schläge mit auf den Weg.

Im Inneren des Gebäudes wurden sie in einen kleinen Raum geleitet, in dem bereits ungefähr 20 Leute eng zusammen standen. Ein Mitarbeiter kam durch die Tür auf der anderen Seite und brüllte: „Oberkörper freimachen!" Ohne zu zögern zogen alle ihre Hemden aus und standen jetzt mit freiem Oberkörper herum. Orhan war die Situation unangenehm. Noch nie hatte er sich vor Anderen auszuziehen müssen. Wie viele der anderen Männer im Raum, war er bis jetzt fast nie bei einem Arzt, geschweige denn bei einer Reihenuntersuchung gewesen. Da alle die Hemden auszogen, war es ihm klar, dass es nicht an der Zeit war, sich zu genieren.

Der Mitarbeiter an der anderen Tür rief laut: „Wer fertig ist, hierher kommen!" Mit einem Wachsstift schrieb er durchlaufende Nummern auf die linke Brusthälfte der Bewerber. Als Registrierung für die Gesundheitsprüfung vermerkte ein anderer Mitarbeiter die Nummern in einer dicken Kladde. Einige der Männer waren vor Aufregung verschwitzt und die Zahlen auf ihrer Brust verwischten. Dann wurden die Zahlen einfach neu auf Schulter oder Bauch geschrieben. Nachdem sie wie Schlachtvieh registriert worden waren, durften sie einzeln durch die Tür gehen.

Auf dem sich anschließenden engen Korridor mussten sie warten, bis die Gruppe komplett durchnummeriert war. Nach einer Weile kam ein weiterer Mitarbeiter. Er schien entspannter zu sein und bat die Gruppe freundlich, ihm zu folgen. Mit ihren Kleidern in der Hand gingen sie den Korridor hinunter. Er führte sie in eine Art Untersuchungsraum und forderte sie auf, sich bis auf die Unterhosen auszuziehen und ihre Kleidung auf die Stühle zu legen. Orhan versuchte vergeblich eine Ecke zu finden, in der er sich ungesehen ausziehen konnte. Der Mitarbeiter bemerkte Orhans Zögern sofort und raunzte ihn an: „Wenn Du keine Lust hast zu gehorchen, kannst du gleich wieder nach Hause gehen!" Ohne ein Wort zu sagen, zog Orhan daraufhin schnell seine Schuhe und seine Hose aus. Jetzt standen alle fast nackt, nur mit ihrer Unterhose bekleidet herum. Keiner traute sich, den anderen anzuschauen. Alle schauten auf den Boden und hofften, dass das Ganze möglichst schnell vorbei gehen würde und sie sich wieder anziehen könnten.

Plötzlich öffnete sich die Tür zum Nebenraum und die vorhergehende Gruppe von Männern kam herein. Sie sprachen ebenfalls kein Wort miteinander. Wie in der Schule stellten sie sich unaufgefordert wieder zusammen. Durch die geöffnete Tür konnte Orhan sehen, wie im Nachbarraum einige Personen mit weißen Kitteln herum liefen. „Der Doktor sagt, die nächste Gruppe darf rein" klang es herüber. Der Mitarbeiter sagte: „Also los! Ihr habt gehört, was ihr machen sollt." Aber niemand wollte als Erster hinein gehen. Fırat ermutigte Orhan gemeinsam den ersten Schritt zu machen, dann folgten alle Anderen. In dem großen Raum warteten drei Ärzte auf sie - zumindest hatten sie alle einen Kittel an. Einer von ihnen fiel sofort mit seinen blonden Haaren und seiner außergewöhnlichen Körpergröße auf. Er blätterte in den Registrierungsunterlagen. Das muss der Arzt aus Deutschland sein, dachten die Männer. Orhan wollte sich von seiner besten Seite zeigen, um bei dem deutschen Arzt einen guten Eindruck zu hinterlassen. Sofort aber fiel ihm ein, dass er nur mit einer Unterhose bekleidet war und so keine Möglichkeit hatte, ein besonders beeindruckendes Bild abzugeben. Der deutsche Arzt wandte sich ihnen zu und sagte ein paar Sätze auf Deutsch. Im Befehlston dolmetschte der Übersetzer: „Hört mal zu! Wir haben nicht viel Zeit. Alle machen das, was der deutsche Doktor sagt. Wer gesundheitliche Probleme hat, kann gleich nach Hause gehen. Wir finden sowieso alles raus, falls ihr etwas verschweigt. Wir brauchen nur gesunde Menschen, die hart arbeiten können. Also gut. Stellt euch alle in eine Reihe." Sogleich stellten sich die Männer in eine Reihe, stramm wie die Soldaten.

„MUND AUF!" lautete die Übersetzung der nächsten Aufforderung durch den deutschen Arzt. Alle öffneten ihren Mund weit und der Doktor schaute sich einen nach dem anderen gründlich an. Mit einer Taschenlampe leuchtete er hinein, gleichzeitig zog er die Wangen hin und her, damit er die Zähne besser sehen konnte. Bei Nummer 23 schaute er nur kurz in den Mund, machte dann mit seinem Wachsstift einen roten

Strich über dessen Brust und murmelte irgendetwas zu dem Übersetzer. Noch vor der Übersetzung wussten alle, dass Nummer 23 aussortiert worden war. Die Nervosität stieg. Als der Mediziner die Inspektion der Zähne abgeschlossen hatte, stellte er sich vor den Mann mit der Nummer 7. Er griff zum Bund der Unterhose und wollte diesen nach vorne ziehen. Reflexartig griff Nummer 7 nach der Hand des Doktors. Dieser war von der Reaktion sichtlich überrascht: „Lass mich los!" sagte er aufgeregt. Dann riss er seine Hand los und holte den roten Stift heraus. Erst als Nummer 7 den Raum verließ, merkte Orhan, dass es Fırat war.

Die Männer standen völlig verunsichert herum und schauten auf dem Boden. Der blonde Deutsche ging angesäuert die Reihe entlang, zog einem nach dem anderen den Unterhosenbund nach vorn und schaute ungeniert auf ihre Genitalien. Aus Scham und Solidarität drehten alle anderen den Kopf demonstrativ in die entgegengesetzte Richtung. Als wolle er sie nun erst recht provozieren, befahl der Doktor allen, ihre Unterhosen bis zu den Knien herunter zu ziehen. Wieder ging er die Reihe entlang und tastete ausführlich die Hoden der Männer ab. Dann mussten alle ihm den Rücken zuwenden und sich bücken. Aus dem Augenwinkel konnten die Männer erkennen, wie der Doktor sich einen Handschuh überzog und seine Finger mit Vaseline beschmierte. Er schien diese Demütigungen zu genießen, als würde er Rache für Fırat nehmen wollen.

Orhan überstand alle Untersuchungen und durfte nach Deutschland. Aber er konnte mit niemanden über diese Erfahrungen sprechen. Niemals. Nicht einmal mit seinen Leidensgenossen.

Aufstiegsambitionen
1962

Orhan war jetzt seit sechs Monaten in Deutschland und arbeitete täglich außer Sonntags am Fließband. Die meisten seiner Kollegen kamen ebenfalls aus der Türkei. Daher sprachen die Arbeiter am Band nur türkisch miteinander. Mit den zuständigen Schichtleitern verständigten sie sich mit Hilfe des Übersetzers Erdal Bey. Der sprach ein sehr vornehmes Türkisch und hörte sich sehr sicher an, wenn er mit den Vorarbeitern deutsch redete. Erdal Bey stand nicht am Band. Seine einzige Aufgabe bestand darin, alle Informationen in der jeweils anderen Sprache weiterzugeben. Als Übersetzer war er sowohl für die Arbeiter als auch für die deutschen Vorgesetzten sehr wichtig. Und das zeigte er auch: Stets trug er einen Anzug und genoss den Respekt, der ihm entgegen gebracht wurde. Die einfachen Arbeiter waren zum Teil sehr neidisch auf ihn, da er anscheinend eine bessere Position hatte.

Orhan erinnerte sich, dass er in der Türkei für ein paar Monate in der Schlosserei seines Onkels gearbeitet hatte. Dabei hatte er auch einen Einblick in das Schweißen bekommen. Er überlegte, dass er eventuell diese Kenntnisse einsetzen könne, um in der Fabrik eine weniger anstrengende und besser bezahle Stelle zu bekommen. So ging er eines Tages zu Erdal Bey und bat ihn darum, einen Termin mit seinem Vorgesetzten, Herrn Diethelm zu vereinbaren. Erstaunlicherweise wurde Orhan bereits nach ein paar Stunden in das Büro des Abteilungsleiters gerufen. Er war sehr aufgeregt, denn er hatte nicht erwartet, dass er so schnell dran kommen würde. Hektisch rannte er auf die Toilette und betrachtete sich kurz im Spiegel. Sah er sauber und ansprechend aus? Alles war gut. Schnell ging er in das Büro seines Vorgesetzten.

Als er die Tür öffnete unterhielt sich Erdal Bey gerade mit Herrn Diethelm. Sie saßen zu beiden Seiten des Schreibtisches von Herrn Diethelm. Auf seinem Sessel zurückgelehnt, hörte dieser amüsiert den Erzählungen von Erdal Bey zu und gab Orhan mit einer kleinen Handbewegung zu verstehen, dass er sich gedulden müsse. Orhan wurde immer unsicherer, je länger er warten musste und die beiden Männer sich in einer Sprache reden hörte, die er nicht verstand. Das Gespräch schien kein Ende zu nehmen. Plötzlich lachten die beiden laut auf. Als das Lachen verebbte, drehte sich Erdal Bey zu Orhan und forderte ihn auf, sein Anliegen vor zu tragen. Orhan sagte schüchtern, dass er eventuell als Schweißer eingesetzt werden könne. Er hätte in der Türkei bei seinem Onkel gesehen, wie es funktioniere. Während er dies sagte, bemerkte er, wie schwer es ihm selbst auf Türkisch fiel, sich gut auszudrücken. So etwas hatte er früher nie tun müssen.

Nachdem Erdal Bey sich bei Orhan vergewissert hatte, ob er alles richtig verstanden hätte, drehte er sich dem Abteilungsleiter zu und sprach wieder mit diesem. Orhan hoffte, wenigstens ein Paar Wörter zu erkennen, da er doch das Thema kannte - aber vergeblich. Wieder zog sich das Gespräch in die Länge. Da Orhan kein Wort verstand, beobachtete er die Körpersprache der beiden. Er versuchte zu erkennen, wie die Sache für ihn stand. Diethelm war gelöst und lachte ein paar Mal. Das ist ein gutes Zeichen, dachte Orhan. Als die beiden mit ihrer Unterhaltung fertig waren, drehte sich Erdal Bey wieder herum und sagte zu Orhan: „Leider geht es zur Zeit nicht." Orhan fragte: „Aber über was habt ihr die ganze Zeit gesprochen?" Erdal Bey wich der Frage aus. „Gleich ist Mittagspause. Du solltest dich beeilen, rechtzeitig in die Kantine zu kommen."

Orhan vermutete, dass die beiden sich über ihn lustig gemacht hatten. Aber er konnte nichts dagegen unternehmen. Es sei denn, er lernte diese fremde Sprache. Er erinnerte sich, dass im Wohnheim am schwarzen Brett ein Zettel hing, auf dem jemand privaten Deutschunterricht anbot. Noch am selben Abend rief er dort an. Der Mann am anderen Ende der Leitung sprach allerdings nur Deutsch. Orhan verstand kein Wort und legte wieder auf. Am nächsten Tag bat er Erdal Bey dort anzurufen und für ihn Unterricht zu vereinbaren. Der Übersetzer war erstaunt, freute sich aber über Orhans Interesse. Er organisierte, dass Orhan zweimal in der Woche für jeweils zwei Stunden zu Herrn Bayer, einem Hauptschullehrer gehen konnte. Herr Bayer erkannte schnell, dass Orhan weder gut lesen noch schreiben konnte. Daher versuchte er, ihm durch mündlichen Unterricht die deutsche Sprache näher zu bringen. Orhan zeigte sich wissbegierig, schnappte vieles auf und konnte es auch mehr oder weniger korrekt wiedergeben. Schon nach kurzer Zeit konnte er einiges von dem Erlernten im Alltag einsetzen. Er war sehr stolz, sich beim Einkaufen Deutsch ausdrücken zu können: „Ein Pfund Tomaten bitte!" Sobald aber der Verkäufer etwas erwiderte, verstand er gar nichts. Das machte ihn nervös. Jedes mal hoffte er deshalb, die Antwort würde nur „ja" oder „nein" lauten.

Nach sechs Monaten konnte er schon einiges verstehen, wenn andere Menschen sich auf Deutsch unterhielten. Einmal hörte er, wie sich die deutschen Kollegen einen Witz erzählten. Orhan konnte die Pointe nicht genau verstehen aber er hatte heraus gehört, dass es um eine junge Frau ging. Ein wenig unsicher lächelnd fragte er: „Was ist mit die Mädchen?" Die deutschen Kollegen fanden Orhans Reaktion sehr amüsant und äfften ihn nach: „Mit die Mädchen, mit der Mann, mit das Frau!" sagten sie lachend ohne dabei Orhan anzuschauen.

Orhan wusste nicht warum sie sich so amüsierten. Er hatte doch nur eine einfache Frage gestellt. Was war daran so lustig? Was war daran falsch? „Die Mädchen" muss doch richtig sein dachte er sich. Schließlich ist ein Mädchen weiblich. Ab diesem Zeitpunkt wurde er von einigen Kollegen immer belächelt, wenn sie ihn in der Fabrik antraf. „Ah, schau mal. Da ist ja die Mädchen mit der Mann und das Frau" sagten sie und lachten laut auf.

Orhan war nicht klar was an „die Mädchen" und „der Mann" falsch sein sollte, aber irgendwie hatte er die Lust verloren, deutsch zu sprechen. Trotzdem lernte er fleißig weiter. Allerdings nutzte er das Deutsche nur dann, wenn es nicht anders ging. Er wollte sich nicht unbewusst zum Gespött der anderen machen.

Der Koran
1962

Jeden Morgen, wenn Orhan seinen Spind öffnete, schaut er, ob unter den ordentlich gefalteten Handtüchern noch das dicke alte Buch lag. Es war nicht irgendein Roman sondern der Koran von seiner Großmutter. Sie selbst hatte ihn von ihrem Vater bekommen und dann Orhan mitgegeben, damit er ihn im fremden Land beschütze und ihr Enkel sich nicht allein fühle.

Der Koran war in Arabisch geschrieben, wie es zu der Zeit in der Türkei oft üblich war. Dies obwohl Kemal Atatürk angeordnet hatte, dass sogar der Ruf des Muezzins auf Türkisch zu erfolgen habe. Orhan war die Sprache gleichgültig, er konnte ohnehin sehr schlecht lesen. Ab und zu nahm er aus Langeweile den Koran in die Hand und betrachtete die Zeichen, die er nicht verstand. Seine Großmutter kam ihm vor Augen, wie sie auf einem niedrigen, runden Tisch einen Teig ausrollte. Wehmütig erinnerte er sich, wie er das Mehl über den Teig ausstreuen, diesen zu kleinen Taschen falten und dann die Teigtaschen füllen durfte. Sobald er fertig war, rannte er hinaus zu seinen Freunden, die mit einem alten Plastikball Fußball spielten. Der Ball war wirklich hinüber. Da er mehrere Löcher hatte, hatten die Kinder einen Schlitz geschnitten und alte Lappen hinein gestopft, damit er überhaupt noch rollte. Dennoch war es der beste Ball, den sie kriegen konnten.

Orhan schreckte hoch, als eine Stimme hinter ihm sagte: „Oh, Du kannst Arabisch lesen?" Es war sein Zimmerkamerad Mahmut, der sich immer als Chef aufführte wenn die Schichtleiter nicht in der Nähe waren. „Ja… Äh, nein, ich kann kein arabisch. Aber der Koran ist von meiner Oma" sagte er ein wenig verunsichert. Mahmut fragte: „Willst Du nicht heute Abend mit mir zu unserem Treffen kommen? Dort gibt es einen Hodscha, er unterrichtet kostenlos arabisch und liest aus dem Koran." Orhan hatte nie daran nachgedacht arabisch zu lernen. Aber vielleicht lernte er dort jemanden kennen, der aus seinem Dorf stammte. „Außerdem gibt es bei uns etwas Türkisches zu essen. Ein ehemaliger Koch bereitet es vor" fügte Mahmut an. Orhan war gerne bereit mitzugehen. Besser als nach der Arbeit im gemeinschaftlichen Schlafraum herum zu liegen oder einsame Spaziergänge durch die Wohnanlage zu machen.

Bei dem ersten Treffen war Orhan zurückhaltend aber die anderen Männer waren sehr nett und interessierten sich für ihn. Sie kannten seine Lage und verstanden, dass er die Heimat und seine Familie vermisste, dass er sich langweilte und dass er sich in der Fremde allein fühlte. Gleich bot ihm einer eine Zigarette an: „Mit Filter! Ich habe sie draußen aus einem Geschäft besorgt!" sagte er stolz. Ein Anderer schaute ihn begeistert an und fragte: „ Kommst Du auch aus der Nähe von Erzurum?" Neugierig setzen sich alle anderen dazu und lauschten begierig den Geschichten aus der Gegend von Erzurum. Während sie dann aßen, erzählten sie sich auch so manche lustige Anekdote, die sie in Deutschland erlebt haben. Nach langer Zeit fühlte Orhan sich endlich wieder wohl und vergaß seine Sorgen für einen Moment. Alle waren entspannt, aßen, redeten und lachten. Auf einmal erklang die Respekt gebietende Stimme des Hodscha, einem selbst ernannten Imam: „Allah mag die Menschen nicht, wenn sie zu viel lachen. Wer zuviel lacht, ruft den Teufel!" Schnell wurden die Männer ganz ruhig und hörten dem Hodscha zu. „Gleich werde ich aus dem Koran lesen. Wer es noch nicht gemacht hat, muss jetzt die Abdest durchführen." Orhan stellte sich mit einigen Leuten zusammen und beobachtete sie, wie sie die rituelle Waschung durchführten. Es war eigentlich sehr einfach, dachte er sich und niemandem fiel es auf, dass er keine religiöse Erziehung genossen hatte.

Orhan fühlte sich von den Anderen angenommen und akzeptiert. Alles kam ihm vertraut vor: Der raue Ton des Hodschas, das Essen, die Sprache, die offenen Menschen. Hier bin ich zu Hause, dachte er und freute sich schon auf das nächste Treffen. Am Ende nahm ihn der Hodscha vertraulich zur Seite: „Du kannst mit allem, was Dir Sorgen macht zu mir kommen. Wir sind im Land der Ungläubigen und wenn wir nicht aufpassen, verlieren wir unseren Glauben und landen in der Hölle."

Orhan war begeistert, dass sich endlich jemand um ihn und seine Sorgen kümmerte. Der Hodscha würde ihm Halt geben und ihm sagen, was richtig und was falsch ist.

Heimfahrt
1963

Orhan war aufgeregt. In einer Woche würde er wieder in die Heimat fahren. Dieses mal sogar mit seinem eigenen, ganz neuen Auto. Damit wollte er daheim alle überraschen - niemand wusste davon. Schon das ganze Jahr über freute er sich auf den Moment, wenn er mit seinem neuen Wagen in das Dorf einfahren würde. Jetzt musste er letzte Besorgungen tätigen: Geschenke, Medikamente, Elektrogeräte, Reisevorräte. Dann den Wagen voll packen und ab in die Türkei.

Das erste Wiedersehen mit seiner Heimat, nachdem er ein Jahr lang in Deutschland gearbeitet hatte, war für ihn überwältigend. Das gesamte Dorf empfing ihn wie einen Helden. Alle versammelten sich und umarmten ihn immer wieder. Orhans Mutter war stolz und erleichtert, dass er gesund wieder zurückgekommen war. Wie in der Türkei üblich, hatte sie bei seiner Verabschiedung nach Deutschland einen Eimer Wasser hinter ihm auf dem Boden gekippt. Dann musste er in die Pfütze treten. Dieses Ritual bedeutet, dass der Reisende wie Wasser weg fließt, mit Leichtigkeit die Hindernisse überwindet aber am Ende wieder zurückkommt. Das war das einzige was sie ihrem Sohn mitgeben konnten, als er die Reise mit tausend Unbekannten antrat.

Das Ritual hatte gewirkt und ihr Sohn war wieder da. Aber er war nicht der Einzige, der des Geldverdienens wegen in das ferne Deutschland gefahren war. Einige Verwandte und Freunde hatten es auch gewagt im Exil zu arbeiten. Sie wollten Schulden tilgen oder sich endlich einen eigenen Acker anschaffen können. Sie waren schon vor Orhan in Deutschland gewesen und berichteten von einem sehr schönen Leben. Wie modern Deutschland sei! Es gäbe Straßen, auf denen allein Autos fahren dürften. Aus dem Wasserhahn käme warmes Wasser! Die Betten wären ganz weich! Allüberall käme

Strom aus der Wand! Und: Man verdient ganz viel Geld. Viel mehr als der Muhtar, der Dorfvorsteher oder der Ögretmen, der Dorflehrer. Außer der fortwährenden Sehnsucht nach der türkischen Heimat berichtete niemand etwas Negatives über das Leben in Deutschland. Denn in gerade einmal vier Wochen mussten sie alle wieder für ein weiteres Jahr zurückgehen.

Auf der Rückreise war der Wagen dann keineswegs leer, sondern bepackt mit getrockneten Nahrungsmitteln, Zutaten für das Essen und auch religiösen Utensilien, die man in Deutschland nicht bekommen konnte. Soweit es ging, nahm Orhan alles Vertraute mit zurück nach Deutschland, damit er im Exil überleben konnte.

Melek
1967

Es war am 15. Juli 1967 als Orhan nach vier Wochen Schichtdienst endlich wieder mal ausschlafen konnte. Besser konnte es nicht sein: Heute hatte er frei und seine Zimmerkameraden hatten alle Frühschicht. Er hatte das gesamte 6-Bettzimmer für sich allein. Als er seine Augen öffnete, sah er das Foto von seiner Frau und seiner Tochter, das neben seinem Bett an der Wand klebte. Seine Frau Melek hatte er 1963 im Sommer geheiratet. Die gesamten vier Wochen seines Jahresurlaubs hatte er darauf verwendet. Die Hochzeit war am 15 Juli. Heute vor genau 4 Jahren.

Zwei Tage nach seiner Ankunft bat der Vater mit ernster Stimme seinen Sohn mit ihm allein einen Tee zu trinken. Orhan wusste, dass dies keine Bitte im eigentlichen Sinne war, sondern eine Ankündigung, die grundsätzlich zu befolgen war. Nachmittags saßen dann beide auf dem Divan, einem Bett das tagsüber als Couch benutzt wurde. Orhan hatte hier früher öfters mit seinem Vater und seinem Geschwisterchen Tavla gespielt. Ein sehr vertrauter Platz, um jetzt als Erwachsener mit dem Vater ein ernstes Gespräch zu führen.

Der Vater, der sich nicht diplomatisch ausdrücken konnte, fiel gleich mit der Tür ins Haus: „Sohn, Du musst endlich heiraten!" Orhan schossen tausend Fragen in den Kopf: Warum jetzt? Mit wem? Was ist mit meiner Arbeit in Deutschland? Was bedeutet das? Verunsichert und leise sagte er: „Du hast recht, Vater." Dann nahm er seinen gesamten Mut zusammen und begann: „Aber..." Der Vater unterbrach ihn sofort: „Das ist für uns alle besser so. Du weißt, dass die Tochter von Mahmut sehr fleißig ist und sehr hübsch dazu! Weißt Du es nicht? Ihr Vater wollte eigentlich gar nicht, dass sie dich heiratet. Aber seitdem Du in Deutschland arbeitest, hat er nichts mehr dagegen. Das hat er seiner Frau gesagt. Und die hat dann deine Mutter darüber unterrichtet. Was sagst Du dazu?" Orhan blieb leise und verunsichert: „Ja, das ist eine gute Nachricht." Erleichtert atmete der Vater auf: „Sehr schön. Dann gehen wir heute Abend zu Mahmut und seiner Frau und bitten für Dich um die Hand ihrer Tochter." Orhan war schockiert: „Heute Abend? Kann es nicht ein bisschen warten?" - „Natürlich nicht. Sonst bleibt für die Vorbereitung der Hochzeitsfeier nicht genug Zeit. Wir haben den 15. Juli eingeplant" erwiderte der Vater. „Aber Vater, ich bin doch erst 23 Jahre alt!" warf Orhan ein. Sein Vater wurde wieder ganz ernst und sagte mit besorgtem Ton: „Hör mal zu, mein Junge. Man sagt, es gibt sehr hübsche Frauen in Deutschland. Und du bist ein… du bist ein gesunder junger Mann. Im Dorf denkt man, Du könntest dich in eins der Mädchen in Deutschland... na ja, du weißt schon. Auch deine Mutter hat große Angst davor, dass du dann gar nicht mehr zurückkehrst und uns vergisst." Orhan überlegte. Er wollte nicht, dass seine Mutter Angst davor hatte, ihn zu verlieren. Er wollte auch nicht, dass die Leute über ihn redeten, als wolle er für immer weggehen. Warum sollte er das auch tun? Es war so schwer, die Situation im fremden Land auszuhalten. Er wollte so schnell wie möglich zurückkommen. Sobald er genug Geld hätte, um einen oder zwei Traktoren zu kaufen, käme er sofort zurück. Außerdem war Melek wirklich ein sehr hübsches Mädchen. Und sie würde ihm treu sein. „Alles klar, Vater. Wir gehen heute Abend zu Meleks Eltern" sagte Orhan.

Melek war ein eher ruhiges aber intelligentes Mädchen. Die fünfjährige Grundschule hatte sie mit Erfolg absolviert. Danach aber musste sie - genau wie ihre drei kleineren Schwestern - im Haushalt und auf dem Acker mithelfen. Die Schule konnte sie nicht mehr besuchen. Wie die anderen Dorfbewohner trug sie traditionelle Kleidung. Eine Pumphose mit bunten Blumen, dazu eine bunte Bluse. Als Schuhwerk wurden Flip-flops getragen, die leicht an- und ausgezogen werden konnten. Das Kopftuch, lässig nach hinten gebunden, war ein guter Begleiter gegen den ständigen Wind, die Sonne und den Staub. War es bei der Feldarbeit sehr heiß, so wurde das Kopftuch ins Wasser eingetaucht und zur Erfrischung wieder angezogen. Die Männer trugen Baskenmützen und bei großer Hitze ein feuchtes Tuch darunter. Orhan fiel mit seinem Hut, den er sich in Deutschland gekauft hatte, im Dorf sofort auf. Es war ein typisch deutscher Jägerhut, von dem er auch gleich einen für seinen Vater mitgebracht hatte. Orhans Vater freute sich über das Geschenk sehr, wollte den Hut aber nur an besonderen Tagen tragen.

Abends saß Orhan mit seinem neuen Hut bei seinen zukünftigen Schwiegereltern. So, als wolle er betonen, dass er in Deutschland viel Geld verdiente. Erst als ihn sein Vater darauf aufmerksam machte, setzte er den Hut ab. Meleks Vater war zunächst ein wenig skeptisch, willigte dann aber doch in die Heirat ein, da Orhan bereits als reicher Mann galt. Er fragte: „Und? Wie lange wirst Du noch in Deutschland arbeiten?" Orhan versuchte selbstbewusst zu wirken: „Zwei Jahre. Höchstens drei!" Meleks Vater schien mit der Antwort zufrieden: „Na, dann hoffen wir, dass du die

Zeit gut überstehst. Ab jetzt trägst du die Verantwortung für meine Tochter!" Jetzt sprach nichts mehr dagegen, am 15. Juli ein großes Hochzeitsfest mit zweitausend Gästen zu feiern. Und die Kosten? Die Kosten trug natürlich der Bräutigam. Er war ja reich! Er arbeitete in Deutschland! Als Orhan sah, was er für die Hochzeit zu bezahlen hatte, wurde ihm klar, dass er mindestens ein Jahr länger in Deutschland arbeiten musste.

Orhan schreckte aus seinen Erinnerungen hoch. Er hatte Melek versprochen, sie heute anzurufen. Sicherlich wartete sie schon seit Stunden im Büro des Muhtar. Er sprang hoch, zog sich schnell an und wollte aus der Tür zur nahe liegenden Telefonzelle. Da erinnerte er sich an das Kleingeld, das er zum telefonieren brauchte. Das Münztelefon nahm nur Zehn- und Fünfzigpfennigstücke, die er sich bereits am Tag vorher besorgt hatte. Es brauchte wirklich viel Geld, um in die Türkei zu telefonieren. Die Münzen ratterten nur so durch, sobald die Verbindung stand. Orhan war inzwischen geübt darin, zu telefonieren und gleichzeitig das Kleingeld nachzuwerfen. Denn sobald das Gespräch unterbrochen war, musste man wieder lange wählen, um eine Verbindung in die Türkei zu erhalten.

Erstaunlicherweise kam er heute bereits nach ein paar Minuten durch. Er hörte es klingeln. Der Muhtar nahm ab und die Münzen begannen durchzurattern. Orhan war sehr aufgeregt: „Hallo, Onkel Ortsvorsteher. Ich bin´s, Orhan aus Deutschland. Ist Melek da?" Der Muhtar brüllte ins Telefon, als müsse er die Entfernung drahtlos überbrücken: „Hallo Orhan. Gut, dass Du anrufst. Wenn Du im Sommer kommst, musst Du unbedingt an die Medikamente von Hüseyins Tochter denken. Außerdem sammeln wir Geld für einen neuen Brunnen und wir hoffen, dass Du einen größeren Beitrag dazu beisteuern kannst. Gehst Du denn auch immer zur Freitagsgebet dort? Deine Eltern vermissen dich sehr. Sie bräuchten dich unbedingt bei der Ernte…" Während Orhan zuhörte und gleichzeitig Geld nachwarf, überlegte er, wie er den Muhtar unterbrechen könne ohne unhöflich zu wirken. Aber der Ortsvorsteher redete einfach weiter: „…und deine Schulden für die Hochzeit solltest du schnellstmöglich..." Da ergriff Orhan seine Chance: „Ja, Muhtar Amca. So schnell geht die Zeit vorüber. Heute ist schon wieder unser Hochzeitstag. Ich wollte daher mit Melek sprechen!" Der Muhtar hätte bestimmt noch länger mit Orhan telefoniert, aber jetzt rief er Melek zum Telefon. Als sie endlich an den Apparat kam, war Orhan dabei, seine letzten Münzen einzuwerfen. Er kam gleich zur Sache: „Hallo Melek! Herzlichen Glückwunsch zum Hochzeitstag!" Da der Ortsvorsteher zugegen war, war Melek verschüchtert und sprach sehr leise: „Ja danke. Ich hoffe, dir geht es gut!" Orhan konnte sie nur schlecht verstehen. „Melek, ich verstehe dich nicht! Wie geht es unserem Sohn?" Wieder sprach Melek schüchtern und leise: „Wir vermissen dich!" - „Verdammt, sprich doch lauter" rief Orhan in den Hörer als die Verbindung abbrach. „Hallo Melek? Melek! Melek!" schrie er noch ins Telefon.

Es war klar, dass er es heute nicht mehr schaffen würde noch einmal anzurufen. Bis er das nötige Kleingeld organisiert und wieder eine Verbindung in die Türkei bekommen hätte, wäre Melek längst zurück bei der Feldarbeit.

Das erste Kind
1964

Nach genau neun Monaten wurde Orhans und Meleks erstes Kind geboren. Die Kinder der Gastarbeiter wurden im Sommer gezeugt und kamen im April oder Mai auf die Welt. Die Väter in Deutschland erfuhren von der Geburt meist erst ein oder zwei Tage später durch ein Telegramm.

Die Familie
1970

Seitdem Orhan nach Deutschland gekommen war, wohnte er im Männerwohnheim in einem Mehrbettzimmer. Die Mitbewohner kamen und gingen, aber Orhan blieb. Er wollte nicht mit einem Umzug unnötige Kosten produzieren. Zudem hatte er sich im Laufe der Jahre eine beträchtliche Anzahl von Privilegien erarbeitet, die ihm das Leben im Wohnheim erträglicher machten. Er hatte ein Bett am Fenster ergattert, in dem er bei leicht geöffnetem Fenster mit viel frischer Luft besser schlafen konnte. Und er hatte den Schlüssel vom Duschraum - ein Privileg, das eigentlich dem Hausmeister vorbehalten war.

Als dann aber Melek mit den drei Kindern nach Deutschland kam, musste er endlich eine Wohnung suchen. Sie sollte in der Nähe des Betriebes liegen, damit er nicht noch früher aufstehen musste. Mithilfe des Abteilungsleiters bekam er eine Wohnung in der neuen Siedlung zugewiesen, die für Gastarbeiter in seiner Situation gebaut worden war. Orhan war glücklich, als er zum ersten Mal die für seine Verhältnisse sehr geräumige Wohnung mit zwei Zimmern, Küche und Bad betrat. Durch die höhere Mietbelastung würde er weniger Geld zur Seite legen können - aber er wollte seiner Familie auch etwas Schönes bieten, wenn sie nach Deutschland kam.

Melek und die Kinder fanden schnell Anschluss. Da bis auf wenige italienische Familien nur türkische Gastarbeiter in der Siedlung wohnten, wurden sie herzlich empfangen und aufgenommen. Nach der Arbeit trafen sich die Männer im so genannten Kulturzentrum zum Reden und zum Tee trinken. Die Gespräche kreisten zumeist um die Frage, wann man genug Geld beisammen hätte, um in die Türkei zurückzukehren. Über die Jahre entwickelten sich diese Gespräche zu einer Art Schallplatte mit einer defekten Rille. Viele, die vor Jahren gesagt hatten „dieses Jahr kehre ich wieder in die Türkei zurück!" saßen noch immer da und behaupteten das Gleiche. Da war es mal eine Abwechslung, wenn der selbst ernannte Imam ab und zu spannende religiöse Geschichten erzählte: Von einem frommen Mann, der sein Geld an die Armen verteilte und am Ende dafür belohnt wurde. Oder von der Frau, die fremd ging und ihre verdiente Strafe erhielt. Und eines Tages erzählte er die Geschichte von einem Vater, dessen Frau und dessen Kinder zu freizügig lebten und daraufhin Unheil über die Familie brachten. Als es darum ging, dass die Ehefrau ihre Haare und ihren Hals nicht sorgfältig abgedeckt hatte, wurde es Orhan plötzlich sehr heiß. Er war peinlich berührt, denn seine Frau Melek band ihr Kopftuch, wie in ländlichen Gebieten der Türkei üblich, nur locker um ihren Kopf. Sowohl ihr Hals als auch ihre Haare waren sichtbar. Der selbsternannte Imam fuhr fort: „Wenn eine Frau auch nur ein Haar von sich zeigt, wird Allah nicht nur die Frau, sondern auch den Ehemann bestrafen. Denn dieser muss dafür sorgen, dass die ganze Familie nach den Regeln des Islams lebt."

Orhan hatte beobachtet, dass die meisten Frauen der Siedlung sich zwischenzeitlich ganz anders kleideten als in der Türkei. Aber er hatte sich nie darüber Gedanken gemacht, dass Meleks Kleidung unangemessen sein könnte. Zur Begrüßung in Deutschland hatte Orhan ihr sogar ein Kleid gekauft, wie es deutsche Frauen trugen. Aus Liebe zu ihrem Mann hatte Melek das Kleid zwar ein paar Mal angezogen, aber eigentlich fühlte sie sich nicht so wohl darin. Es war ihr zu modern. Seit Jahren hing das Kleid daher im Schrank und wartete auf seinen Einsatz. Orhan hatte das Gefühl, dass der Imam ihn immer wieder anschaute, wenn er von Sünde und Unsittlichkeit sprach.

Als Orhan nach Hause kam sprach er Melek direkt an: „Warum ziehst du dich nicht so an wie die anderen Frauen?" Melek war irritiert, denn ihrem Empfinden nach hatte sie sich immer so angezogen. „Es ist mir peinlich, wenn du mit halb offenen Haaren hier herum läufst. Was sollen die Anderen von uns denken?" drang Orhan weiter auf sie ein. „Gut, dann ziehe ich das Kopftuch so an, wie du meinst!" Melek wollte Orhans Leben nicht unnötig erschweren. Er arbeitete so hart für die Familie.

Melek fand diese Art Kleidung mit langen Mänteln und Kopftüchern weder schön, noch angenehm zu tragen. Sie waren hinderlich und besonders im Sommer war die Hitze unter Mantel und Kopftuch nicht auszuhalten. Aber sie gewöhnte sich daran. Problematisch blieben für sie eher die skeptischen Blicke der deutschen Eltern in der Schule der Kinder. Sie begleitete daher ihre Kinder nicht mehr bis in die Schule, sondern verabschiedete sich von ihnen schon ein Stück davor.

Einschulung
1971

Orhans zweiter Sohn Ali war fünf Jahre alt, als er mit seiner Mutter nach Deutschland kam. Die Erinnerung an die Zeit in der Türkei verblasste schnell. Aber er wusste noch genau, wie sein Vater und die Anderen, die in Deutschland arbeiteten über das ferne Land geschwärmt hatten. Sie hatten erzählt, dass dort jede Schule eine Sporthalle habe. Dass es überall Geschäfte gibt, in denen man alles bekommt, was das Herz begehrt. Es gäbe Farbfernseher, Fotoapparate, Kinos, sogar solche, die man mit dem Auto besuchen könne. Ali dachte sich, es wird ganz wunderbar in Deutschland werden.

Als er dann nach Deutschland kam war Ali sehr aufgeregt. So schnell wie möglich wollte er in die Schule gehen, die eine eigene Sporthalle hat. Er wollte zum ersten Mal einen echten Basketball oder Fußball anfassen und damit spielen, wie die anderen Kinder auch. Er wollte Freunde finden und deren Spiele kennenlernen. Er wollte ihnen zeigen, dass auch er Fußball spielen kann. Er war neugierig auf alles, was auf ihn zukommen würde und keineswegs ängstlich.

Als er endlich eingeschult wurde, traf er dort nur auf türkische Kinder, die schon länger in Deutschland waren und sich hier besser auskannten. Es war eine Schule, die nur für Gastarbeiterkinder wie Ali vorgesehen war. Die Lehrerin, Frau Neureuther, war eine sehr nette und zugetane Person. Sie sprach sehr langsam mit Ali, aber verstanden hat er sie trotzdem nicht. Aber bereits sechs Monate später konnte er dank der liebevollen Art von Frau Neureuther so gut wie alles verstehen und kam beim Unterricht gut mit.

Seine neuen Freunde haben sich sehr um Ali gekümmert und erklärten ihm auch, wie die Deutschen so sind. Es seien Christen und sie würden Schweinefleisch essen. Sie seien unfreundlich und würden die Türken nicht mögen. Ali war verwirrt, denn er hatte bisher nur Frau Neureuther kennen gelernt und die war immer sehr lieb zu ihm. Die anderen Kinder ließen das nicht gelten: „Frau Neureuther ist eine Ausnahme. Aber alle anderen Deutschen sind so!" Ali fragte naiv: „Kennt ihr denn andere Deutsche?" Worauf eines der Kinder erwiderte: „Nein, wo sollen wir sie denn kennen lernen? Hier leben doch nur Türken." Und Murat, der Wortführer in der Gruppe fügte hinzu: „Wir wollen sie auch gar nicht kennen lernen. Sie gehören nicht zu uns. Wir sind Türken und Moslems und das sind Christen!"

Ali fand das schade aber er konnte dem nichts entgegen halten. Er kannte ja nur Frau Neureuther. Abends fragte er seinen Vater: „Baba, mögen die Deutschen uns nicht?

Wollen sie uns nicht hier haben?" - „Natürlich wollen sie uns! Schließlich haben sie ja meine Zugfahrkarte bezahlt" scherzte Orhan, wurde dann aber sehr bestimmend. „Sohn! Das ist doch egal, ob sie uns mögen oder nicht. Wir sind Türken und wir werden bald in die Türkei zurückkehren."

Frau Neureuther erkannte schnell, dass Ali ein guter Schüler war. Durch ihren Einsatz und ihre Hilfe kam er schon bald in eine reguläre Schule. Hier traf er endlich auf viele deutsche Kinder, mit denen er doch so gerne in Kontakt kommen wollte. Am ersten Tag wurde er von der Lehrerin mit den Worten vorgestellt: „Das ist Ali und er kommt aus der Türkei!" - „Noch ein Kümmeltürke!" tönte es aus der Klasse und alle lachten bis auf Emre, der ebenfalls aus der Türkei kam. „Komm Ali, setzt dich neben mich" sagte Emre. Ali wollte sich lieber neben ein deutsches Kind setzen, aber wie? Er setzte sich neben Emre und fühlte sich gleich mit ihm verbunden. Die Deutschen Kinder rückten wieder in weite Ferne.

Schule II
1972

Orhan war mit den Schulnoten seines ersten Sohnes Baris zufrieden. Auf dem Zeugnis standen nur die Noten vier oder fünf. In der Türkei hatte er nur Fünfer-Noten nach Hause gebracht und war damit der Klassenbeste - denn in der Türkei ist fünf die beste und eins die schlechteste Note. Trotzdem wurde Baris bei seiner Ankunft in Deutschland in die 2. Klasse eingestuft, obwohl er diese in der Türkei bereits abgeschlossen hatte. Er war damit der Älteste in seiner Klasse, was ihm ein wenig Respekt verschaffte. Da er aber nicht besonders gut Deutsch sprechen konnte, sorgte er öfters für Gelächter in der Schule – besonders wenn er aufgeregt war und schnell etwas loswerden wollte. Orhan schien es nur zu selbstverständlich, dass Baris in einem neuen Land Anfangsschwierigkeiten bekommen würde. Als er von der Lehrerin zum Gespräch eingeladen wurde, konnte er sich den Grund nicht erklären.

Als Orhan den Klassenraum betrat, traf er dort nicht nur auf die Lehrerin. Es war sogar die Schulrektorin anwesend sowie ein ihm unbekannter Mann, der, wie sich später herausstellte, zum Übersetzen bestellt war. Vielleicht gerade weil er so freundlich begrüßt wurde, merkte Orhan schnell, dass etwas nicht stimmte. Sie setzten sich und die Lehrerin begann sehr förmlich auf ihn einzureden. Orhan verstand kaum noch etwas und war sehr froh, dass ein Dolmetscher anwesend war. Was der ihm dann sagte, konnte Orhan nicht nachvollziehen: Baris hätte große Probleme in der Schule, in keinem Fach würde er mitkommen und er müsste jetzt in eine Sonderschule gehen. „Aber der Junge war in der Türkei sehr erfolgreich und hat immer Fünfern bekommen. Hier hat er auch keine schlechten Noten, immer vier oder fünf" wandte Orhan ein.

Nach dem ihm erklärt worden war, wie deutsche Schulnoten zu bewerten sind, wollte er es zunächst nicht glauben: „Aber das ist unlogisch!" sagte er, wusste aber zugleich, dass er daran nichts ändern konnte. „Was heißt Sonderschule? Wo ist sie? Wie lange geht er dahin? Was passiert danach? Kann er studieren und eines Tages ein großer Mann werden?" sprudelten die Fragen aus Orhan heraus. Es war keine Zeit, Orhan das gesamte Schulsystem in Deutschland zu erklären und Rektorin und Lehrerin fehlte auch die Motivation dafür. „Die Sonderschule ist eine gute Schule für ihren Sohn. Machen sie sich keine Sorgen. Er wird seinen Weg schon gehen!" versuchte die Rektorin Orhan zu beruhigen. Und die Lehrerin ergänzte: „Sie als Eltern müssen ihrem Sohn zu Hause mehr helfen. Die deutschen Sprachkenntnisse sind sehr wichtig. Am besten sprechen sie zu Hause kein Türkisch mehr, damit Baris schneller Deutsch lernt." Auf die Frage, ob Baris ein großer Mann wird, ging keiner ein.

Auf dem Weg nach Hause war Orhan völlig blockiert. Weder wusste er, wie er Baris helfen kann, noch wie er mit seinem Sohn nicht mehr türkisch reden sollte. Vor lauter Verzweiflung standen ihm die Tränen in den Augen. Aber er wollte weiter daran glauben, dass Baris ein großer Mann werde, auf den man stolz sein könne.

Die Fahne
1973

Es war ein verregneter Morgen als es an der Tür klingelte. Es war Frau Wirtz, die Nachbarin vom Erdgeschoss. Sie wohnte schon seit Ewigkeiten im Haus und war so etwas wie die Hausmeisterin. Sie hatte einen Blick darauf, wer ein und ausging, wer Kehrwoche hatte und ob jemand die Ruhezeiten verletzte. Frau Wirtz war eine sehr hilfsbereite Person, die seit dem Tod ihres Mannes allein in der Erdgeschosswohnung lebte. Kamen die Kinder aus der Schule, bevor Orhan und Melek zu Hause waren, gingen sie zu Frau Wirtz. Hier wurden sie gerne aufgenommen und es gab Toastbrote mit selbst gemachter Marmelade. Orhan öffnete die Tür: „Guten Morgen Frau Wirtz!" Die gute Frau hatte ein großes Paket in der Hand und es sah aus, als hätte sie ein Geschenk mitgebracht: „Oh! Habe ich sie geweckt? Hatten Sie gestern Spätschicht? Sie waren gestern nicht da und das hier hat man bei mir abgegeben." Orhan erkannte sofort, worum es sich bei dem Paket handelte. Es waren die typischen Kartons, in denen in der Türkei Konservendosen geliefert werden. Orhan war überrascht und aufgeregt. Er nahm Frau Wirtz das Paket aus den Händen und ging in die Wohnung, ohne etwas zu sagen. Als die Tür zufiel, merkte er, dass er nicht einmal danke gesagt hatte. Sofort drehte er sich um und machte die Tür wieder auf. Frau Wirtz war schon auf der Treppe. „Entschuldigung Frau Witz. Danke für Paket!" rief Orhan ihr hinterher. Frau Wirtz hatte sich daran gewöhnt, dass Orhan ihren Namen immer falsch aussprach: „Kein Problem. Einen schönen Tag noch." Orhan stellte das Paket auf den Küchentisch. Einen Moment lang wollte er das Paket nicht öffnen, so als wolle er etwas sehr wertvolles nicht verletzen. Es war ein Geschenkpaket, das Orhans Eltern bereits vor zwei Monaten an ihren Sohn abgeschickt hatten. Er setzte sich und überlegte, ob er bis zum Abend warten sollte bis die ganze Familie versammelt war. Aber die Neugier siegte und er beschloss, nur einmal ganz kurz in das Paket zu schauen. Vorsichtig öffnete er den Knoten der Paketschnur und lugte hinein. Ein roter Stoff wurde erkennbar. Neugierig zog er den Stoff hinaus und stellte fest, dass er ein rotes T-Shirt in der Hand hielt. Ein rotes T-Shirt mit einem weißen Halbmond und einem weißen Stern mitten auf der Brust. Sofort zog er das Hemd an. Durch die viele Arbeit und die zahlreichen Schichtdienste hatte Orhan abgenommen – das T-Shirt war etwas zu groß. Als er sich aber vor dem Spiegel betrachtete fand er sich in dem T-Shirt mit der türkischen Fahne sehr schön. Er beschloss damit zur Arbeit zu gehen und seine Kollegen damit zu überraschen.

Im Betrieb angekommen ging Orhan sofort in die Kantine. Einige türkische Kollegen saßen an einem Tisch und machten Frühstückspause. Bedächtig näherte er sich dem Tisch und sagte dann schlagartig: „Günaydin beyler - Guten Morgen, die Herren!" Alle schauten überrascht auf Orhan. So kurz vor der Arbeit war er nie in einer derart guten Stimmung. Orhan nutzte den Moment der Aufmerksamkeit und zog wie ein Boxkämpfer im Ring seine Jacke aus. Die türkische Fahne kam zum Vorschein und erstaunt schauten die türkischen Kollegen auf Orhans T-Shirt. Orhan wölbte seine Brust hervor und brachte damit die Fahne erst richtig zur Geltung. Hüseyin reagierte als erster: „Türk Bayragi – unser Sternenbanner!" Mahmut und Mustafa, die in der Türkei Militärdienst abgeleistet hatten, sprangen auf und salutierten. Hüseyin machte es ihnen nach und begann die türkische Nationalhymne zu singen. Jetzt erhoben sich auch alle anderen und sangen lauthals die Hymne mit. Sie merkten nicht, wie entgeistert sie von den anderen Kollegen in der Kantine beobachtet wurden. Die Mitarbeiterin hinter der Theke schüttelte nur den Kopf. Auf ein Mal brüllte ihr Vorgesetzter, Meister Bender los: „ES REICHT, WIR SIND HIER NICHT IM KINDERGARTEN !!!" Sofort kehrte Stille ein. Man hätte eine Nadel zu Boden fallen hören können. Orhan wollte die Situation retten und sagte halb aufmunternd: „Das ist die türkische Fahne!" Herr Bender blieb genervt, sagte aber deutlich leiser als zuvor: „Wir sind hier aber nicht in der Türkei!" Er drehte sich um und verließ die Kantine während er vor sich hin murmelte: „Das gibt's doch nicht. Wenn wir uns nur ansatzweise so verhalten würden, würde man uns sofort wieder als…" Dann klappte die Tür zu. Hüseyin wandte sich zu Orhan: „Eigentlich hat Herr Bender recht. Hier ist Deutschland." Orhan wurde bewusst, dass er Herrn Bender verärgert hatte. Er beschloss es wieder gut zu machen.

Eine Woche später ging Orhan mit einer kleinen Tüte in der Hand zu Herrn Bender. Hüseyin hatte er mitgenommen, damit dieser ihn beim Deutschreden unterstützte.

Meister Bender hatte den Vorfall schon längst abgehakt. Orhan hingegen beschäftigte es noch immer, weshalb er sich auf seine Art entschuldigen wollte. Ganz vorsichtig holte er eine deutsche Fahne aus der Tüte. Er nahm die gefaltete Fahne in die Hände, küsste sie und drückte sie gegen seine Stirn. Diesen Vorgang wiederholte er drei Mal. Irritiert schaute Herr Bender Orhan dabei zu. Er verstand nicht, was da vor sich ging. Gerade als er beschloss, Orhan von der für ihn unsinnigen Zeremonie abzuhalten, hielt Orhan die Fahne in seine Richtung und sagte: „Entschuldigung für mich!" Herr Bender verstand, was Orhan damit bezwecken wollte. Aber er konnte nichts damit anfangen. Er war peinlich berührt und bekam sogar einen roten Kopf: „Nein… Orhan… das… das…. macht man nicht! Aber danke. Es ist wieder gut. Aber mach das nicht noch einmal. Verstanden?" Dann nahm er die Fahne widerwillig entgegen. Orhan hatte nicht genau verstanden, was er meinte. War es richtig oder falsch, was er gemacht hatte? „Ja, OK. Nicht noch mal machen" erwiderte er.

Orhan ging der Gesichtsausdruck von Herrn Bender in dem Moment als er die Fahne küsste durch den Kopf. „Wahrscheinlich durfte ich als Türke die deutsche Fahne nicht küssen. Warum sonst hat er mich so schockiert angeschaut?" dachte er sich.

Gül
1977

Die ganze Familie war in Aufregung. In einer Woche sollte die kleine Gül eingeschult werden. Keiner wusste genau was auf sie zukommen würde. Melek hatte mit einigen türkischen Müttern gesprochen, was ein I-Dötzchen in der Schule braucht. Allerdings gaben diese widersprüchliche Informationen darüber, was zu beachten sei. Nach den Übereinstimmungen, die Melek herausfiltern konnte, besorgte sie dann einen Schulranzen, Hefte, Stifte, Turnbeutel, Turnschuhe und anderes mehr.

Die Kinder hatten im Kindergarten Schultüten gebastelt, die wie abstürzende Raketen aussahen. Alle hatten die gleiche Form aber jeder hatte seine Tüte nach den eigenen Vorstellungen bemalt. Melek kannte die Tradition der Schultüten nicht, war sich aber sicher, dass man etwas da hinein tun musste. Aber was und wie viel? Sie war sich unsicher und sie wollte nicht, dass die anderen Kinder etwas bekommen würden, worauf Gül dann verzichten müsste. Sie sprach deswegen Orhan an: „Orhan frag doch mal deinen Schichtleiter, was man in die Schultüte rein tun muss." - „Ach Melek, Du machst dir zu viele Gedanken darüber. Tu doch ein Paar Bonbons rein und fertig." Orhan wusste noch nicht einmal, wie er das seinem Chef in Deutsch erklären sollte. Außerdem verstand er nicht, warum das so wichtig sein sollte. „Orhan, bist Du denn verrückt? Hast Du gesehen wie groß die Tüte ist? Wenn sie komplett mit Bonbons gefüllt ist, kann das Kind sie gar nicht tragen. Ich will nicht dass Gül auffällt, nur weil ihr da drin etwas fehlt!" Das war klar genug ausgedrückt. Orhan fragte am nächsten Tag seinen Schichtleiter Karl-Heinz. Der war von der Frage überrascht, sicherte aber zu, dass seine Frau mit Melek redet und ihr erklärt womit man die Schultüte füllen solle. Gleich am nächsten Tag meldete sich die Frau von Karl-Heinz bei Melek und ging mit ihr durch, was alles für die Einschulung notwendig ist.

Am Einschulungstag hatte Melek das sichere Gefühl, gut vorbereitet zu sein. In der Einladung stand, dass die Feierlichkeiten um 10:00 Uhr beginnen würden. Obwohl die Schule nur fünf Gehminuten entfernt war, drängte Melek darauf, dass sie schon um 09:30 Uhr aus dem Haus gingen. Sie wollte auf keinen Fall zu spät kommen. Als sie vor der Schule ankamen, wunderten sie sich, warum so wenige, hauptsächlich türkischstämmige Familien vor der Schule warteten. Melek war verunsichert. Gab es denn so wenige deutsche Kinder an dieser Schule? Waren sie doch zu spät? Hatten sie etwas falsch verstanden? Sie schaute um sich und entdeckte einen Fotografen, der mit seinen Apparaten zu Gange war. Das ist bestimmt der Fotograf, der die Einschulungsbilder machte, dachte sich Melek und ging auf ihn zu: „Entschuldigung. Wo sind denn andere Schüler?" Der Fotograf war sichtlich überrascht und sagte: „Hier in der Kirche bei der Einschulungsfeier." Melek war geschockt. Sie schaute zu der Kirche hinüber, die sie vorher nie bemerkt hatte: „Was? Ist Feier angefangen? Aber Feier fängt 10:00 Uhr. Es ist noch früh!" Der Fotograf schaute auf die Einladung: „Oh, sie meinen die Feierlichkeiten in der Schule. Aber der Gottesdienst für die Einschulung hat schon um neun Uhr angefangen. Warum kommen sie so spät?" Melek wusste nicht was sie antworten sollte. Und sie konnte nicht verstehen, warum man in die Kirche geht, um sein Kind einzuschulen. „Wir sind Moslems" fiel ihr als Antwort ein. „Aber sie machen Foto gleich mit alle Kinder?" Der Fotograf fand die Frage merkwürdig und erwiderte: „Ich habe schon die Bilder mit den Kindern gemacht. Auch mit allen zusammen."

Melek merkte, dass sie etwas vermasselt hatte, aber was? Sie ging zu ihrer Familie zurück und sagte: „Die Kinder sind in der Kirche. Ich glaube sie beten darin." Es blieb ihnen nichts anderes übrig, als draußen zu warten. Sie waren verunsichert, weil sie nicht wussten, wann und wie es weiter gehen würde. Gül hielt ihre Schultüte fest im Arm, die immer schwerer und schwerer wurde. Aber sie wollte sie nicht loslassen. Sie wollte ihre Daseinsberechtigung als Schülerin nicht verlieren.

Nach zehn Minuten kamen die ersten Kinder mit ihren Familien aus der Kirche. Die Kinder waren aufgeregt und die Eltern glücklich. Eine ausgelassene Stimmung breitete sich aus. Alle verabschiedeten sich vom Pfarrer und gingen Richtung Schule, als sie auf der anderen Straßenseite die wartenden Personen bemerkten. Eines der Kinder, das Gül aus dem Kindergarten kannte, fragte seine Mutter: „Warum steht die Gül denn da? Warum kommen die so spät?" - „Gül kommt aus der Türkei. Das sind

Moslems. Wahrscheinlich gehen sie deshalb nicht in die Kirche."
Als das Kind an Gül vorbei ging, wusste es nicht, wie es sich ihr gegenüber verhalten sollte. Es schaute Gül an und dachte: „Sie ist irgend wie anders." Gül schaute verunsichert zurück und wusste in dem Moment, dass sie irgendwie anders war.

Elternsprecher
1977

Orhan war stolz, überrascht und glücklich, als die türkischen Eltern ihn unerwartet zum Elternsprecher wählten. Es war sein erster Elternabend in der Grundschule, in die seine Tochter Gül vor einer Woche eingeschult worden war. Die Lehrerin hatte alle türkischstämmigen Eltern dazu eingeladen, um sie über die Schule und den Unterricht zu informieren. Zudem musste auch ein Elternsprecher und dessen Vertreter gewählt werden. Diese würden dann zusammen mit den Lehrern und den anderen Klassenvertretern an der Pflegschaftssitzung der Schule teilnehmen. Orhan wusste nicht, was das alles bedeuten würde, aber er freute sich über das ihm entgegengebrachte Vertrauen der Anwesenden. „Orhan, du sprichst so gut Deutsch. Du kannst das am besten" munterten sie ihn auf.

Kurz danach erhielt er die Einladung zur ersten Pflegschaftssitzung. Sie enthielt die zu besprechenden Tagesordnungspunkte. Orhan war aufgeregt. Er hatte nicht erwartet, dass es so schnell ernst werden würde. Da er einiges in dem Anschreiben nicht verstand, gab er die Einladung seinem Sohn Baris zu lesen. Baris hatte inzwischen enorme Fortschritte gemacht und konnte für einen 13-jährigen erstaunlich gut Deutsch sprechen. Trotzdem verstand auch er nicht alles, da die Einladung sehr formal gehalten war. Auf dem Weg zur Pflegschaftssitzung hatte Orhan ein mulmiges Gefühl. Aber er konnte ja nicht mehr zurück, denn er hatte die Verantwortung gegenüber den türkischen Eltern übernommen.

Als Orhan das Versammlungszimmer betrat, wurde er von der Rektorin und den Lehrern sehr herzlich begrüßt. Und auch die anderen Elternvertreter kamen auf ihn zu und stellten sich vor: „Hallo! Ach sie sind der neue Elternsprecher der türkischen Eltern? Das finde ich sehr gut, dass auch ein Vertreter der Ausländer hierher kommt. Denn wir haben viele Probleme diesbezüglich." Orhan war über den freundlichen Umgang mit ihm angenehm überrascht. Er freute sich, dass er bei den wichtigen Entscheidungen mitreden und mitarbeiten durfte. Schließlich vertrat er alle türkischen Eltern und er hatte das Gefühl, dass seine Meinung in diesem Gremium eine hohe Bedeutung hatte.

Orhan strengte sich an, alles zu verstehen was in der Sitzung besprochen wurde. Nach längerer Diskussion sollte dann zum ersten Tagesordnungspunkt ein Beschluss gefasst werden. Obwohl er nicht genau verstanden hatte, was beschlossen werden sollte, hob auch Orhan seine Hand, als er sah, wie das alle anderen taten. Die Rektorin sah Orhan sichtlich amüsiert an, versuchte dies aber zu verbergen: „Herr Öztürk, sie dürfen leider nicht mit uns abstimmen. Sie sind hier als fachkundiger Berater geladen, haben aber keine Stimme." Das war Orhan sehr peinlich: „Oh, entschuldigen sie bitte" brachte er hervor. Die Rektorin versuchte die Situation zu retten: „Ach, das ist nicht schlimm. Aber sie können natürlich gerne immer ihre Meinung sagen."

Den Rest des Abends hörte Orhan mehr oder minder aufmerksam zu. Aber weil vieles für ihn sowohl sprachlich, als auch inhaltlich schwer zu verstehen war, konnte er sich nach einiger Zeit kaum noch konzentrieren. Er war mit seinen Gedanken ganz woanders, als er plötzlich von einer Elternvertreterin angesprochen wurde: „Herr Öztürk, da können Sie doch auch mal etwas dazu sagen!" Orhan schreckte hoch. Die Lehrerin der Klasse 4a hatte sich in Rage geredet: „Die türkischen Kinder kommen oft ohne Frühstück in die Schule. Wie oft haben wir den Kindern gesagt, dass ihre Eltern ihnen ein Frühstück mitgeben müssen. Aber es ändert sich nichts. Sie geben den Kindern Geld, damit sie am Kiosk etwas zu essen kaufen. Aber die kaufen sich dann natürlich nur ungesundes Zeug. Herr Öztürk! Warum übernehmen die türkischen Eltern nicht die Verantwortung für ihre Kinder? Warum geben sie ihren Kindern kein Frühstück mit?" Orhan fiel sofort eine Begründung ein: „Vielleicht die Eltern arbeiten Schichtarbeit, kommen morgen früh, das Kind ist schon weg!" Das aber wollte die Lehrerin nicht hören: „Das ist doch egal. Die Eltern müssen etwas mitgeben, damit die Kinder frühstücken können!" Orhan hatte keine Ahnung, wie man Eltern zwingen könnte, ihren Kindern Frühstück mitzugeben. Aber alle schauten ihn erwartungsvoll an, man erwartete schließlich eine Antwort von ihm. Plötzlich hatte er eine Idee: „Andere Eltern geben Frühstück für diese Kinder. Immer eigene Kind zwei Frühstück geben. Zum Beispiel eins für Tochter und eins für Freund. Dann hat jeder Kind Frühstück."

Alle, die am Tisch saßen waren von dem Vorschlag, eine Frühstückspatenschaft ins Leben zu rufen, völlig überrascht. Die Elternvertreterin der Klasse 3a war sogar empört: „Was?! Sollen wir jetzt morgens auch noch ein zweites Frühstück vorbereiten, oder was?" Jetzt waren alle aufgeregt und redeten durcheinander. Die Rektorin griff ein: „Herr Öztürk, das können wir jetzt wirklich nicht von den anderen Eltern verlangen. Wir müssen die türkischen Eltern dazu bringen, dass sie sich ändern. Ich weiß nicht, wie es in der Türkei ist, aber in Deutschland wird es so gehandhabt, dass jedes Kind sein eigenes Frühstück mitbringt. Sagen sie bitte den türkischen Eltern, dass sie sich anpassen müssen." Dann fuhr sie mit dem Tagesordnungspunkt ‚Sonstiges' fort. Genauso freundlich wie bei der Begrüßung wurde Orhan am Ende der Veranstaltung auch wieder verabschiedet. Beim Hinausgehen wurde er noch von einer Lehrerin abgefangen: „Herr Öztürk, ich habe eine Bitte an sie. Könnten sie ihre Frau überreden, für das Weihnachtsfest diese leckeren gefüllten Teigtaschen zu machen? Wie heißen die doch gleich?" Orhan war glücklich, dass man in der Schule türkische Spezialitäten schätzte: „Kein Problem. Gerne, gerne. Ich bringe Börek hier. Aber wir feiern nicht Weihnachten!" Die Erzieherin freute sich: „Das ist sehr schön. Denn wir lieben diese Teigtaschen!"

Orhan wusste, dass er die ‚Frühstücksbotschaft' nicht an die türkischen Eltern weitergeben konnte. Er kannte deren Situation. Er nahm an den nächsten Pflegschaftssitzungen nicht mehr teil. Ausgerechnet an diesen Tagen wurde ihm immer schlecht. Die Kinder, die ohne Frühstück zur Schule kamen, hatten weiterhin nichts zu essen dabei. Die anderen setzten sich mit ihren Essensboxen zusammen und frühstückten in der Pause gemeinsam.

Kopftuch
1979

Eines Nachmittags kam Gül von der Schule nach Hause und war sichtlich angeschlagen. Melek konnte ihr sofort ansehen, dass ihr etwas sehr Unangenehmes widerfahren sein musste. Als sie Gül fragte was passiert sei, fing diese an zu weinen und lief ins Schlafzimmer. Melek ging hinterher und wollte heraus bekommen was vorgefallen war. In ruhigem Ton fragte sie mehrmals nach. Sie merkte aber schnell, dass es im Moment keinen Zweck hatte und ließ Gül in Ruhe.

Als sie abends ihre Tochter ins Bett brachte, sagte Gül: „Mama ich will auch so ein Kopftuch wie du tragen!" Melek war überrascht, dass ausgerechnet ihre 8-jährige Tochter freiwillig so ein lästiges Kopftuch tragen wollte: „Aber Gül, du bist doch noch ein Kind. Du musst so etwas nicht tragen." Gül erwiderte: „Das ist egal. Ich finde es schön. Außerdem ziehst du es ja auch an." - „Aber das ziehen doch nur erwachsene Frauen an und du bist noch nicht einmal in der Pubertät!" Gül war aber nicht davon abzubringen: „Das stimmt nicht! Es gibt noch viel jüngere Mädchen die ein Kopftuch tragen." Melek wollte nicht, dass ihre Tochter sich schon so früh einschränkte: „Ach! Die machen einfach etwas falsch, deswegen musst du nicht auch falsch handeln." Gül wusste keine Argumente mehr und brach in Tränen aus: „Und warum beschimpfen mich die Jungs auf der Straße, dass ich mit meinen offen Haaren aussehe wie eine deutsche Schlampe?"

Auf dem Feld
1982

Genau wie seine Geschwister musste Orhan als junger Mann oft auf dem Feld arbeiten, um seiner Familie zu helfen. Für die eigene Versorgung hatten sie zudem direkt am Haus einen Obst und Gemüsegarten. Zusammen mit seinen Freunden hielt Orhan sich hier viel lieber auf, als auf dem Feld. Denn hier zu arbeiten bedeutete etwas entdecken zu können und gleichzeitig leckere Sachen zum Essen zu finden. Es gab Pfirsiche, Birnen, Tomaten, Beeren und vieles mehr. Alle Früchte waren in der südlichen Sonne gereift und rochen und schmeckten unglaublich gut. Die kleinen Tomaten haben die Kinder heimlich vertilgt, sobald sie reif waren. Meistens hatten sie sogar einen Salzstreuer dabei, weil nicht nur die Tomaten sondern auch die ‚Erik', die grünen unreifen Kirschpflaumen mit Salz viel besser schmeckten.

Seitdem er in Deutschland angekommen war, arbeitete Orhan ausschließlich in geschlossenen Räumen aus Beton und Stahl und mit künstlichem Licht. Am Anfang gefiel ihm die kalte Atmosphäre des Arbeitsplatzes. Er wirkte dadurch ordentlicher und seriöser. Endlich einmal keine Sonne, die einem den Kopf verbrennt und keine Kälte, die die Hände erstarren lässt. Er genoss es, dass das Wetter ihm nichts mehr anhaben konnte.

Erst Jahre später bemerkte er, wie sehr er die Berührung mit der Erde und den Umgang mit Pflanzen vermisste. Bei seinen Besuchen in der Türkei beneidete er die Bauern, die den ganzen Tag draußen an der frischen Luft arbeiten konnten. Aber wenn er den Bauern sagte: „Ich finde es großartig, dass ihr draußen auf den Feldern arbeiten könnt!" fühlten sie sich veräppelt und waren beleidigt.

Eines Morgens kam Herr Bender mit einer Tüte voller Pflaumen in die Halle und ging zielstrebig auf Orhan zu. Als wolle er sich für das Fahnengeschenk revanchieren überreichte er stolz die Tüte an Orhan. Der war überrascht: „Was ist das?" - „Deutsche Pflaumen aus meinem Schrebergarten" antwortete Meister Bender selbstbewusst. Orhan freute sich über das Obst: „Sie haben einen Acker?" – „Nein, nein. Keinen Acker. Einen Schrebergarten" sagte Herr Bender und erklärte Orhan was das ist. Orhan war sehr angetan, dass Herr Bender auch so viel über Pflanzen wusste und sie darüber so gut ins Gespräch kamen. Ganz begeistert erzählte er abends Melek von seiner Begegnung und von Herrn Benders Schrebergarten: „Melek! Das ist genau das, was mir die ganze Zeit gefehlt hat. Die Arbeit mit der Erde. Lass uns auch so ein Garten mieten." Melek hatte nichts dagegen, auch ihr fehlte ein wenig Abwechslung: „Ja natürlich. Wo bekommt man denn so einen Garten?" Orhan sagte nur: „Ach, da brauchst Du dir keine Sorgen zu machen."

Am nächsten Tag ging er direkt zu Herrn Bender. Er hatte das Gefühl, sie seien sich näher gekommen und hätten die gleichen Interessen: „Meister Bender, wo ist diese Garten? Ich will auch mieten!" Herr Bender stockte kurz: „Du willst auch einen Schrebergarten mieten?"Orhan war ganz enthusiastisch: „Ja. Ich will auch ein Garten und da arbeiten." Herr Bender sah gar nicht begeistert aus: „Ja, schon… Aber es ist nicht leicht, an einen Schrebergarten zu kommen. Da wirst Du lange warten müssen. Außerdem gibt es da viele Vorschriften…" Orhan aber war wild entschlossen, einen Garten zu pachten: „Nein, nein, nein. Ich mache das schon!" Erneut wollte Herr Bender etwas einwenden, aber er merkte, dass er an Orhans Entscheidung nichts würde ändern können. Es war nicht in seinem Sinne, dass Orhan unbedingt in seine Gartenkolonie hinein wollte. Er war sich auch unsicher, was die anderen Pächter darüber denken würden. Davon merkte Orhan aber nichts. Er dachte, dass Herr Bender ihn nur vor Schwierigkeiten warnen wollte.

Am Wochenende gingen Orhan und Melek mit den Kindern zu der Kleingartenkolonie, in der Herr Bender auch einen Schrebergarten hatte. Nachdem Orhan ihn so hartnäckig befragt hatte, konnte er ihm die Adresse nicht vorenthalten. Sie staunten wie ordentlich die Gärten hier aussahen und wunderten sich wie klein die einzelnen Grundstücke waren. Dann gingen sie auf ein massives Haus zu, auf dem mit großen Buchstaben „Vereinshaus Kleingartenkolonie St. Bernhard" geschrieben stand. Auf dem Weg zum Vereinshaus konnten sie viele Leute beobachten, die konzentriert in ihren Gärten arbeiteten. Diese grüßten Orhan und Melek, schauten sie dann aber irritiert und skeptisch an. Melek war verunsichert: „Orhan, vielleicht dürfen wir hier nicht einfach reingehen." Aber Orhan war sich sicher: „Wenn wir eine Erlaubnis bräuchten, hätte Herr Bender mir das schon gesagt. Jetzt komm!"

Orhan ging zum Vereinshaus und versuchte die Tür zu öffnen, die aber verschlossen war. Von hinten hörte er die skeptische Stimme eines Mannes: „Suchen Sie irgendwas?" Als hätte man ihn bei einer illegalen Tätigkeit erwischt drehte Orhan sich erschrocken um: „Nein, nein... Äh, ja, wir suchen hier Abteilungsleiter!" Belehrend erwiderte der Mann: „Erst sagt man mal guten Morgen!" Orhan reagierte sofort: „Guten Morgen!" - „So ist es schon viel besser. So, du willst also hier arbeiten?" - „Nein, nein. Ich will auch Garten. Was kosten ein Garten?" Der Mann der, wie es sich später herausstellte, der Vorsitzende des Kleingartenvereins war, war sichtlich überrascht: „Aber warum willst du einen Garten haben? Was willst Du damit?" Orhan erklärte, wie gerne er in der Türkei auf dem Acker gearbeitet hatte und wie viel Spaß es ihm machen würde, wieder einen Garten zu pflegen und mit Pflanzen umzugehen. Das war eigentlich genau die Haltung, die der Vereinsvorsitzende bei jedem Pachtbewerber suchte. Trotzdem blieb er reserviert und suchte nach Argumenten, warum Orhan keinen Garten bekommen könnte: „Aber es ist nicht einfach, hier einen Garten zu bekommen. Er kostet viel Geld und zudem gibt es viele Regeln die man befolgen muss. Außerdem muss man die Aufnahme in den Verein beantragen, die dann vom Vorstand entschieden wird. Das kann mehrere Jahre dauern. Und zurzeit gibt es sowieso eine Aufnahmestopp!" Orhan und Melek verstanden nicht alles, was der Mann sagte, aber es wurde ihnen klar, dass sie ihren Traum nicht so leicht würden realisieren können.

Am nächsten Tag bat Orhan Herrn Bender für ihn die Antragsformulare auszufüllen. Dieser übernahm das gerne, wies aber erneut darauf hin, dass es wahrscheinlich nicht klappen würde. Daraufhin beschloss Orhan, sich bei mehreren Vereinen gleichzeitig anzumelden. Nach mehreren Jahren hatten sich Orhan und Melek bereits an die Absagen gewöhnt. Den Grund dafür konnten sie aber nicht nachvollziehen.

Sie hatten schon längst die Hoffnung aufgegeben, einen eigenen Schrebergarten zu bekommen, als Orhan eines Tages Baris zur Geburtstagsfeier seines Freundes Thomas fuhr. Der feierte im Schrebergarten seiner Oma. Baris ging direkt zu seinen Freunden und wurde herzlich begrüßt. Die Eltern des Geburtstagskindes kannten Orhan vom Sehen aus der Schule und sagten freudig guten Tag. Orhan grüßte freundlich zurück. Im Augenwinkel sah er die Oma von Thomas, die mit einigen Mühen abgeschnittenes Grünzeug in den Komposthaufen warf. Er ging zu ihr und ohne zu fragen, ob sie Hilfe bräuchte, begann er herum liegende Äste und Blätter aufzusammeln. Die alte Frau war überrascht aber gleichzeitig sehr angetan von Orhans Engagement: „Vielen Dank, junger Mann. Ich wünschte ich hätte öfters jemanden wie sie, der mir bei der Gartenarbeit hilft."

Orhan hatte das Gefühl, dass seine Gebete endlich erhört worden waren. Als die Großmutter nach ein paar Jahren den Garten aufgeben musste, war sie froh, dass Orhan und Melek die Nachfolge antreten konnten.

Heiratsalter
1985

Freudig erregt setzte sich Orhan zu seinen Kollegen in der Kantine. Er stellte sein Tablett vor sich auf den Tisch, konnte aber noch nicht anfangen zu essen. Mühsam hatte er sich am Vorabend die Sätze zurechtgelegt, mit denen er seine gute Nachricht vermitteln wollte. Jetzt schossen sie aus ihm heraus: „Meine groß Tochter jetzt Helfer Arzt worden!" Die Kollegen schauten verwundert und fragten: "Was? Deine Tochter ist Ärztin geworden?" Orhan versuchte es richtig zu stellen: „Ja! Nein! Nicht richtig Arzt. Helfen der Arzt." Die Kollegen, unter ihnen auch Heinz, der Schichtführer, fanden es erstaunlich, dass die Tochter von Orhan überhaupt einen Beruf erlernt hatte. „Ach so. Gratulation!" sagten sie und wandten sich wieder ihrem Essen zu. Nur Mahmut Abi, der sechs Jahre älter war und für Orhan so etwas wie eine

Respektsperson darstellte, fragte nach: „Sag mal, wie alt ist denn Firüze jetzt?" -
„Sie hat gerade vor zwei Monaten ihren 18. Geburtstag gefeiert" antwortete Orhan.
„Hmm…" bedachte Mahmut mit ernster Miene „Dann ist es höchste Zeit, dass sie
heiratet. Mein Neffe Ismail ist 22 und muss jetzt eigentlich auch heiraten. Er arbeitet
in Adana als Krankenhelfer. Da ist er doch ein guter Mann für Firüze. Außerdem will
er ohnehin nach Deutschland – in der Türkei verdient er nicht genug."

„Ich überlege es mir" sagte Orhan. Dann ging er zurück an seine Arbeit.

Firüze und Ismail
1985

Nach einer sehr pompösen Hochzeit in der Türkei kamen die frisch vermählten Firüze
und Ismail nach Köln. Auch diese Hochzeit hatte wieder sehr viel Geld verschlungen
und so musste Ismail nicht nur seine gesamten Ersparnisse dafür aufwenden, sondern
sich auch von vielen Freunden und Bekannten Geld leihen. Aber das war kein
Problem. Wer wird schon ein Darlehen verweigern, wenn der Betreffende demnächst
nach Deutschland fährt und viel Geld verdienen wird?

Als Ismail zum ersten Mal die Wohnung von Orhan und Melek betrat, war er von
ihrer Enge unangenehm überrascht. Außerdem befand sie sich im Hinterhof und
obwohl draußen die Sonne schien, war es in den Räumen relativ dunkel. Durch
die Fenster konnte man den herunter gekommenen Hinterhof sehen, auf dem eine
Reihe von hoffnungslos überfüllten Mülltonnen nebeneinander standen. Melek nahm
Ismael und Firüze an der Hand: „ Kommt, ich zeige euch euer Zimmer!" Es war der
gleiche Raum, den Firüze jahrelang mit ihren Brüdern und ihrer kleinen Schwester
teilen musste. Melek hatte mitten durch das Zimmer ein großes Bettlaken gespannt,
das jetzt als provisorische Wand diente.

Am nächsten Morgen, lange nachdem Orhan zur Arbeit gegangen war, stand Ismael auf
und kam in die Küche. Auch Firüze war schon weg. Nach dem vierwöchigen Urlaub
musste sie heute wieder in die Praxis. Und die Kinder waren bereits in der Schule.
Melek saß als einzige am Tisch und schaute enttäuscht auf ihren Schwiegersohn.
Ismail merkte, dass er etwas falsch gemacht hatte. Aber was? „Als Türke musst du
doch wissen, dass man mit dem Familienoberhaupt zusammen aufsteht" gab Melek
ihm zu verstehen. Ismail wollte sagen: „Das war früher in der Türkei so. Aber heute,
wo jeder einen anderen Arbeitsplatz hat, stehen alle unterschiedlich auf!" Aber
er besann sich und sagte stattdessen: „Es tut mir leid, es wird nicht noch einmal
vorkommen." Am Abend entschuldigte er sich auch beim Familienoberhaupt. Orhan
nickte. Ismail würde ihn nicht zum letzten Mal enttäuschen. Dessen war er sich sicher.

Nach ein paar Monaten telefonierte Ismael mit seinem Vater und berichtete über sein Leben in Deutschland. Ohne große Umschweife kam der Vater zu seinem eigentlichen Anliegen: „Aslan gibi bir torun istiyorum! Ismael, ich will einen Enkel wie ein Löwe! Wie sieht es mit einem Enkelsohn aus?" Ismail antwortete, dass Firüze arbeitet und sie deshalb noch kein Kind haben könnten. „Wenn ich Arbeit habe, dann können wir an ein Kind denken, sagt Firüze" wollte er eigentlich sagen. Aber diese Blöße wollte er sich nicht geben und so sagte er lieber gar nichts. Der Vater fragte besorgt: "Stimmt etwas mit Firüze nicht? Oder... ist bei dir alles in Ordnung? Hattest du schon... du weißt, mit ihr? Ismail unterbrach: „Hallo Vater, wo denkst Du hin? Alles ist in Ordnung!" Aber er wusste jetzt, dass er seinen Vater von seiner Männlichkeit nur würde überzeugen können, wenn ein Kind auf die Welt käme.

Ismail merkte, dass große Herausforderungen auf ihn warteten. Er musste einen Job finden, mit Firüze in eine eigene Wohnung ziehen, Vater werden, seine Schulden in der Türkei begleichen... Und nicht zuletzt musste er ja auch noch zumindest ein wenig deutsch lernen. Aber wann denn? Und wie? Um Vater zu werden, musste er umziehen. Für den Umzug brauchte er Geld. Um Geld zu verdienen, brauchte er einen Job. Um einen guten Job zu bekommen, musste er Deutsch sprechen. Aber ein Deutschkurs dauerte lange und kostete wiederum Geld. Wer finanzierte ihm den Kurs? Wie lange würden die Gläubiger auf ihr Geld warten? Und bekomme ich danach überhaupt einen Job? Ist es nicht unwürdig, die Ehefrau zur Arbeit zu schicken aber selber zu Hause zu bleiben? Fragen über Fragen! Ismael wusste nicht an welcher Stelle er den Teufelskreis durchbrechen konnte.

Als Ismail bei der Beratung auf dem Arbeitsamt hörte, dass in den Krankenhäusern dringend Krankenschwestern und Krankenpfleger gesucht werden, war er so aufgeregt, dass er beim Aufstehen all seine Unterlagen durch die Gegend schmiss. Sein Schwager, der zum Übersetzen mitgegangen war, war sichtlich peinlich berührt und half ihm beim einsammeln. Das ist der Weg! jubilierte Ismael innerlich. Ich bin doch Krankenpfleger. Gott sei Dank habe ich in der Türkei einen Beruf erlernt. Nach dem Ismails Diplom übersetzt worden war und die Behörden fünf Monate lang die Unterlagen überprüft hatten, war die Ernüchterung sehr groß: Seine Ausbildung wurde in Deutschland nicht anerkannt.

Nach einem Jahr hielt Ismael es nicht mehr aus, von seinen Schwiegereltern als Schmarotzer angesehen und auch so behandelt zu werden. Das junge Paar begab sich auf die Suche nach einer Mietwohnung. Nach vielen Anläufen fanden sie endlich eine Einzimmerwohnung im Souterrain. Die Miete betrug 900,- DM. Da Firüze 1400,- DM netto im Monat verdiente mussten sie sehr sparsam leben. Ismael aber konnte weiterhin nicht seine Schulden begleichen.

In der Türkei war er ein stolzer Ehemann, ein angehender Familienvater. Ein Mann mit Anerkennung und Beruf, ein Mann der niemanden betrogen hatte, ein Mann der allem mit erhobenem Haupt begegnen konnte. In Deutschland wurde er als Hausmann verspottet und an seiner Männlichkeit gezweifelt. Er hatte keinen Beruf mehr und galt als Betrüger, weil er seine Schulden nicht begleichen konnte. Er konnte sich nicht einmal verständigen und brauchte einen Übersetzer, wie andere Menschen eine Krücke. Und zu allem obendrauf merkte er deutlich: Er war ein Ausländer und nicht in seiner Heimat.

In einem Männerkaffee fand Ismael Freunde, die sein Schicksal teilten. Sie nannten ihn „Doktor bey – Herr Doktor", da er sich medizinisch manchmal besser auskannte als die Ärzte. Zu Freitagsgebeten und anderen Aktivitäten nahmen sie Ismael mit in die Moschee. Endlich hatte er Leute gefunden, die ihn mochten und nach ihm fragten, wenn er nicht kam. Oft war er mit seinen neuen Freunden zusammen.

Als er eines Abends wieder einmal sehr spät nach Hause kam, erwartete Firüze ihn auf dem Bett sitzend. Viele gebrauchte Taschentücher lagen um sie herum – ein ganz durchnässtes hielt sie in der Hand. Mit ihren verweinten Augen schaute sie Ismail an fragte ganz leise: „Wo warst Du? Ich hatte Angst um dich!" Ismail aber antwortete abfällig: „Ich kann kommen und gehen wann ich will. Schließlich bin ich ein Mann!" Firüze fuhr mit ängstlicher Stimme fort: „Ich arbeite jeden Tag bis zur Erschöpfung. Wir können unsere Schulden trotzdem nicht abbezahlen. Du bist so gut wie nie da und jetzt bin ich auch noch schwanger!" Sie reichte Ismael ein Attest. Der schaute auf den Zettel und sagte: „Na und? Das ist doch schön. Ich werde ihn erziehen und dafür sorgen, dass er sich wie ein richtiger Türke benimmt." – „Woher willst Du wissen, dass es ein Junge wird?" wollte Firüze sagen, behielt es aber lieber für sich.

Die Mutter
1988

Vor drei Jahren war Melek's Vater bei einem Verkehrsunfall ums Leben gekommen. Seitdem lebten ihre Mutter und ihre Großmutter allein in dem Haus der Familie. Da Meleks Mutter rheumatische Beschwerden hatte, fiel ihr es sehr schwer den täglichen Haushalt für sich und ihre eigene Mutter zu gestalten. Melek befürchtete, dass das nicht lange gut gehen würde und schlug Orhan vor, die Mutter für einige Zeit nach Deutschland zu holen. Außerdem hatte Melek's Mutter seit zwei Jahren die Enkelkinder nicht mehr gesehen. Orhan war nicht begeistert: „Du weißt, wie lange es gedauert hat, bis wir ein Touristen-Visum für meine Mutter erhalten haben." Aber Melek war entschlossen: „Das ist doch egal. Wir können meine Mutter nicht in diesem Zustand in der Türkei lassen. Das werden auch die Behörden einsehen." Orhan wusste, dass er seine Frau jetzt nicht mehr stoppen konnte: „OK, OK! Ich gehe morgen zur Ausländerbehörde und hole die Formulare."

In der Ausländerbehörde war es wie immer sehr voll. Orhan machte dies nichts aus. Er hatte Spätschicht und konnte ohne weiteres warten. Zwei Stunden dauerte es dann bis er endlich dran kam. Als der Mann vor ihm aus dem betreffenden Büro kam, gab er Orhan ein Zeichen, dass er nun eintreten könne. Orhan öffnete die Tür und wurde mit Gebrüll empfangen: „DRAUSSEN WARTEN BIS ICH RUFE! VERDAMMT NOCH MAL!" Orhan entschuldigte sich und schloss sofort die Tür. Ein paar Minuten später tönte es dann von drinnen: „DER NÄCHSTE BITTE!" Orhan öffnete erneut die Tür. Vorsichtshalber fragte er: „Darf ich reinkommen?" Der Beamte reagierte entnervt: „Ja was denn sonst. Komm rein. So, was willst Du?" Orhan war voll konzentriert, um bloß nichts Falsches zu sagen: „Formulare für die Einladung für die Schwiegermutter." - „OK. Wo ist deine Wartemarke?" Orhan war überrascht: „Wartemarke? Ich keine Wartemarke." Der Beamte zeigte auf die Tür: „Du musst draußen eine Wartemarke ziehen. Wie alle anderen auch." Orhan hoffte, dass sich das unkompliziert regeln ließe: „Aber ich warte zwei Stunden. Ich muss arbeiten gehen." - „Da kann ja jeder kommen! DER NÄCHSTE BITTE!" Für den Beamten war das Gespräch beendet. Als der Nächste den Raum betrat, blieb Orhan nichts anderes übrig als hinauszugehen, sich eine Wartemarke zu ziehen und weitere zwei Stunden zu warten. Als er endlich erneut an der Reihe war und wieder beim selben Beamten landete, begrüßte der ihn mit den Worten: „Ach, du schon wieder?" Insgeheim hatte er wohl gehofft Orhan losgeworden zu sein. „So, wofür brauchst Du ein Formular?" Orhan erzählte wahrheitsgemäß: „Die Mutter von meine Frau ist krank und muss kommen nach Deutschland." - "Warum soll sie dann hierher kommen? Wir brauchen Leute, die gesund sind und arbeiten können und nicht die Kranken." Orhan wollte den Beamten nicht reizen. Er wollte ja auch nur die Formulare: „Ja, ich verstehe. Geben Sie mir bitte Formulare?" Der Beamte stand auf und ging zu einem Metallschrank, dem er mehrere Blätter entnahm: „Du musst alle Belege mitbringen, die hierauf vermerkt sind. Und die Bescheinigung, dass Du noch arbeitest. Und die Arbeitserlaubnis deiner Frau brauche ich auch."

Orhan blieb zuversichtlich, dass er in kurzer Zeit alle Formalitäten erledigen könne.

Aber es dauerte dann doch mehr als drei Monate, bis er alle Unterlagen zusammen hatte. Schwierig waren vor allem die Bescheinigungen aus der Türkei, die erst angefordert und dann übersetzt und beglaubigt werden mussten. Dazu gehörten ärztliche Atteste, Herkunftsnachweise, Familienstammbäume und andere Urkunden, von denen Orhan noch nie vorher gehört hatte. All das war nicht nur zeitintensiv sondern auch kostspielig, was sich Orhan eigentlich gar nicht leisten konnte.

Endlich konnte Orhan den Antrag mit allen Unterlagen bei der Ausländerbehörde abgeben. Er war froh und auch ein wenig stolz, dass er nicht aufgegeben hatte und jetzt nur noch ein einziges Mal warten musste. Als er erneut vor demselben Beamten saß, sagte Orhan aufmunternd: „So jetzt habe ich alles gebracht, was Sie wollen." Der Beamte bedeutete, dass Orhan die Unterlagen auf den Tisch legen sollte. Dann drehte er sein Gesicht demonstrativ in Richtung Fenster und murmelte: „Hinz und Kunz wollen jetzt nach Deutschland kommen."

Nach einem Monat kam ein Schreiben von der Ausländerbehörde. Melek freute sich sehr, ließ den Brief aber ungeöffnet, da sie ihn ohnehin nicht richtig verstehen würde. „Orhan, schau mal was da gekommen ist" empfing sie aufgeregt ihren Mann, als der von der Arbeit kam. Orhan war sehr müde, trotzdem konnte Melek Freude in seinem Gesicht erkennen. Vorsichtig öffnete Orhan den Brief. Er wollte die darin befindlichen Dokumente nicht beschädigen. Aufmerksam las er das Schreiben, suchte aber vor allem nach dem Datum, ab dem seine Schwiegermutter einreisen durfte. Aber er konnte die Stelle nicht finden und ging wieder und wieder den Brief durch. Plötzlich sprang ihm das Wort „Abgelehnt" ins Auge. Orhan war schockiert. Hieß das, dass alles umsonst war?

Gleich am nächsten Tag ging er erneut zum Ausländeramt. Er war zornig und es störte ihn nicht, dass er wieder stundenlang warten musste. Wieder saß er vor demselben Mitarbeiter, wieder schaute der Beamte ihn ziemlich unfreundlich an: „Ja? Was willst du?" Als Orhan ihm den Brief vorlegte, schien der Beamte sich an den Vorgang zu erinnern. Er lächelte: „Oh ja, Orhan Öztürk! Ja, ja ich weiß." Die ungewohnt freundliche Art des Beamten gab Orhan neue Hoffnung: „Ja ja Ich bin Orhan Öztürk. Ich möchte wissen, warum Antrag abgelehnt?" Schnell wurde der Beamte wieder sehr formal: „Ihre Schwiegermutter hat eine Person, die in der Lage ist, sie zu pflegen. Sie selber haben angegeben, dass ihre Schwiegermutter mit der eigenen Mutter, der Großmutter ihrer Frau, zusammen wohnt. Diese ist in der Lage, leichte Pflegedienste zu versehen. Daher ist die Einreise nach Deutschland auf Grund von Pflegebedürftigkeit abzulehnen." Der Beamte schien zufrieden und war bei weitem nicht mehr so genervt wie bei den letzten Begegnungen. Orhan verstand die Welt nicht mehr: „Aber die Großmutter meiner Frau ist sehr alt, 81 Jahre. Vielleicht sie ist bald tot." Der Beamte gab sich geduldig: „Ja, dann kannst Du ja wieder einen Antrag stellen. So, jetzt muss ich aber weitermachen.

DER NÄCHSTE BITTE!"

Umzug
1990

Orhan und seine Familie lebten nunmehr schon seit zwanzig Jahren in der alten Betriebswohnsiedlung. Es war immer eine einfache Wohngegend gewesen, aber man kannte sich und half sich wo es ging. Jetzt aber sah man viele Jugendliche tagsüber auf den Straßen herumlungern. Sie sprachen Passanten an, manchmal bettelten sie um eine Zigarette und manchmal hörte man, dass sie Streit suchten. Orhan wurde von ihnen ignoriert und er dachte, dass sie Respekt vor ihm haben, wie es in der Türkei gegenüber älteren Menschen üblich war. Trotzdem beunruhigte ihn das zeitweise aggressive Verhalten dieser Jugendlichen. Eines Tages kam sein jüngster Sohn ohne Büchertasche aus der Schule zurück. Orhan fragte, wo die Schultasche sei und erfuhr, dass die Jugendlichen sie seinem Sohn abgenommen hatten. Er hatte kein Geld dabei gehabt, deswegen hatten sie ihm den Ranzen abgenommen. Einen Moment überlegte Orhan hinaus zu gehen und sich heftigst mit den Jugendlichen anzulegen. Aber er wusste, dass er dadurch seine Familie in noch größere Gefahr bringen konnte. Er beschloss aus der Wohnsiedlung auszuziehen, was er sowieso schon lange vorhatte.

Im Betrieb erkundigte er sich, wie und wo er eine Wohnung suchen könnte. Als beste Möglichkeit, wenn er Maklergebühren sparen wollte, wurden ihm die Wohnungsanzeigen in der Wochenendausgabe der Lokalzeitung benannt. Orhan freute sich, dass es schon Donnerstag war. Schon in zwei Tagen könnte er eventuell eine neue Wohnung finden. Wie ihn seine Tippgeber angewiesen hatten, ging er schon am Freitagabend zum Verlagshaus. Hier wurde die Wochenendausgabe schon ab acht Uhr abends verkauft. Vor ihm warteten bereits ungefähr 30 Leute. Alle schauten ihn respektlos an, so als würden sie denken: „Das ist jetzt nicht wahr! Jetzt drängeln auch noch die Türken in den ohnehin knappen Wohnungsmarkt!" Einige starrten Orhan so unverwandt an, dass es ihm direkt unangenehm wurde. Aber er war fest entschlossen, eine neue Wohnung zu finden. Er hatte seiner Familie versprochen, dass sie in eine schönere Gegend ziehen würden.

Als der Pförtner die Zeitung auslegte, drängelten sich alle nach vorn und holten sich schnell ein Exemplar. Orhan kannte sich mit Zeitungen nicht aus. Ziellos blätterte er durch alle Seiten und suchte nach den Wohnungsanzeigen. Die anderen hatten derweil routiniert die entsprechende Seite aufgeschlagen und gingen die Anzeigen durch. Ein großer und sehr stämmiger Mann, Mitte vierzig und mit Vollbart trat auf Orhan zu und fragte, ob er Hilfe bräuchte. Beim Anblick dieses Mannes war Orhan zunächst verunsichert. Orhan sagte spontan: „Nein danke!" Der Mann aber lächelte und schien wirklich Hilfe anzubieten. Orhan korrigierte sich sofort: „Äh, ja, ja, doch. Kannst du mir sagen, wo sind Anzeigen?" Der Mann nahm die Zeitung und schlug die

Seite mit den Wohnungsannoncen auf. „Danke" sagte Orhan und begann die Inserate zu studieren. „Viel Glück!" sagte der Stämmige und ging zu den Telefonzellen, in denen die anderen Wohnungssuchenden bereits versuchten die Vermieter zu erreichen. Orhan wurde zunehmend nervös. Er merkte, dass er viele Konkurrenten hatte. Es gab nicht viele Wohnungen, die für ihn und seine Familie in Frage kamen. Entweder waren die inserierten Immobilien zu klein oder zu teuer. Immerhin fand er sechs Anzeigen, die seinen Vorstellungen entsprachen. Orhan stellte sich in eine der Telefonzellen und wählte die erste Nummer. Als sich am anderen Ende jemand meldete, sagte er: „Hallo, mein Name Orhan Öztürk. Wo ist Wohnung?" Die Stimme am anderen Ende erwiderte: „Es tut mir leid, aber die Wohnung ist schon vergeben." Orhan war völlig perplex, dass die Wohnung schon vergeben sein sollte, obwohl die Zeitung erst vor fünf Minuten erschienen war. Hektisch rief er bei dem zweiten Inserat an. Aber auch die Wohnung war auch schon vergeben. Nacheinander wählte er alle die für ihn in Frage kommenden Annoncen an und bekam überall die gleiche Antwort. Nur bei einer Nummer hob niemand ab.

Orhan war enttäuscht und entmutigt. So schwierig hatte er sich die Wohnungssuche nicht vorgestellt. Als er die Telefonzelle verließ, sah er den Mann von eben und sagte: „Danke noch mal." Der Mann sah ebenfalls verärgert aus: „Diese blöden Vermieter machen nur noch Sammelbesichtigungen, da werde ich wahrscheinlich wieder keine Chance haben. Und ? Bist Du fündig geworden?" Orhan sagte, dass alle Wohnungen, für die er sich interessierte bereits vergeben waren. Der Bärtige konnte das nicht glauben: „Bist Du da sicher? Zeig mir mal die Wohnungen die du ausgesucht hast." Orhan zeigte ihm die Anzeigen. „Aber bei den beiden hier habe ich auch angerufen. Die Besichtigungen finden morgen Nachmittag statt" sagte der Mann. Sie schauten sich stumm an und dachten dasselbe, aber keiner von beiden sprach es aus. Der Stämmige unterbrach die Stille und versuchte die Stimmung aufzuheitern: „Ach, weißt Du was? Du kommst morgen einfach mit. Ein Konkurrent mehr oder weniger macht jetzt auch nichts aus."

Orhan wusste, dass er die Vermieter nicht falsch verstanden hatte. Es machte wenig Sinn am nächsten Tag zu den Besichtigungen zu gehen. Der große Mann hatte das Problem zwar erkannt, konnte ihm aber leider auch nicht weiterhelfen. Orhan ging nach Hause. Unterwegs spürte er, dass seine Abneigung gegenüber seiner alten Wohngegend noch weiter gestiegen war. Seine Füße schienen ihn nicht nach Hause tragen zu wollen, weil ihm klar geworden war, dass er von dort nicht so schnell wegkommen würde.

Heimfahrt
2001

Orhan und seine Familie waren in gewohnter Hektik, denn wie jedes Jahr wollten sie schon morgen zu ihren Verwandten und Freunden in die Türkei fliegen. Aber diesmal würden sie mit ihren deutschen Pässen einreisen, die sie vor knapp einem Jahr erhalten hatten. „Es ist schon merkwürdig" sagte Melek „dass man als Türkin einen deutschen Pass vorzeigen muss. Was denken denn dann die Grenzbeamten?" Orhan beschwichtigte sie: „Ja, was sollen die schon denken? Das ist doch inzwischen normal. So viele Türken vor uns haben schon den deutschen Pass bekommen." Melek entgegnete: „Aber trotzdem reisen sie nach wie vor mit ihrem türkischen Pass ein." Orhan gab auf: „Ja, du hast ja Recht. Es ist vielleicht etwas komisch. Aber immerhin hat uns das türkische Konsulat mitgeteilt, dass wir auch wieder türkische Staatsbürger sind. Nur die Pässe können wir erst nach dem Urlaub abholen."

Als Orhan und Melek mit ihren Enkeln auf dem Istanbuler Flughafen ankamen, sahen sie die verschiedenen Schalter - die für türkische Staatsangehörige und die für Ausländer. Orhan wusste einen Moment lang nicht, zu welchem Schalter er gehen sollte. Wie gewohnt ging er in Richtung der Schalter für die türkischen Staatsbürger. Doch dann stoppte er und ging zurück in Richtung der Schalter für die Ausländer. Eine Flughafenmitarbeiterin beobachtete das Geschehen. Da Orhan und seine Familie offensichtlich türkisch aussahen, ging die Mitarbeiterin zu ihnen und wollte sie zu den Schaltern für die türkischen Mitbürger geleiten. Ein wenig verlegen aber in perfektem türkisch sagte Orhan: „Wir sind Deutsche!" Die Mitarbeiterin war total überrascht und begann herzhaft zu lachen: „Sie sprechen aber gut türkisch!" Sie lachte immer weiter. Orhan und Melek waren verunsichert. Dann gingen sie zu dem Schalter für die Ausländer und sagten entschuldigend zu dem Beamten: „Wissen sie, wir haben zwar jetzt den deutschen Pass bekommen, aber unseren türkischen Pass bekommen wir in ein paar Monaten schon wieder. Deshalb haben wir jetzt hier nur die deutschen Pässe." Der Beamte hörte den Ausführungen nicht wirklich zu. Er studierte die deutschen Pässe und ließ sie dann ohne weiteres einreisen. Als Orhan seinen Pass entgegennahm sagte er: „Beim nächsten Mal haben wir auf jeden Fall die türkischen Pässe dabei."

Als sie in ihrem Dorf ankamen, war alles wieder vergessen, was die Pässe und die Situation im Flughafen betraf. Allerdings hatte es sich schon herum gesprochen, dass Orhan und Melek die deutsche Staatsbürgerschaft erhalten hatten. Die meisten Dorfbewohner begrüßten sie daher mit den Worten „Ach, die neuen Deutschen sind da!" und hofierten sie, als wären sie hohe Staatsgäste: „Darf man euer Hoheit direkt ansprechen?" Sicherlich war das scherzhaft gemeint, aber für Orhan war es eher peinlich. Er fühlte sich nicht wohl in seiner Haut, denn es fühlte sich so an, als würde er nicht mehr zu der Dorfgemeinschaft gehören. Er wollte nicht etwas Besonderes sein, sondern nach wie vor als ein Mitglied der Dorfgemeinschaft angesehen werden.

Alle wollten die deutschen Reisepässe sehen und waren sehr ehrfürchtig, als sie die roten Heftchen mit dem goldenen Bundesadler in der Hand halten durften. Orhan wurde nicht müde darauf hinzuweisen: „Wir haben natürlich auch unsere türkischen Pässe. Aber die sind leider noch nicht angekommen. Wir haben sofort wieder die türkische Staatsangehörigkeit beantragt, sobald wir die deutschen Pässe erhalten haben. Ihr wisst ja, dass man die türkischen Pässe abgeben muss, sonst bekommt man die deutschen nicht. Aber nächstes Jahr haben wir sie bestimmt wieder dabei." Jeder merkte, dass er versuchte sich zu rechtfertigen. Das reizte die Umstehenden noch mehr in die Wunde zu bohren: „Aber wofür braucht ihr denn einen türkischen Pass? Ihr seid doch schon Deutsche!" Mit Müh und Not konnte Orhan das Thema auf die allgemeine Situation in der Türkei lenken, was den Dorfbewohner dann doch näher lag als die Fragen zur Staatsbürgerschaft. Er war froh als dieses Thema in den nächsten Tagen nicht mehr angeschnitten wurde und in Vergessenheit geriet.

In der letzten Woche vor ihrem Rückflug nach Deutschland bemerkte Melek, dass die Reisepässe der Enkel schon wieder abgelaufen waren. Sie galten zunächst nur für ein Jahr und waren wegen der Verschiebung der Sommerferien gerade wieder abgelaufen. Orhan und Melek machten sich Sorgen, dass es dadurch bei der Einreise nach Deutschland Probleme geben könnte. Um auf Nummer Sicher zu gehen, beschlossen sie einen Tag nach Ankara zu fahren und beim dortigen deutschen Konsulat nachzufragen. Vor dem Konsulat stand eine sehr lange Warteschlange und die beiden befürchteten, dass sie den ganzen Tag dort verbringen müssten. Daher gingen sie zunächst zum Pförtner und wollten ihm die Dringlichkeit ihres Anliegens erklären. Der bemerkte aber sofort die deutschen Pässe, die sie in den Händen hielten und unterbrach Orhan: „Der Eingang für deutsche Staatsbürger ist an der anderen Seite!" Orhan und Melek liefen mit den Kindern um die Ecke und fanden dort einen zweiten Eingang, vor dem niemand wartete. Verwundert traten sie dort ein, denn inzwischen waren sie es gewohnt, vor den Behörden lange warten zu müssen.

Als sie die Eingangshalle betraten, fühlten sie sich wieder wie in Deutschland. Alles war auf Hochglanz poliert, ordentlich und übersichtlich. Zwar zogen sie ordnungsgemäß ein Wartemärkchen, durften aber sofort zu der Sachbearbeiterin durchgehen. Nervös zupfte Orhan an seinem Anzug herum, den er extra für diesen Anlass angezogen hatte. Sie gingen die Treppe hinauf und im ersten Stock in das Büro der Konsulatsangestellten Frau Stein. Diese war, als sie Orhan und seine Familie sah, sichtlich überrascht. Sie war nur für deutsche Staatsbürger zuständig, deshalb war sie innerlich auf deutsch aussehende Personen eingestellt. „Oh, ich dachte, dass sie eine…" sagte sie, merkte beim Sprechen aber, dass sie hier daneben lag und vollendete den Satz mit „…eine deutsche Familie sind!" Sie hatte die deutschen Pässe in den Händen von Orhan und Melek bemerkt. Daraufhin wurde sie sehr förmlich, nahm aber gleichzeitig eine eher lustlose Haltung ein: „Was haben wir denn da für ein Problem?" Orhan schilderte ein wenig umständlich, dass die Pässe seiner Enkel bereits abgelaufen waren. „Aber an so etwas müssen sie doch vor dem Urlaub denken" sagte Frau Stein belehrend. Orhan erwiderte unterwürfig: „Ja, das ist richtig. Entschuldigung. Aber wir wussten nicht." Frau Stein sah noch verärgerter aus. „Entschuldigungen bringen uns jetzt auch nicht weiter. Für die Verlängerung der Pässe der Kinder brauche ich diese Unterlagen hier" sagte sie und schob eine Liste über den Tisch. „Und das wichtigste ist die Abstammungsurkunde! Bringen Sie mir die Unterlagen und dann sehen wir weiter" sagte sie befehlend und deutete zur Tür.

Orhan und Melek verlängerten ihren Ausflug nach Ankara und verbrachten die nächsten Tage damit, die notwendigen Unterlagen zu besorgen. Als sie nach drei Tagen alle Papiere bei Frau Stein abgeben wollten, war die Hoffnung groß, die Angelegenheit jetzt schnell abschließen zu können. Frau Stein nahm alle Pässe und Unterlagen entgegen und überprüfte alles sehr genau. Plötzlich fiel ihr etwas in der Abstammungsurkunde auf. Sie machte einen Gesichtsausdruck, den man nicht eindeutig zuordnen konnte, aber es war klar, dass etwas nicht stimmte. Frau Stein stand auf, nahm die Pässe und stellte sie in die Schublade eines Metallschrankes hinter ihr. Dann blickte sie sehr ernst in die inzwischen verunsicherten Gesichter von Orhan und Melek: „Hier in den Unterlagen steht, dass Sie wieder die türkische Staatsangehörigkeit erhalten haben." Die beiden fühlten sich ertappt, wussten aber nicht genau was das für sie bedeuten würde. Frau Stein fuhr sachlich fort: „Tja… Das bedeutet, dass sie keine deutschen Staatsbürger mehr sind. Ich muss ihre Pässe einbehalten." Orhan glaubte nicht richtig verstanden zu haben und tat so als wäre alles in Ordnung: „Ja! Wir wissen nicht. Aber wann ist die Pass von Kinder fertig?" Frau Stein wurde sehr bestimmend: „Herr Öztürk, sie sind kein Deutscher mehr. Nach der derzeit gültigen Gesetzeslage verlieren sie die deutsche Staatsangehörigkeit sobald sie eine andere Staatsangehörigkeit angenommen haben. Oder ganz einfach gesagt: Sie sind jetzt wieder Türke!" - „Aber wir türkische Pass sofort wieder zurückgeben, wenn wir sind in Deutschland" erwiderte Orhan. Frau Stein wirkte sehr gelassen, so als würde sie diesen Moment eher genießen: „Nein, Herr Öztürk. Sie können das jetzt nicht mehr tun. Ich darf ihnen die deutschen Pässe auch nicht mehr zurückgeben. Sie sind ab jetzt keine Deutschen mehr. Verstehen Sie? Ich bin für sie nicht mehr zuständig. Sie müssen jetzt das Gebäude auf dieser Seite verlassen und sich auf der anderen Seite beim Pförtner melden, dort wo die anderen türkische Staatsangehörigen abgefertigt werden." Orhan konnte das nicht verstehen: „Samstag wir fliegen nach Deutschland. Aber wie ohne Pass?" Frau Stein schob Orhan und seine Familie langsam aber sicher in Richtung der Tür: „Entschuldigen sie, aber ich habe noch sehr viel zu tun. Wie gesagt: Sie müssen jetzt zu der Visaabteilung auf der anderen

Seite des Gebäudes und ein Visum beantragen!" Wie unter Schock liefen Orhan und Melek aus dem Gebäude heraus, die irritierten Kinder hinterdrein. Sie konnten nicht glauben, dass sie so schnell wieder keine Deutschen mehr waren, obwohl die Einbürgerung durch ihre sinnlose Bürokratie so viel Arbeit, Nerven, Geld und Zeit gekostet hatte. Sie hatten so viele Mühe darauf verwandt, die Staatsbürgerschaft zu erhalten. Und nur durch einen kleinen Fehler verloren sie so schnell alles wieder.

Orhan ging zum Infoschalter der Visaabteilung und fragte den Mitarbeiter dort, was er tun müsste, um wieder nach Deutschland einreisen zu können. Routiniert zog dieser eine Liste hervor und reichte sie Orhan: „Diese Unterlagen müssen sie alle mitbringen!" Orhan schaute kurz auf das Papier und erkannte sofort, dass sie unmöglich innerhalb von zwei Tagen alle diese Dokumente besorgen konnten: „Aber wir müssen in drei Tagen nach Deutschland fliegen. So schnell bekommt man die Unterlagen nicht." Der Mann am Schalter war sichtlich amüsiert: „Ihr wollt in drei Tagen nach Deutschland fahren und kommt erst jetzt hierher?" Er lachte. „Allein die Bearbeitungszeit der Visa beansprucht mindestens zwei Wochen." Er wendete sich von Orhan ab und kümmerte sich um den Nächsten in der Reihe. Orhan wurde schlagartig klar, dass sie vorerst in der Türkei bleiben mussten. Aber was war mit seinem Arbeitsplatz, an dem er seit über dreißig Jahren kaum gefehlt hatte? Würde er seine Arbeit verlieren? Was war mit den Enkeln? Die Schule begann nächste Woche. Was war mit ihrer Wohnung? Was war mit... mit Deutschland? All diese Fragen schossen ihm durch den Kopf aber er fand keine vernünftigen Antworten. Melek und die Kinder schauten ihn an und erwarteten, dass er ihnen erklärt, wie es weiter gehen würde. Orhan hatte darauf bestanden, dass alle Familienmitglieder nach Erhalt der deutschen wieder die türkische Staatsbürgerschaft beantragte. So viele andere Türken hatten das vor ihnen gemacht. Und jetzt stand seine Familie vor einem fast unlösbaren Problem. Er fühlte sich sehr schlecht und verantwortlich für diese katastrophale Lage, aus der sie irgendwie wieder heraus kommen mussten.

Nach den Informationen, die er bekam, war der einzige Weg, der ihnen übrig blieb, um wieder nach Deutschland zu kommen, ein Touristenvisum zu beantragen. Leise sagte Orhan: „Kommt! Wir gehen und besorgen uns die Unterlagen."

Da sie auch keine türkischen Pässe hatten, mussten sie zunächst die Formalitäten für die türkische Staatsbürgerschaft erledigen. Allein das nahm schon Wochen in Anspruch. Erschwerend kam hinzu, dass auch in der Türkei Schulpflicht besteht. Also mussten sie die Kinder in einer Schule einschreiben. Aber die Kinder waren in Deutschland geboren worden und dort aufgewachsen. Sie konnten nicht gut genug türkisch sprechen, um dem Unterrichtsstoff folgen zu können. Sie gingen in die Schule, aber kamen im Unterricht nicht mit. Dafür bekamen sie von den anderen Mitschülern den Spitznamen „Dumme Kartoffeln".

Orhan nahm sofort mit seinem Arbeitgeber in Deutschland Kontakt auf und erklärte die Situation. Zunächst wollte der zuständige Mitarbeiter nicht glauben, was Orhan da erzählte. Er hielt es für eine Ausrede, um den Urlaub zu verlängern. Nachfragen bei deutschen Behörden bestätigte aber die absurde Realität seiner Geschichte. Dennoch drohte ihm zwischenzeitlich die fristlose Kündigung, denn niemand wusste, ob und wann Orhan wieder nach Deutschland einreisen konnte.

Zum Erstaunen von Orhan und Melek haben sich viele Freunde und sogar ihnen unbekannte Menschen aus Deutschland für sie bei den Behörden eingesetzt. Aber das deutsche Konsulat und die zuständigen Behörden blieben hart und bestanden darauf, dass die Öztürks das ganz normale Verfahren für ein Touristenvisum durchlaufen müsse. Orhan und Melek wurden mit Fragen wie „Anlass ihres Besuches in Deutschland?" schikaniert. Antwortete Orhan wahrheitsgemäß „Ich muss arbeiten", bekam er zur Antwort: „Aber sie dürfen doch nicht mit einem Touristenvisum in Deutschland arbeiten!" Er war also gezwungen zu lügen und so beantwortete er die Frage erwartungsgemäß mit: „Ich will den Kölner Dom besuchen!" Da hätten die Beamten natürlich sagen können: „Wie? Sie haben so lange in Köln gelebt. Sie müssen den Dom doch oft gesehen haben. Also lehnen wir das Visum ab." Aber mit einem letzten Rest von Mitmenschlichkeit haben sie so getan, als würden diese Menschen wirklich Deutschland besuchen wollen. Aber das Rückflugticket in die Türkei musste trotzdem vorgelegt werden.

Nach zweieinhalb Monaten erhielten sie endlich ihr Visum und konnten nach Deutschland zurückkehren. Hier wurden sie von ihren Freunden und den Menschen, die sich für ihre Rückkehr eingesetzt hatten, herzlich empfangen. Sie kamen zurück nach Hause, dorthin wo man sie monatelang nicht hin gelassen hatte.

Aber nichts war mehr so wie vorher. Sie gingen als deutsche Staatsbürger und kamen zurück als Ausländer. Sie waren Bürger des deutschen Staates und hatten jetzt nur noch ein dreimonatiges Touristenvisum. Langsam und mühsam mussten sie sich ihre Aufenthaltsrechte wieder zurückholen. Erst die einjährige Aufenthaltserlaubnis, dann die Arbeitserlaubnis, dann die Verlängerung der Aufenthaltserlaubnis, dann die Verlängerung der Arbeitserlaubnis und so weiter und so fort. Orhan hatte einen sicheren Arbeitsplatz gehabt, jetzt musste er sich arbeitslos melden. Und auch Melek hatte ihre Putzstelle verloren. Die Enkel waren in ihren schulischen Laufbahnen zurück geworfen worden. Sie hatten zum guten Durchschnitt gehört, jetzt mussten sie ein ganzes Jahr wiederholen. Und sie waren doppelt verunsichert: Sie hatten erfahren müssen, dass sie auch in der Türkei nicht richtig dazu gehörten. Ein Gefühl, dass bereits in Deutschland ihr ständiger Begleiter war. Und jetzt mussten sie auch noch erleben, wie unbarmherzig die deutschen Behörden sich ihnen gegenüber verhalten konnten.

Diese bittere Erfahrung zeigte der ganzen Familie, dass sie in Deutschland bleiben und sogar deutsche Staatsbürger werden konnten, dass sie sich aber nie sicher sein konnten, ob Deutschland hinter ihnen stand oder gegen sie vorging. Eines war daher klar: Weder Orhan noch Melek dachten dran, je wieder die deutsche Staatsbürgerschaft zu beantragen. Und auch die Enkel wollten dieses Trauma nicht noch einmal erleben.

Und wenn sie nicht gestorben sind, so leben sie noch immer unter uns.

Das war die Geschichte von Orhan und Melek.

Nicht getürkt

„Also du bist wirklich Türke, Anton? Echt? Ich liebe die Türken! Das sind so wundervolle Menschen!" – „Wirklich, Günter? Ich dagegen liebe vorurteilsfreie Menschen." – „Ja. Nein. Was ich sagen wollte ist, ich habe nichts gegen Türken oder Ehrenmorde oder Moscheen oder so." – „Ach so!" - „Sag mal, du bist ja wirklich sehr gut integriert. Aber warum klappt das nicht mit den Anderen? Die sind so konservativ, so tief religiös, sprechen kein Deutsch und wollen es auch nicht lernen. Warum?" - „Wahrscheinlich wegen des anderen kulturellen Hintergrunds. Aber was habe ich mit den Bayern zu tun?" - „Hihihi" Günter kichert „Ich meine natürlich nicht die Bayern. Die sind doch schon in der Regierung. Ich meine die Türken!" - „Also meinst Du mich?" - „Nein, nein, nicht dich. Die Anderen." - „Also doch die Bayern." – „Nein, die Türken" - „Mich!" - „Nein, die Anderen eben." - „Ach so. Du meinst denjenigen Anteil in der türkischstämmigen Bevölkerung, dessen Mitglieder bei der Anpassung an ihr soziokulturelles Umfeld ähnliche Schwierigkeiten haben, wie ein Großteil der Bayern, wenn sie in anderen Teilen Deutschlands leben?" – „Jajaja. Habe ich doch gesagt."

Angesichts des dramatischen Imageverlusts hat mich das türkische Kultusministerium damit beauftragt, das Image der Türken in Deutschland zu verbessern und dazu beizutragen, die Türken in Deutschland zu integrieren. Schließlich gehöre ich zu den Vorzeige-Türken in Deutschland, die sich sehr gut angepasst haben. Ich habe sehr schnell Deutsch gelernt, viele Freundschaften geschlossen, in Vereinen Engagement gezeigt, bin nie arbeitslos gewesen, habe nie krank gemacht, keine Straftaten begangen und meinen Baseball-Schläger im Kamin meines Eigenheims verfeuert. Aber ich verrate Dir etwas: Ich bin schon immer so gewesen! Ich konnte Englisch sprechen bevor ich nach Deutschland kam. (Heimlich habe mir dann auch noch Spanisch angeeignet. Aber bitte nicht weitersagen. Manche Leute in Deutschland sollen weiterhin glauben, dass ihre Integrationsarbeit an mir erfolgreich ist. Sonst verlieren sie ihre Motivation.)

Die Aufgabe habe ich jedenfalls sehr gerne übernommen. „Ist eigentlich ziemlich leicht", dachte ich. Die Politiker müssten den Türken, die nicht Deutsch lernen wollen, einfach sagen: „Bakin arkadaslar, sizde bu ülkenin adamisiniz. Gelin ayni dili konusalim." Dann klappt es bestimmt!

Das hast du nicht verstanden? Warum? Kannst du etwa kein Türkisch? Ach oooo! OK. Aber in welcher Sprache hat man denn Türken angesprochen? Auf Deutsch? Einen Türken, der kein Deutsch kann? Das ist, als ob man für einen Blinden Schilder aufhängen würde, um ihn vor dem Absturz zu warnen!

Dann machen wir doch erst einmal einen kleinen Türkisch-Kurs. Fangen wir zum Beispiel mit „Kultusministerium" an. „Kultur" heißt auf Türkisch wie? Richtig: „Kültür!". Bestätigt das Vorurteil – einfach das „U" und sämtliche andere Vokale in einem Wort mit „Ü" ersetzen, schon haben wir ein türkisches Wort. Also wie heißt jetzt gleich „Ministerium"? Richtig: „Münüstürüyüm!" Na guck! Jetzt kannst du Türkisch. Ist doch ganz leicht! Noch einmal laut bitte: Kültür-Münüstürüyüm! Wunderbar! Du darfst als Hilfsarbeiter in die Türkei einreisen.

Welche Ursachen könnten die Türken, die Gastarbeiter, die Ausländer, die ausländischen Mitbürger, die Deutschen mit Migrationshintergrund, die Deutschen mit Migrationsgeschichte oder ganz kurz gesagt: die Kanaken daran gehindert haben, sich in Deutschland zu integrieren? Dieser Frage möchte ich mit diesem Buch nachgehen. Das geht nicht so schnell wie Türkisch lernen, aber am Ende dieses Buches wirst Du sicherlich den einen oder anderen Grund erkennen, warum manche Türken sich immer noch nicht integriert haben.

Achtung: Integrieren!

Beginnen wir mit dem Begriff Integration. Was versteht man überhaupt darunter genau?

Es ist wirklich komisch, dass ein Türke nach 30 Jahren Arbeit in einer Dönerbude sich immer noch unbeholfen ausdrückt: „Eyh, du. Zwei Döner komplett mit Salat oder nein?" Dagegen spricht ein Italiener nach 30 Jahren in Deutschland perfekt italienisch. Oder hast du schon mal einen Italiener Deutsch sprechen hören? „Buona sera, signorina. Aaah. Che belissima! Come stai?" Das ist nicht Deutsch! Die Italiener waren viel klüger. Statt Deutsch zu lernen haben sie allen anderen Italienisch beigebracht. Wenn ich beim Italiener bin und reflexhaft sage „Eine Pizza Champignon bitte!" dann sagt der Kellner entschieden: „Pizza Fungi!!" - „Ääh, wie bitte?" - „PIZZA FUNGI!!" Darauf ich: „Oh ja. Scusi Signor. Pizza Fungi, per favore!" Kellner: „Alora!" Beim Bezahlen dann genau dasselbe. „Zahlen bitte!" - „IL CONTO PER FAVORE!" – „Scusi. Il conto per favore." – „Alora!". Sollte ich jemals ernsthafte Selbstmord-Absichten haben, werde ich in eine Pizzeria gehen und einen Salzfladenkuchen mit Tomaten, Käse und Waldpilzen bestellen. Sollte ich dann noch am Leben sein, bestelle ich noch einen Grauburgunder dazu.

Wikipedia definiert Integration wie folgt: „Der Prozess der Integration von Menschen mit einem Migrationshintergrund besteht aus Annäherung, gegenseitiger Auseinandersetzung, Kommunikation, dem Finden von Gemeinsamkeiten, Feststellen von Unterschieden und der Übernahme gemeinschaftlicher Verantwortung zwischen

Zugewanderten und der anwesenden Mehrheitsbevölkerung. Im Gegensatz zur Assimilation (völlige Anpassung), verlangt Integration nicht die Aufgabe der eigenen kulturellen Identität." Das bedeutet, dass sich alle an diesem Prozess beteiligen müssen.

Erfolgreiche Integration bedeutet je nach Position und Sichtweise:

Für die Politiker: Wenn die Migranten Deutsch sprechen, erfolgreich im Beruf sind und sich an alle Regeln halten. Aber sie sollen sich bloß nicht in die Politik einmischen.

Für die Mehrheitsbevölkerung: Wenn die Migranten ideale, im humanistischen Sinne vollkommene Personen geworden sind, die sich nicht in die Angelegenheiten Deutschlands einmischen.

Für die Presse: Wenn sie in der Nationalmannschaft Fußball spielen, gegen die Türkei Tore schießen und mit der Schwester von *Sarah Connor* schlafen.

Für die Toleranten: Wenn die Migranten genau so leben, wie sie es sich wünschen.

Für die Skinheads: Wenn die Migranten nicht in Deutschland leben.

Für den Metzger: Wenn die Migranten endlich Schweinefleisch essen.

Für meine Nachbarn: Wenn ich gar nicht auffalle, schön die Straße kehre und rechtzeitig die Mülltonne raus stelle.

Für die Polizei: Wenn die Migranten sich wie unschuldige Lämmer verhalten.

Für die Kirchen: Wenn die Migranten Christen geworden sind, aber nicht fragen, was die Geistlichen mit ihren Kindern anstellen.

Für Dich (wenn wir schon dabei sind kannst du dir auch etwas wünschen):

....

....

Wenn wir schon dabei sind, können wir auch die Hottentotten fragen, was die Migranten alles erfüllen sollen. Das ist anscheinend ein Wunschkonzert und jeder kann seine Traumvorstellung äußern. So wie manche Frauen ihren Traummann beschreiben. Er muss gut aussehen, humorvoll und seriös sein, sehr männlich aber zugleich hilfsbereit im Haushalt, sehr sensibel aber emotional belastbar, groß aber nicht zu groß, erfolgreich im Beruf aber mit genug Zeit für Frau und Familie. Und nicht zuletzt soll er auf eine äußerst durchschnittliche Frau stehen, die er bisher nirgendwo gefunden hat.

Die Liste der Bedingungen wird länger und länger, wenn ein jeder beliebig viele Bedingungen willkürlich festlegen darf. Und daher gab es bezüglich der Integration auch keinen nennenswerten Erfolg, da man sich nicht den machbaren und durchsetzbaren Kriterien gewidmet hat. Man hat sich ja noch nicht einmal ein Ziel gesetzt. Man ist mit einem Schiff ohne Kurs hin und her gefahren und hat ab und zu eine Insel getroffen aber nie das gesuchte Land gefunden. Wie denn auch? Wenn der Wind ständig den Kurs bestimmt, fährt das Schiff auf hoher See immer im Kreis herum.

Man kann natürlich vieles erwarten, aber es wird Wunschdenken bleiben. Und mal ganz ehrlich: Was kann man von Migranten wirklich verlangen? Die abverlangten Voraussetzungen müssen drei grundlegenden Fragen standhalten:

1) Fähigkeitsprinzip: Sind die Menschen dazu überhaupt in der Lage? Man kann von einem 180kg schweren Menschen nicht erwarten, 100m in 12 Sekunden zu laufen.

2) Gleichstellungsprinzip: Verlangen wir das Gleiche von allen Bürgern? Man kann nicht erwarten, dass die Ausländer akzentfrei Deutsch sprechen, während man einige Bayern, Sachsen oder Friesen überhaupt nicht versteht.

3) Freiheitsprinzip: Erlaubt es unsere Gesetzeslage? Wir können niemanden dazu zwingen seine Kinder früh ins Bett zu schicken, damit sie morgens ausgeschlafen sind.

Wenn man die Erwartungen der Mehrheitsgesellschaft mit diesen Fragen konfrontiert, wird man feststellen, dass nicht mehr viel übrig bleibt.

Meine Art die Integration zu definieren ähnelt der auf WIKIPEDIA: Die Gemeinsamkeiten feststellen, friedlich miteinander leben und etwas gemeinsam gestalten. Das wichtigste Kriterium ist also das MITEINANDER. Eigentlich verlangen wir von den Migranten, dass sie sich nicht verschließen, sondern sich gesellschaftlich beteiligen.

Das ist einfach und man kann von allen Bürgern erwarten, dass sie friedlich miteinander leben. Also die Prüfung durch die Frage Nr. 1 und 2 ist ein Kinderspiel.

Frage 3 greift hier leider nicht. Folglich müssen wir auf Freiwilligkeit setzen. Es gibt ein schönes türkisches Sprichwort: „Tatlı dil yılanı kovuğundan çıkarır" Ich gebe zu, es sind nicht so viele ü´s in diesem Satz, aber es bedeutet: Mit schönem Reden holt man die Schlange aus ihrem Versteck.

Wenn man genauer hinschaut, stellt man fest, dass in sehr vielen Bereichen das Miteinander wunderbar funktioniert. Aber leider schaut man gerne dahin, wo es nicht gelingt. Das ist das halbvolle oder halbleere Glas-Kölsch Prinzip. (OK, das Kölsch habe ich dazu erfunden, aber wenn man in Köln lebt, bleibt so etwas nicht aus). Schauen wir also gemeinsam auf das halbleere Glas und versuchen die Frage zu beantworten, warum manche Türken, die in der Gesellschaft als „die Türken" wahrgenommen werden, sich immer noch im leeren Teil des Glases befinden.

Wo bleibt das halbe Kölsch?

Um den richtigen Weg zu finden ist es unabdingbar, vorher ein Ziel zu definieren. Fünf Stunden lang mit Tempo 200 über die Autobahn zu rasen bedeutet nicht zwangsläufig, dass man in Paris ankommt. Die Information, wo man abfährt, in welche Richtung man fahren und wo man ankommen will, ist hilfreich, um erfolgreich Paris zu erreichen.

Die Integrationsarbeit schlich zunächst über die Seitenstraßen. Zuerst ganz ohne, später dann mit wechselnden Fahrern. Ab und zu steigt einer ein, gibt Gas und lenkt in irgendeine Richtung. Keiner weiß, wie lange das Benzin reicht, die Fahrer sind genervt, die guten Fahrer geben auf, aber man ist immer noch nicht angekommen. Und ja: Wo denn? Das weiß keiner so richtig. Man ist sich nicht einig und deshalb gibt es auch keinen vernünftigen Plan.

Das Ziel wäre es, eine ideale Gesellschaft zu schaffen, in der alle Mitglieder sich gegenseitig nicht nur respektieren sondern auch mit Sympathie begegnen. Dann hätte man eine Atmosphäre in der man die Differenzen leichter überwinden könnte. Man hätte die Motivation Kompromisse zu finden und die guten Seiten des Anderen zu sehen.

Paare, die heiraten und zusammen leben wollen, empfinden sicherlich die größte Sympathie für einander. Man kann davon ausgehen, dass sie sich zumindest Mühe geben werden, gut miteinander umzugehen. Wenn Türken und Deutsche heiraten, würden sie sich nicht nur besser kennen lernen - wodurch Vorurteile abgebaut werden - sondern sie würden auch anfangen, sich gegenseitig zu verändern und sich anzupassen. Durch die Verschmelzung der beiden Kulturen wären deren Kinder in der Lage, sich in beiden Gesellschaften zurechtzufinden. Diese Familien würden eine wichtige Brückenfunktion übernehmen, weil sie in beiden Kulturen verankert sind. Ob die Kinder Türkisch oder Deutsch sprechen, wäre dann auch kein Thema mehr.

Wenn das das Ziel wäre, eine gute Atmosphäre zu schaffen, in der die beiden Volksgruppen gegenseitige Sympathie entwickeln und heiraten können, würde man nicht mehr über Integrationsprobleme reden. Ein klarer Indikator dafür, ob man auf dem richtigen Weg ist, wäre dann die Anzahl der bi-nationalen Ehen zwischen Türken und Deutschen. Wenn man diese Zahlen derzeit anschaut sieht man, dass wir noch in den Babyschuhen stecken.

Im nachfolgenden beschreibe ich die Umstände, die ein gutes Miteinander erschweren. Fangen wir mit den Faktoren auf Seiten der Türken an.

Warum sind die hierhergekommen?

Diese so oft gestellte Frage beinhaltet schon zwei Fehler:

1. Sie sind nicht gekommen! Sie wurden in der Türkei angeworben und nach Deutschland gebracht.

2. Sie wollten nicht nach Deutschland gehen, sondern sie wollten bezahlte Arbeit haben. Egal wo und egal was. Es hat für den Einzelnen nicht so viel bedeutet, ob er in Deutschland, Holland oder Dänemark malochen musste. Es war jedenfalls weit weg von Heimat und Familie, was nicht leicht zu ertragen war.
Wer heute eine Arbeitserlaubnis, die so genannte Greencard bekommen will, muss viele Qualifikationen vorweisen und zahlreiche Voraussetzungen erfüllen. So war das auch damals in den sechziger Jahren, als die ersten Türken nach Deutschland geholt wurden. Ja, sie sind geholt worden. Korrekter Weise müsste man eigentlich sagen. „Geht dahin zurück, woher wir euch geholt haben". Der Türke fragt dann: „Wo war das denn?" - „Woher sollen wir das wissen? Da unten irgendwo. Im Süden. Asien halt."

Deutschland und seine Einwanderer:
Die Anwerberkommissionen
In den frühen sechziger Jahren sind deutsche Experten in die Türkei geflogen. Sie haben überprüft, ob die Leute, die nach Deutschland geholt werden sollten, auch wirklich alle Voraussetzungen erfüllen. Nur die Besten wurden mitgenommen. Die

Crème de la Crème der türkischen „Sklaven-Arbeiter". Die Experten haben ihnen
in den Hals geschaut - wahrscheinlich um herauszufinden, ob diese Leute mehr
als 517 verschiedene Betonungen von ‚Ü' sprechen können. Sie haben ihnen in
die Ohren geschaut, vermutlich um sicher zu gehen, dass sie all die komplizierten
deutschen Gesetze und Regeln verstehen können. Sie haben wirklich in alle
Körperöffnungen geschaut. Warum in die eine, die Unterste, das verstehe ich bis
heute nicht. Vielleicht suchten sie Hämorrhoiden. Jedenfalls schauten sie nach ihren
Vorschriften in alle integrationsrelevanten Löcher.

Untersuchungen der Gastarbeiter
Foto Jean Mohr / DOMiD-Archiv, Köln

Und wer sollte nach Deutschland kommen? Ich würde fragen: Wofür wurden diese
Menschen gebraucht? Der größte Bedarf bestand in der Schwerindustrie: Schwere
Arbeit, Fließband, körperliche Tätigkeiten. Daher mussten sie vor allem gesund sein
– einwandfrei gesund. Der Bildungshintergrund spielte keine Rolle. Die Anwärter
mussten entwürdigende Gesundheitschecks über sich ergehen lassen, die - wie
man auf Bildern aus dieser Zeit erkennen kann - menschenverachtend waren. Für
türkische Männer aus ländlichen Gebieten war es extrem unangenehm bis auf die
Unterhose entkleidet, fast nackt nebeneinander zu stehen. Und als würde das nicht
ausreichen, wurden sie, ohne jegliche Beachtung ihrer Intimsphäre, taktlos an

54

Genitalien und Darmausgang untersucht. Diese Checks wurden von verschiedenen Prüfkommissionen bis zu sechs Mal wiederholt, bis die Würde des Anwärters gebrochen war und er vor den fummelsüchtigen Männern aus Deutschland kapituliert hat.

Bei den Auswahlverfahren ging es selbstverständlich nur um den gesundheitlichen Zustand der gesuchten Arbeiter. Sie sollten effektiv eingesetzt werden. Alle anderen Kriterien waren irrelevant. Sollten sie die erwartete Leistung nicht erbringen können, wurden sie einfach aussortiert.

Das schloss sich an die Erfahrungen an, die man in Deutschland bereits mit „Fremdarbeitern" gesammelt hatte: Kriegsgefangene, Zwangsarbeiter aus Osteuropa und Russland, die im zweiten Weltkrieg in verschiedenen Industriebereichen, nicht zuletzt in der Rüstungsindustrie, gearbeitet hatten. Und in der Tat handelte es sich bei den Ärzten, die die gesundheitlichen Untersuchungen in der Türkei durchführten vor allem um Mediziner, die im Dritten Reich ausgebildet worden waren und in dieser Zeit bereits auch praktiziert hatten.

Es gibt Vermutungen, dass sogar einige Mediziner darunter waren, die direkt im Auftrag der nationalsozialistischen Regierung gearbeitet haben. An der Universität Gießen wird gerade untersucht, ob solche Ärzte bei der Auswahl der Arbeiter beteiligt waren und ob deren Methoden Ähnlichkeiten mit den während der Nazidiktatur angewendeten Auswahlverfahren bei Zwangsarbeitern hatten.

Jedenfalls hatten diese Ärzte weder gelernt mit den Bewerbern menschenwürdig umzugehen noch sie als Mensch zu respektieren. Man muss von der menschlichen Psychologie nicht viel verstehen, um zu wissen, dass bei einer Begegnung der erste Eindruck sehr wichtig ist und die weitere Beziehung prägt. Dominant, streng, gefühllos, abfällig – das waren die ersten Eindrücke, die die türkischen Gastarbeiter bei den medizinischen Untersuchungen von den Deutschen mitnehmen mussten.

Nachdem sich alle bis auf die Unterhose ausziehen mussten, wurden neben den üblichen Gesundheitsprüfungen unter anderem auch folgende Untersuchungen in Gruppen mit bis zu 25 Personen durchgeführt:
• Es wurde nach sichtbaren Narben geschaut,
• es wurden die Zähne kontrolliert,
• es wurden die Genitalien untersucht – wozu die Unterhosen vor allen anderen bis auf die Knie heruntergelassen werden mussten,
• es wurde nach Hämorriden gesucht.
Besonders die letzte Untersuchung wurde von den Bewerbern als völlige Demütigung empfunden. Die jungen Männer mussten sich neben anderen Männern splitternackt ausziehen und dann vorbeugen während der deutsche Arzt seine Zeigefinger in den

After einführte. Oftmals war in dem Raum auch noch eine Dolmetscherin anwesend, was das Gefühl der Demütigung noch weiter steigerte.

Natürlich haben die Experten auch das Bildungsniveau der Anwärter genau unter die Lupe genommen. Dieses frei nach den damals herrschenden Vorstellungen von „Sind die integrationsfähig? – Also: Können die lesen?" Dazu mussten die Anwärter einen Zeitungsausschnitt vorlesen. Nein, doch nicht in Deutsch! Eine Art türkische Bildzeitung mussten sie vorlesen. Und alle denselben Artikel. Und mit ‚Artikel' ist hier nur die Schlagzeile gemeint! Das sprach sich herum und diese war dann schon allen bekannt. Das war fair. Damit hatten die Analphabeten und die Menschen ohne einen Schulabschluss auch eine Chance es zu schaffen – sie waren integrationsfähig und durften nach Deutschland.

„Herzlichen Glückwunsch. Sie haben den Test bestanden und können schon am 29. nach Deutschland fahren!" – „Ähem, geht es ein bisschen später? Vielleicht am 34.?" - „Natürlich, natürlich! Ach wie schön, sie sind genau das, was wir brauchen!"
Die Anwärter mit besserer Bildung haben beim Anblick der Schlagzeile gesagt: „Was soll das? Wollen sie mich verarschen? Ich habe doch Abitur!" – „Tut uns leid! In den Kantinen unserer Werkshallen liegt nicht die FAZ aus. Wir können Sie leider nicht nehmen!" Erwischt und aussortiert. Wer brauchte schon damals gebildete Arbeiter, die ihre Rechte einfordern und sich vielleicht sogar noch mit deutscher Literatur beschäftigen?

Nach den Forschungsergebnissen des Instituts Türkei Studien in Essen waren 67% der Arbeiter aus der Türkei ohne Schulabschluss oder gar Analphabeten. (Man beachte hier den Topos 1 der Integrationsvoraussetzungen – Das Fähigkeitsprinzip!) Sie hatten keine ausreichende Bildung, konnten dafür aber umso besser unter schwierigen Bedingungen arbeiten. Auf Grund ihrer ländlichen Herkunft waren sie es gewohnt auf Feldern oder in Manufakturen hart zu arbeiten. Und nur das zählte für die Arbeitgeber in Deutschland. Alles andere meinte man kompensieren zu können.

Wer diese Untersuchungen bestanden hatte, bekam einen Termin zu dem er am örtlichen Bahnhof zu erscheinen hatte. Die meisten Männer kamen aus sehr armen Verhältnissen. Trotzdem mussten sie jetzt noch schnell Geld zusammenkratzen, um die für die Fahrt nach Deutschland vorgeschriebenen Anzüge zu kaufen. In voll gestopften und eigentlich für den Nahverkehr vorgesehenen Zügen wurden die Arbeiter dann in etwa zwei Tagen nach München verbracht. Von dort wurden sie in andere Städte Deutschlands verteilt. Die Züge hatten keine separaten Sitze, nur einfache Bänke ohne richtige Rückenlehnen. Nirgends konnte man den Kopf einigermaßen angenehm zum Schlafen anlehnen. Erst später setzte man richtige Fernzüge für den Transport der Arbeiter ein. In den Zügen hatten die jungen Männer weder ausreichend Essen noch genug Geld, um etwas zu kaufen. Die Verpflegung, die sie für die knapp 50-stündige Fahrt bekamen, war schon verbraucht bevor sie die griechische Grenze erreicht hatten. In den Zügen gab es kein Wasser und keine ausreichende Anzahl von Toiletten. Oftmals funktionierten auch die Heizungen nicht. Aber die Aufbruchstimmung und die Hoffnung auf eine bessere Zukunft gab den Männern die nötige Kraft, diese anstrengende Reise ins Ungewisse zu überstehen. In Deutschland angekommen wurden sie im Münchner Hauptbahnhof mit Megafonen aufgefordert Zweierreihen zu bilden und dann zum Warten in einen umgebauten Luftschutzbunker geführt. Dort mussten sie warten, bis sie mit anderen Zügen weitergeschickt wurden.

Angekommen an ihren endgültigen Zielen, bekamen die Arbeiter ihre Unterkünfte zugeteilt. Spartanisch eingerichtete Wohnheime, in denen die Heimleiter einen äußerst strengen Ton anschlugen. Die jungen Männer waren zunächst orientierungslos. Durch Dolmetscher wurde nur die aller notwendigste Kommunikation hergestellt. Außer dem Weg zur Arbeit und zum Bahnhof kannten sie sich in der Stadt nicht aus. Auch fehlte ihnen jeglicher Überblick, wie das Leben in Deutschland zu gestalten ist. Weder wussten sie, wo und was sie zum Essen oder Kochen einkaufen konnten, noch wie sie ihren Haushalt bewältigen sollten. Gegenseitig haben sie sich geholfen und mühsam an das Leben in Deutschland herangetastet. Man hat sie als reine Leistungserbringer betrachtet und sich für ihre Belange außerhalb des Betriebes wenig interessiert. Man hatte auch kein schlechtes Gefühl dabei. Denn anders als die Zwangsarbeiter im Dritten Reich erhielten die neuen Mitarbeiter ja ein solides Gehalt für ihre Arbeit. Deshalb sollten sie froh sein, in Deutschland arbeiten zu dürfen. Diese Sicht ist in weiten Teilen der Gesellschaft leider noch immer vorherrschend.

Aber kritisieren wir nicht die Verhältnisse in Deutschland, sondern bleiben wir lieber bei dem Thema, warum die Türken sich nicht integrieren. Über Deutschland reden wir später.

Wenn die jungen Türken weiterkommen wollen, gehen sie üblicherweise aus den dörflichen Strukturen hinaus in die nächste größere Stadt. Dort können sie nach wie vor mit ihrer Familie in Kontakt bleiben. Aber niemand wagte es, aus dem Dorf hinaus direkt in das Ausland zu fahren, wo man weder Verwandte hatte, noch die Sprache beherrschte, noch wusste, ob und wo man Arbeit finden würde. Das war nur möglich, weil der potenzielle Arbeitgeber versicherte, dass er sich um alle Belange kümmern werde. Man müsste nur seine Arbeitskraft mitbringen.

Denn wer verlässt schon freiwillig seine vertraute Umgebung und seine Familie? Solange man nicht Formel1-Fahrer ist, dann doch vor allem dann, wenn man sich in finanzieller oder sozialer Not befindet. Oder besser gesagt: Es wurden Menschen mit Problemen nach Deutschland gebracht! Und sie brauchten Geld. Viele von ihnen konnten sich nicht einmal ein Ticket nach Deutschland leisten. Oder zurück. Sollte Deutschland ihnen nicht gefallen, konnten sie erst einmal nicht zurückkehren.

Bestimmt gab es damals auch Menschen mit Abenteuerlust, die sich mit auf den Weg nach Deutschland gemacht haben. Aber die werden bereits weiter gezogen sein. Und wenn nicht, dann ist es auch egal - denn wenn sie abenteuerlustig sind, dann sind sie auch offen für Neues und für ein offenes Miteinander. Wir aber reden hier über die Menschen, die für ein interessiertes Miteinander nicht zu gewinnen waren.

Der erste Kontakt mit den Deutschen war sehr unerfreulich. Ist das vielleicht der Grund?

Warum kommen die hier nicht an?

In einem Kölner Park steht ein Schild mit der Aufschrift: „Mangal yapmak ates yapmak yasaktir" Das ist türkisch. Und heißt: ‚Grillen und offenes Feuer verboten'. Aber warum steht das da nur auf Türkisch? Ja gut. Wir grillen überall, wo es grün ist. Und an allen Orten, an denen man länger als fünf Minuten stehen darf. Der türkische Mann grillt! Aber das ist nicht Kochen! „Bin ich Schwuchtel oder was? Für die Weiber viel zu gefährlich mit Feuer und so. Eyh. Unter Einsatz von Leben gefährliches Lamm geschlachtet. Feuer kein Problem da. In Türkei, alle haben Grill im Auto. Wird kontrolliert von Polizei. Bei Stau, was willst du machen? Verhungern oder was?"

In Deutschland muss man für den Führerschein einen Erste-Hilfe-Kurs besuchen. In der Türkei einen Grill-Kurs.

Die Türkei ist das Land der unbegrenzten Möglichkeiten. Was das Grillen betrifft. Hier müssen wir uns natürlich anpassen. Der Bundesgerichtshof hat entschieden, dass man in Deutschland höchstens fünf Mal pro Saison grillen darf. Macht nichts. Die Regelung gilt pro Kopf. Ich kenne einen Türken, der hat sich damit selbstständig gemacht. Turan-Grillrechte. An- und Verkauf. Früher Import/Export.

Und kennt ihr die Berufsgruppe der Gerüstbauer? Ja? Genau. Das ist die Berufsgruppe bei der die Mitarbeiter mit 20 Wörtern auskommen: „Hammer her, du Arsch!" – „Eyh, leck mich doch! Scheiß Diele!" Gut, seitdem sie türkische Kollegen bekommen haben, hat sich ihr Wortschatz drastisch erweitert: „Hammer her, du arschgefickter Hurensohn!". Aber jetzt überlegt doch mal: Wenn Deutsche aus dieser Berufsgruppe nach Japan kommen und dreißig Jahre dort gearbeitet haben - sprechen die dann japanisch? Na klar! „Eyh, Japs, du Winzling! Wie sagt man bei euch: Hammer her, du schlitzäugiger Reisfresser?" Genau: Sie verwenden nur die Worte, die sie auch vorher schon kannten.

Deswegen finde ich es abwegig, wenn manche Leute sagen „Also, wenn ich in ein anderes Land auswandere, dann erlerne ich auch die dortige Sprache". Würden diese Menschen auch solche Untersuchungen über sich ergehen lassen wie oben beschrieben? Sicher nicht. Dann sollten sie sich auch nicht mit den Leuten vergleichen, die aus der Not heraus ihr Land verlassen mussten und eigentlich zurückkehren wollten. Man muss wissen, mit wem man es zu tun hat, um entsprechende Maßnahmen einzuleiten.

Diejenigen, die aus den gebildeteren Schichten der Türkei kamen, haben schnell Deutsch gelernt und haben versucht weiterzukommen. Entweder arbeiteten sie bald als Übersetzer oder sie haben ein Studium aufgenommen. Unzählige Menschen aus der Türkei haben in Deutschland Fuß gefasst und erfolgreiche Karrieren durchlaufen. Aber diese fallen ja nicht auf. Wie heißt es so schön: „Nur eine schlechte Nachricht ist eine gute Nachricht".

Eine Meldung in den Abendnachrichten, wie zum Beispiel…

„Mit freundlicher Miene hat ein sehr nett aussehender Türke heute Morgen bei seinem zuständigen Finanzamt fristgemäß seine Steuererklärung abgegeben. In Akzent freiem Deutsch betonte er, dass er dieses Jahr einen Gewinn von 120.000,- € zu verzeichnen hätte. Er sei nunmehr sehr glücklich, seine Steuerlast in Höhe von 30.000 € begleichen zu dürfen und so zum Wohlsein unseres Gemeinwesens beitragen zu können!" …kommt nicht vor. Warum denn eigentlich nicht? Weil es Normalität ist! Weil es tagtäglich passiert, ist es monoton und interessiert niemanden. Das ist in allen Medien dieser Welt gleich. Man interessiert sich nicht für das Alltägliche, sondern nur für das Besondere. Das, was uns überrascht und bewegt.

Eine Meldung wie „gestern wurde an einer Bushaltestelle eine Person von zwei anderen verprügelt" wird dagegen ohne Zögern veröffentlicht. Und das, obwohl in Deutschland so etwas auch jeden Tag geschieht. Warum wird es trotzdem erwähnt? Die Brisanz liegt in dem Umstand, dass der Verprügelte ein DEUTSCHER Rentner ist und die Großeltern der prügelnden Jugendlichen aus der TÜRKEI stammen! Und so wird es auch dargestellt: „Zwei Jugendliche mit türkischem Migrationshintergrund griffen gestern Abend einen deutschen Rentner an." Oder in der Boulevard-Fassung: „Türken prügeln deutschen Rentner nieder!" Die Meldung ist damit nicht nur selbst ein hässliches – und leider auch alltägliches – Gewaltdelikt, sondern auch eine Kriegserklärung an eine andere Nation. Geschieht das Gleiche zwischen zwei Deutschen, landet es höchstens im Lokalteil. Denn mit der Schlagzeile „Zwei

Oberpfälzer Jugendliche haben einen hessischen Rentner zusammengeschlagen!" kann man keine Zeitung mehr verkaufen. Nur vor dem Hintergrund der Benennung des Herkunftslandes wird die Meldung zu einer interessanten Meldung. Die Tat wird mit der ethnischen Herkunft in Verbindung gebracht. Darum wird es publik gemacht. Und die Bedrohung ist sehr ernst zu nehmen – Türken gibt es ja schließlich überall. Eine Schlagzeile dieser Art reicht aus, um die Menschen gegeneinander aufzuhetzen. „Türke, Gewalt, Deutsche" - die drei Wörter reichen aus, um die Menschen aufzuregen, die dann auch die Zeitungen kaufen.

Warum wendet ein Mensch Gewalt an? Die einfache Antwort lautet: Weil er gewalttätig ist! Vielleicht ist er psychisch krank, vielleicht fühlt er sich bedroht oder er findet keinen Ausweg aus einer misslichen Lage. Der Grund liegt aber sicher nicht in seinen dunklen Haaren.

Es gibt genügend Literatur über Menschen die aggressiv werden, wenn sie nicht in der Lage sind, sich mit Worten zu verteidigen. Dazu gehören auch Muttersprachler, die über einen geringen Wortschatz und nur einfache Ausdrucksweisen verfügen. Es gibt selten gebildete Menschen, die gewalttätig sind - egal in welchem Land. Sie besitzen andere Mittel, um sich durchzusetzen. Sie können reden oder haben Anwälte, Rechtsschutzversicherungen, Inkassodienste oder gute Beziehungen zu Politikern zur Verfügung.

Negative Berichterstattung in den Medien - Ist das vielleicht der Grund?

Gast zu sein ist etwas anderes, als langfristig zu bleiben.

Was bedeutet es, wenn man sich nur vorübergehend irgendwo aufhält? Je länger der Aufenthalt geplant ist, umso intensiver befasst man sich mit den örtlichen Gegebenheiten. Es ist ein Unterschied, ob ich an einer Haltestelle warte, bis die nächste Straßenbahn kommt oder ob ich plane, die nächsten zehn Jahre an einem Ort zu wohnen. Tropft es von der Decke der Haltestelle, gehe ich einfach zwei Schritte zur Seite. Sollte es aber in meine Wohnung herein regnen, dann muss ich dieses Problem lösen oder schnell umziehen.

Die damaligen Gastarbeiter standen an einer Haltestelle und warteten, dass die nächste Bahn kommt und sie wieder nach Hause bringt. Es sind etliche Bahnen vorbei gekommen, aber sie sind nicht eingestiegen. Sie sind einen Schritt zur Seite gegangen, als es von der Decke tropfte. Ihre Kinder dagegen wurden nass, weil sie den Tropfen nicht ausweichen konnten. Sie haben ihre Eltern um Hilfe gebeten, aber die sagten nur: „Bleib bei uns. Wir sind gleich zu Hause!" Die Kinder sollten sich nicht auf trockene Stellen setzen, man würde ja ohnehin gleich abfahren. Die Eltern hatten nicht mitbekommen, dass der Bahnverkehr bereits eingestellt worden war und sie allein in einem U-Bahnschacht zurückgeblieben waren. Die Kinder hatten Hunger und waren durch die ständige Nässe und Kälte nervös und unzufrieden. Die Eltern waren wütend, traurig und ratlos. Sie wussten nicht, wo eigentlich ihre Wohnung ist und wie sie dahin kommen sollten.

Die Gastarbeiter warten in einer umgebauten Bunkeranlage für den Weitertransport mit den Zügen
Foto Selahattin Kaya / DOMiD-Archiv, Köln

Zwei Jahre sollten die ersten Gastarbeiter maximal in Deutschland bleiben. Darüber waren sich beide Seiten einig. Deutschland brauchte nur vorübergehend

Aushilfsarbeiter, weil die Wirtschaft florierte, es aber im eigenen Land nicht genügend Arbeitskräfte gab. Natürlich spricht absolut nichts dagegen, in dieser Situation entsprechende Wünsche zu äußern und Auswärtige ins Land zu holen. So wurde es auch den Anwärtern kommuniziert. Die Menschen mit ernsthaften Auswanderungsabsichten wurden daher bewusst nicht angesprochen. Diese sind weiterhin in Länder wie USA, Kanada oder Australien ausgewandert, um dort zu studieren und zu arbeiten. Betrachtet man die türkischstämmigen Auswanderer jener Zeit in den USA, Kanada oder Australien, so kann man leicht erkennen, dass sie sich als vollwertige Bürger des jeweiligen Landes betrachten und auch so von ihrem Umfeld angenommen werden. Sie beherrschen die Landessprache und haben sich oftmals mit Einheimischen verheiratet. Ihre Kinder beherrschen die türkische Sprache daher schlecht bis gar nicht. Eine bewusste Entscheidung zur Auswanderung bedeutet, dass man sich von seinen Wurzeln verabschiedet und etwas Neues anfängt. Entsprechend wird man sich und seine Familie lenken. Während ein türkischer Auswanderer in den USA aus nostalgischen Gründen versucht seinen Kindern türkisch beizubringen, ist es bei jemandem, der sich nur vorübergehend in Deutschland aufhält, ein Pflichtprogramm. Denn wenn er zurückgeht, müssen die Familienangehörigen in der Lage sein, sich dort wieder zurechtzufinden. Eine Ehe mit einer/einem Deutschen würde bei der Rückkehr in die Heimatgemeinde gewaltige Probleme verursachen. Geprägt von der ständigen Angst, sie langsam als Verwandte zu verlieren, pflegten die Angehörigen in der Heimat einen intensiven Kontakt und nahmen auf diese Weise Einfluss auf ihre Verwandten in Deutschland.

Geld war alles, was die Gastarbeiter in die Türkei mit zurücknehmen konnten und wollten. Was sollte es denn daheim bei der Arbeit auf dem Feld oder in kleinem Manufakturen bringen, wenn man gut Deutsch sprechen konnte oder das Kind bis zur neunten Klasse das Gymnasium besucht hatte?

Sie planten für die Zeit danach. In zwei oder fünf Jahren! Wenn sie dann wieder zu Hause sein wollten und vermeinten, alles geschafft zu haben. Die im Dorf Gebliebenen sollten sagen: „Jawohl, der Mehmet hat es geschafft. Er hat seine Schulden bezahlt, sich einen neuen Traktor gekauft und für seine Eltern ein großes Haus bauen lassen. Wir hätten nicht gedacht, dass er es so weit bringt!" Was dagegen die Menschen in Deutschland denken war nicht wichtig. Man lebte nicht in Deutschland, sondern hielt sich hier nur vorübergehend auf – als helfender Gast.

Während ihre in die USA ausgewanderten Landsleute sich dort bereits Häuser gekauft hatten, hatten die Türken in Deutschland ihre Rückkehr fest im Blick: Sie kauften Immobilien – aber nur in der Türkei! Dies zumeist auf Raten und nicht selten verbunden mit großen Enttäuschungen. Häufig fielen sie in die Hände habgieriger Menschen. In Deutschland lebten sie derweil in sehr beengten Mietwohnungen.

Diese waren zum großen Teil heruntergekommen, ohne Badezimmer, Heizung oder moderne Iso-Fenster. Keiner sonst wollte dort leben. Und die Türken konnten sich nicht dagegen wehren, da ihnen ihre Mieterrechte nicht bekannt waren und sie natürlich Schwierigkeiten hatten, sich adäquat auszudrücken. Aber irgendwie war das auch egal. Sie lebten ja nicht in Deutschland, sondern warteten auf die nächste Bahn.

Ob die Kinder in der Schule gut waren? Wen interessierte das? Wir sind sowieso in zwei Jahren wieder weg. Die Kinder sollten sich auf das konzentrieren, was man in der Türkei wissen musste, um in den ländlichen Strukturen weiterzukommen. Sollten die Kinder sogar einen Deutschen heiraten wollen, so wäre das eine Katastrophe gewesen: „Was sollen wir mit dem/der Deutschen in der Türkei? Was sagen die Verwandten dazu? Außerdem kann es dann sein, dass du hier bleiben willst. Wie können wir dann zurückkehren und unseren Verwandten in die Augen schauen?"

Eine Einbürgerung kam nie in Frage. Nur weil man malade im Krankenhaus liegt, fängt man auch nicht eine Ausbildung zum Krankenpfleger an, oder?

Sie wollten genauso sein wie alle Anderen. Wie alle Anderen in der Türkei. Sie wollten in der Heimat genau da weitermachen, wo sie aufgehört hatten. Aber viel erfolgreicher: Als Gewinner!

Ob man in Deutschland zu den Gewinnern oder Verlierern gehörte, spielte dabei gar keine Rolle. Denn die Verwandten bekamen nur das mit, was ihnen mitgeteilt wurde und vor allem: Was ihnen mitgebracht wurde! Fernseher, Haushaltsgeräte und Einrichtungsgegenstände wurden gekauft und unausgepackt in die Türkei mitgenommen. Viele türkische Mädchen sind in Deutschland ohne Puppen groß geworden, weil die Eltern die Puppen in der Originalverpackung in die Türkei geschickt hatten. Ein schönes Leben sollte dort beginnen, wenn man die Zeit in Deutschland überstanden hatte.

Wofür braucht man Freunde, wofür soll man die Regeln lernen, wofür soll man sich um diese Gesellschaft bemühen, wofür das Ganze, wenn man morgen diesen Ort verlässt?

Erst nach vielen Jahren stellten sie fest, dass sie hier geblieben waren und langsam alt wurden. Wertvolle Zeit war ungenutzt für provisorische Lebensstrukturen verschwendet worden. Und dieses fortdauernde Provisorium war inzwischen sogar ihre Lebensart geworden – ein Leben auf Abruf. Nie wurde richtig Zeit oder Geld investiert. Warum sollte man die provisorische Einrichtung schön gestalten, wenn man sie ohnehin nicht mitnehmen wollte. Die schöne Einrichtung befand sich ja bereits in der Türkei. Formalien wurden behelfsmäßig von Kollegen erledigt. Der

Lohnsteuerjahresausgleich einem selbsternannten Steuerberater anvertraut. Diese Strukturen haben den Menschen ermöglicht in dem ihnen fremden Land zu überleben. Jetzt stören sie die Gesellschaft.

Die Gastarbeiter wurden für zwei Jahre geholt, sollten dann zurückkehren und durch ‚frische' Arbeiter ersetzt werden. Das hat in der allerersten Zeit auch funktioniert. Dann aber hat sich die Wirtschaft zu Wort gemeldet und zu Recht eingefordert, dass diese Regelung geändert werden müsse. Der ständige Austausch der Gastarbeiter wirkte negativ auf die Produktivität. Denn gerade die Arbeiternehmer, die erfolgreich angelernt worden waren und jetzt produktiv arbeiteten, sollten wieder zurückgehen. Neue, ungelernte Personen mussten wieder neu eingearbeitet werden.

Also beschloss die damalige Regierung, die Aufenthaltserlaubnis der Gastarbeiter zu verlängern, ohne zu merken was das bedeuten würde. Denn jetzt kam die Migrations-Bewegung erst richtig in Schwung. Die Angehörigen der Gastarbeiter begannen nach Deutschland zu ziehen. Zunächst die Ehepartner, dann die in der Türkei geborenen Kinder. Eine neue Ära war angebrochen, für Deutschland und für all diejenigen, die hier her gebracht worden waren. Kaum jemand hat das zur Kenntnis genommen.

Es wurde ignoriert, dass die Gastarbeiter für immer eingewandert sind. Ist das vielleicht der Grund?

Die türkische Regierung lässt ihre Arbeiter im Stich

Neulich hat Günter zu mir gesagt: „Ich glaube, die türkische Regierung ist Schuld am Scheitern der Türken in Deutschland! Sie muss sich doch um sie kümmern! Sie hat doch eine Verantwortung gegenüber ihren Bürgern. Sie muss ihnen Deutsch beibringen, sie erziehen, sie ausbilden, damit sie in Deutschland eine Arbeit finden!" – „Und jeden Abend fahren sie dann nach Hause in die Türkei." – „HAHAHA! Sehr lustig, Anton. Stattdessen müssen die Türken gleich wieder übertreiben. Jetzt wollen sie sogar eine türkische Universität eröffnen. Für wen denn? Jetzt geht es aber los? Mannomann! Gibt man ihnen den kleinen Finger, dann… Ja, wer braucht denn einen studierten Türken? Was sollen die denn studieren? Leute aufschlitzen? Drogen dealen? Oder was?"

In einem Punkt hat Günter natürlich Recht. Der türkische Staat hätte damals den Arbeitsmigranten helfen können, sich in der deutschen Gesellschaft zu Recht zu finden. Sie hätte den Menschen vorbereitende Kurse in der Türkei anbieten und später in Deutschland einen Berater zur Seite stellen können. Aber warum sollte der Staat so etwas tun? Was hätte das für die Türkei gebracht?

Die türkische Regierung steckte Ende der 50er Jahre in einer ökonomischen Krise. Die Arbeitslosigkeit war sehr hoch und die Industrie entwickelte sich sehr langsam. Es war für die Regierung eine große Chance, die Arbeitslosen für eine begrenzte Zeit nach Deutschland zu schicken und damit das Problem zu reduzieren. Deutschland wollte aber zunächst keine Arbeiter aus der Türkei annehmen, sondern sich nur aus europäischen Staaten bedienen. Denn es gab viele Länder außerhalb Europas wie Tunesien und Marokko, die ebenfalls Arbeiter nach Deutschland schicken wollten. Deutschland hatte seine Ablehnung immer damit begründet, dass dies keine Europäischen Staaten wären. Bei einer Kooperation mit der Türkei – so die Befürchtung – wäre dieses Argument hinfällig gewesen. Daraufhin erhöhte die türkische Regierung den Druck, um sich die Chance nicht entgehen zu lassen. Über diplomatische Kanäle wurde signalisiert, dass man eine erneute Ablehnung der Zusammenarbeit bezüglich der Fremdarbeiter als Ablehnung eines NATO-Mitgliedes verstehen würde. Es war die Zeit des kalten Krieges und die Türkei war strategisch gesehen ein sehr wichtiges Mitglied in der NATO. Die Regierung der USA wollte dort mit Atomwaffen eine Verteidigungslinie gegen die Sowjetunion aufbauen. Daraufhin wurde 1961 das erste Anwerbeabkommen zwischen der Türkei und Deutschland abgeschlossen.

Es war nicht nur die Absicht der türkischen Regierung das Problem der Arbeitslosigkeit durch die Verschickung von Arbeitern nach Deutschland zu lösen. Vielmehr spekulierte man auch darauf, dass diese Menschen nach ein paar Jahren als qualifizierte Arbeiter in die Türkei zurückkehren und bei der Entwicklung des Landes helfen würden. Außerdem würden sie während ihres Auslandsaufenthaltes Devisen ins Land schicken, die in der Türkei dringend gebraucht wurden.

Die türkischen Zielsetzungen basierten - genau wie die der deutschen Seite - ausschließlich auf ökonomischen Überlegungen. Die absehbaren Schwierigkeiten, in die die betroffenen Menschen gerieten, wurden ausgeblendet. Nur die Imageprobleme, die durch schlechtes Verhalten der Landsleute im Ausland entstehen konnten, wurden ernst genommen. Es wurde ein Info-Blatt mit Anweisungen aufgelegt, wie sich die nach Deutschland fahrenden Arbeiter zu verhalten hätten. Darin waren keine deutschlandspezifischen Hinweise enthalten, sondern nur Ermahnungen, sich gut zu benehmen und keine Schande über das Land zu bringen. Die türkischen Konsulate in Deutschland boten auch keine Hilfe für den deutschen Alltag. Sie waren nur zuständig für die Formalitäten, die die Türkei betrafen. Zwei, drei Jahre lang ging das gut.

Der eigene Staat hat ihnen nicht geholfen. Ist das vielleicht der Grund?

Deutschland 1960 bis 1990
Die kulturelle Verarmung – der Migranten

Ich liebe Deutschland, weil es meine Wahlheimat ist. Ich habe in der Türkei so eine Art ASDS (Alparslan sucht das Superland) veranstaltet und alle Länder überprüft. Deutschland hat am besten abgeschnitten, unter anderem weil man hier die Kunst so sehr schätzt. Als Jugendlicher spielte ich am Bosporus immer so ein typisches Saiteninstrument. Vielleicht kennst Du es ja: Es hat einen runden Korpus mit einem langen Stiel an dessen Ende sechs Schrauben sitzen, mit denen man die Saiten stimmen kann. Ja, genau richtig: Eine Gitarre! Ich habe Gitarre gespielt. Aber dort hat das kein Schwein interessiert. Gut, es gibt auch nicht so viele Schweine in der Türkei. Aber in Deutschland war das ganz anders. Ich habe mich in die Fußgängerzone gesetzt und angefangen zu spielen. Ich war noch nicht einmal mit dem ersten Lied zu Ende, da kam ein Mann zu mir gerannt, drückte mir 10 DM in die Hand (damit konnte man damals zweihundert Kugeln Eis kaufen!) und sagte: „Kannst du dieses wunderschöne Lied bitte irgendwo anders spielen?" Da wurde mir klar: Die Menschen in Deutschland stehen auf türkische Musik.

Neben der Befriedigung der Grundbedürfnisse gehört zu einem gesunden Leben auch die seelische Nahrung. Ein gutes kulturelles Umfeld ist eine der wichtigsten Grundlagen, um entspannen zu können, gelassen zu bleiben und sich als Mensch zu entwickeln. Ich brauche auch nicht zu erklären, wie wichtig wiederkehrende Rituale im Leben eines Menschen sind. Ob der Weihnachtsbaum oder die Acht-Uhr-Nachrichten, sie geben einen Rahmen an dem man sich orientieren und weiter entwickeln kann. Nur wenn man klare, gefestigte Normen hat, kann man diese in Frage stellen und sie ändern.

Die türkischen Gastarbeiter wurden ohne Vorbereitung von ihren kulturellen Wurzeln getrennt. Sie konnten in ihren Koffern keine Kultur mitbringen - nur ihre Herzen, die sich nach dem sehnten, was sie zurück gelassen hatten. Sie waren keine Musiker, die sich ihre eigene Musik machen konnten. Sie hatten keine Mütter oder Frauen dabei, die ihnen ihre Lieblingsspeisen bereiteten. Ihre Eltern waren zu weit weg, um ihnen Halt zu geben. Sie hatten keine Verwandten dabei, mit denen sie erzählen und lachen konnten.

Telefonate in die Türkei waren ein großes Abenteuer. Wer in den sechziger Jahren in der Türkei ein Telefon besaß, hatte ganz viele Freunde, die seine Telefonnummer als die ihre ansahen. Wie bei einer öffentlichen Telefonzelle. Und öffentlich ist hier wörtlich zu verstehen: Das Telefon stand meistens im Wohnzimmer, so dass jeder mitbekam, wer mit wem, wie lange, worüber geredet hat. Auf der anderen Seite war es auch nicht so schlimm, dass alle mithören konnten, da man die meiste Zeit ohnehin

nur ins Telefon geschrien hat: "Hörst Du mich?" - „Ja. Ja! Wie geht´s dir?" - „Was?"
- „Hallo?" - „Ja, ich höre dich" - „Ich dich auch" - „Hast du das Paket bekommen?"
- „Mir geht´s gut, wann kommst du?" - „Hallo? Hörst Du mich denn nicht?" - „Ja,
ja. Wir vermissen dich!" - „Es ist so kalt hier!" - „Wir werden auch alt." - „Grüß
die Kinder von mir." - „Bald kommt das nächste" - „Ja, auch bis bald. Tschüss!" -
„Hallo? Hallo? Haaalloooo? Er ist weg…"

Über intime Dinge konnte man nicht vor allen reden. Aber allein um nur die Stimme
des Partners oder der Verwandten zu hören, musste man stundenlang auf die
Herstellung einer Verbindung warten. Oftmals hat man sich bei der Telefonzentrale
für ein Gespräch angemeldet und dann fast den ganzen Tag auf die freie Leitung
gewartet. Und wenn man dann endlich durchgestellt wurde, war derjenige, den man
sprechen wollte nicht auffindbar. Alles umsonst! Am nächsten Tag dann das gleiche
Spiel.

Briefe waren zum Beispiel 1-3 Wochen unterwegs. Die Gastarbeiter, die nicht oder
nur sehr schlecht schreiben und lesen konnten, haben ihre Kollegen gebeten, ihre
Briefe für sie zu verfassen. Dann konnten sie natürlich nur bedingt ihre Gefühle
zum Ausdruck bringen. Aber die Not machte erfinderisch und so schickte man
sich gegenseitig Ton-Botschaften auf Kassetten hin und her, die wieder und wieder
angehört wurden. Damit versuchte man die Einsamkeit und die Sehnsucht zu ertragen.

Die in Deutschland lebenden Türken konnten Informationen weder über das
Fernsehen beziehen noch über das Radio – die wenigen Programme wurden ja nur auf
Deutsch ausgestrahlt. Heute ist es nur noch schwer vorstellbar, dass es damals keine
Satellitenschüsseln gab, über die man problemlos eine riesige Palette weltweiter
Fernseh- und Radioprogramme empfangen kann. Geholfen hätte allerdings auch das
nicht: Zu der Zeit wurde in der Türkei kein einziges Fernsehprogramm ausgestrahlt!
Erst in den siebziger Jahren wurde als erster Sender TRT gegründet. Und bis in die
Mitte der achtziger Jahre blieb TRT der einzige und ausschließlich in der Türkei
zu empfangene Fernsehkanal. Türkische Zeitungen kamen nur selten bis nach
Deutschland und wenn, dann mit veralteten Informationen. Internet? Was ist das? Mit
der heutigen Technologie wären die Entwicklungen damals sicher anders verlaufen.

Konzerte mit türkischen Künstlern, die ein bis zweimal im Jahr angeboten wurden,
konnten das Defizit an kulturellen Aktivitäten nicht auffangen. Sie waren nicht mehr
als eine kurze Ablenkung, von denen man allerdings Monate gezehrt hat. Auch
andere Angebote wie zum Beispiel Sport oder Vereinsaktivitäten fehlten gänzlich.
Der einzige Zeitvertreib, den die Männer hatten, war Kaffee oder Tee zu trinken und
Karten zu spielen. Das Leben bestand nur aus Arbeit und darauf zu warten, bis man
wieder in die Türkei fahren konnte – sei es zum Urlaub oder endgültig. In den Heimen,

in denen sie untergebracht waren, schliefen sie teilweise zu sechst in einem Zimmer, das nur für vier Personen vorgesehen war. Wie viele der heutigen Asylantenheime lagen auch diese Unterkünfte abseits und boten keinerlei Freizeitangebote. Ohne Intimsphäre und ohne richtige Entspannungsmöglichkeiten mussten die Männer arbeiten, arbeiten und arbeiten. Aber klar, was braucht ein Mensch außer Arbeit, wenn er aus der Türkei kommt? Familie, schönes Essen von der Mama, Zärtlichkeit, Kinder, Singen, Lachen, sich unterhalten, von Älteren Rat holen, Rituale pflegen - nichts der Gleichen hatten diese Männer. Aber sie beklagten sich nicht, denn sie wussten, dass sie für diese Entbehrungen Geld bekamen. Aber es gab keine Strukturen, an denen sie sich orientieren konnten. Es gab keine kulturellen Angebote, weil man gedacht hatte, dass die Gastarbeiter ohnehin in ein paar Jahren verschwinden würden. Da man fast nichts über die Gastarbeiter und deren Kultur wusste, konnte man auch nicht abschätzen, wo die Gemeinsamkeiten liegen könnten. Aber es gab die Religion, die den Gastarbeitern Halt und Orientierung versprach. Viele nahmen dieses Angebot gerne an – es war ein Teil der Kultur, die sie von früher kannten. Und das, obwohl die Religion in der Heimat keine große Rolle für sie gespielt hatte. Das war der Moment, in dem die kulturelle Abspaltung von der Türkei begann. Eine Subkultur, die hauptsächlich auf Religion basierte, war geboren und konkurrierte mit der der Türkei. Man begann sich auf Traditionen zu beziehen, die man in der Türkei gar nicht ausgeübt hatte.

Sie haben ihre Kultur und damit ihren Halt verloren. Ist das vielleicht der Grund?

Die Migranten fühlen sich ausgegrenzt

Wo kann man in Deutschland hingehen wenn man sich integrieren möchte? Man kann zunächst auf die Gleichgesinnten unter den Deutschen zugehen. Zum Beispiel zu den Waffenfetischisten. Da kann man sehr viel lernen, denn die sind viel klüger als die türkischen Waffenträger. Sie haben einen Schützenverein gegründet. Ja! Auf diese Weise ist die Verehrung von Mordinstrumenten auch noch gemeinnützig. Der gemeine Türke käme nie auf die Idee, dass so etwas gemeinnützig sein könnte. Aber wir lernen ja, wir wollen uns ja anpassen. Kann man nicht ‚Frauen unterdrücken' auch als gemeinnützigen Verein betreiben? Es gibt doch auch schon Herrenchöre, Burschenschaften, die CSU und andere.

Als wahrhaft Integrierter stehen einem alle Türen offen: Schützenvereine und Kleingartenkolonien sind sehr freundlich: „Wir haben uns schon lange gefragt, wann einer von euch Kanaken auch noch hier auftaucht. Integriert Euch! Aber doch nicht hier. Mensch Meier!" ist eine gängige Begrüßungsfloskel.

Natürlich gibt es überall Menschen, die sich abkapseln und mit Anderen nichts zu tun haben wollen. Sie finden fremde Kulturen nicht spannend, sondern sehen sie als Bedrohung ihrer eigenen Identität. Solche Leute gibt es nicht nur unter den Deutschen, sondern auch bei den Türken. Aber was ist mit denen, die gerne mit den Menschen in ihrer Umgebung Kontakt aufnehmen wollen und - wenn es nach der deutschen Öffentlichkeit geht - auch Kontakt aufnehmen sollen?

Fangen wir mit den Arbeitskollegen an. Bei einem Arbeitslosen kann man davon ausgehen, dass er wenige Kollegen hat. Wenn man bedenkt, dass die Arbeitslosigkeit unter den türkischen Migranten zum Teil drei Mal höher ist als der bundesdeutsche Durchschnitt, so sind diese Menschen rein physikalisch nicht in der Lage mit Kollegen zu sprechen: Sie haben keine. Der Großteil der beschäftigten Türken arbeitet dann in Bereichen, für die die Arbeitgeber keine entsprechenden deutschstämmigen Arbeitnehmer finden: Gebäudereinigung, Fließbandarbeit, Fastfood-Restaurants, usw. Da sind dann nicht so viele Deutsche, mit denen man Kontakt aufnehmen kann. Hier besteht nur eine geringe Wahrscheinlichkeit, dass Kontakte zwischen Deutschen und Türken entstehen.

Neue Heimat der Türken, in der ihre Kinder aufwachsen
Foto Kemal Kurt / DOMiD-Archiv, Köln

Wie sieht es mit den Nachbarn aus? Dass man ein gutes Verhältnis zu seiner Nachbarschaft pflegt, gehört zum türkischen Selbstverständnis. Nur zu dumm, dass in Deutschland dort, wo Türken wohnen die Nachbarn meistens auch Türken sind. Es ist nicht zu bestreiten, dass es für einen Türken eher selten der Fall ist, in seiner Nachbarschaft einem Deutschen zu begegnen. Das macht es schwer, in einer alltäglichen Situation zunächst unverbindlich Kontakt mit Deutschen aufzunehmen.

Traditionelle Vereine sind deswegen traditionell, weil sie nichts ändern wollen. Oder kannst du dir vorstellen, dass man in einem Schützenverein das Wappen modernisiert, die Uniformen verändert oder neue Lieder singt? Deshalb kann man in solchen Vereinen keine Menschen gebrauchen, die nicht dazu gehören. Wenn ein Türke hier auftaucht, was nicht so oft passieren dürfte, gibt es kein Freudentanz unter den Mitgliedern.

Genau dasselbe passiert, wenn die zum Großteil sehr naturverbundenen Türken in einer Kleingartenkolonie auftauchen, um dort ein Stück Land zu pachten. Meistens werden sie abgelehnt, weil man verunsichert ist und nicht weiß, wie sie mit der Parzelle umgehen werden. Also schon wieder keine Nachbarschaft mit den Deutschen!

Und die politischen Parteien? Mitglied können die Migranten werden, aber auf den aussichtsreichen Listenplätzen sind sie nur sehr selten zu sehen. Nach über 50 Jahren gibt es kaum eine nennenswerte Anzahl türkischstämmiger Mandatsträger in Deutschland. Warum kommen sie nicht weiter, obwohl sie sich in den deutschen Parteien seit Jahrzehnten engagieren?

Wie sieht es mit den Gewerkschaften aus, in denen der klassische türkische Arbeitnehmer seit Urzeiten Mitglied ist? Warum sehen wir in den Chefetagen dieser Solidaritätsgemeinschaften kaum türkischstämmige Menschen? An fehlendem Interesse kann es nicht liegen. Gegen einen gut bezahlten Gewerkschafterposten kann ein Arbeitnehmer, der jeden Tag im Schichtdienst arbeitet, nichts haben. Als zahlendes Mitglied sind die Türken gern gesehen, aber mitgestalten können sie nicht. Das demotiviert und animiert nicht zur Nachahmung.

Was passiert, wenn türkische Jugendliche abends in die Discotheken gehen wollen, um sich zu amüsieren und andere junge Menschen kennen zu lernen? Sie bekommen meistens eine Abfuhr von dem Türsteher, der wahrscheinlich selber ausländische Wurzeln hat und sich freut, nun endlich auch selber diskriminieren zu können. Die abgewiesenen Jugendlichen haben dann nur noch eine Wahl: Sie gehen zu einer der überteuerten türkischen Party-veranstaltungen… Und hier treffen sie endlich auf hunderte von deutschen Jugendlichen, die mit den Türken auf türkische Musik tanzen wollen. Sie freunden sich an und heiraten in einem Schloss…

Wer ist bereit, zum Abendessen eine türkische Familie zu sich einzuladen? Ich meine nicht die türkischen Familien, die ohnehin in der Gesellschaft angesehen sind und nahezu perfekt Deutsch sprechen. Ich meine die Familien, bei denen man sich fragt, warum sie sich nicht integrieren. Wer lädt diese Menschen zu sich nach Hause ein? Ich nicht? Du? Wenn ja, mach weiter so, denn du zählst zu einer Minderheit und hast daher noch sehr viel zu tun. Und wie reagieren wir, wenn diese Menschen uns zu sich in ihre ‚Gettos' einladen? Nehmen wir die Einladung gerne an? Oder sagen wir: „Danke für die Einladung, aber leider bin ich vollgeknallt mit Terminen!" Ich verlange von niemanden, dass er gegen den eigenen Willen Kontakt zu ‚den Türken' aufbaut. Aber wenn niemand es freiwillig tut, dann bleiben sie eben unfreiwillig unter sich.

Sie wurden ausgegrenzt. Ist das vielleicht der Grund?

Diskriminierungen

Es gibt zahlreiche Bereiche in denen ein Quoten-Türke gebraucht wird. Auf diese Weise kam ich in den Vorstand eines Elternvereins, der mehrere Kindergärten betreibt. Nach dessen Satzung sollte der gesamte Verein zu fünfzig Prozent aus Deutschen und zu fünfzig Prozent aus Migranten bestehen. Ob bei den Kindern, den Erzieherinnen oder beim Vorstand - die Hälfte bestand aus Deutschen, die andere Hälfte aus Ausländern. Aber wer ist hier Deutsch und wer ist Migrant? Besonders schwierig gestaltete sich das bei den Kindern. Die Sprösslinge aus Mischehen hat man gerne angenommen, weil die Kinder wahlweise als Ausländer oder als Deutsche gezählt werden konnten – je nach dem Stand der selbst auferlegten Quote. Jedes Jahr wurde neu festgelegt, ob sie Ausländer oder Deutsche sind: „Miriam, es tut mir leid. Aber in diesem Jahr bist du die Ausländerin unter uns! Deswegen musst du bei der Sprachförderung mitmachen! Und sag bitte auch deinen Eltern Bescheid, dass Sie zum Sommerfest etwas Exotisches zum Essen mitbringen."

Der Verein wurde in den siebziger Jahren mit dem Ziel gegründet, sich in der Hauptsache um ausländische Kinder zu kümmern. Diese hatten zu der Zeit große Probleme einen Kindergartenplatz zu bekommen. Konfessionelle Kindergärten haben als erstes nur Kinder mit der eigenen Religionszugehörigkeit angenommen. Dann kamen die anderen christlichen Konfessionen, dann kamen die Atheisten und zu guter Letzt die Angehörigen anderer Religionen – wenn dann überhaupt noch Kontingente frei waren. In den freien oder kommunalen Kindergärten waren Ausländer auch nicht wirklich gern gesehen. Dankenswerter Weise hat der Elternverein das Problem richtig erkannt und sich damals auf eine 50% Quote verpflichtet. Grotesk ist allerdings, dass die für die Förderung der ausländischen Kinder geschaffene Struktur

Ende der neunziger Jahre plötzlich von den Deutschen sehr gerne angenommen wurde. Während in den städtischen Kindergärten oftmals weit mehr ausländische, als deutsche Kinder angemeldet waren, war es laut Satzung in den Einrichtungen des Elternvereins garantiert, dass mindestens fünfzig Prozent deutsche Kinder vorhanden sein mussten. Die über die Quote hinausgehenden ausländischen Kinder wurden abgelehnt. Eine gute Intention verkehrte sich in ihr Gegenteil.

Im Vorstand brauchte man dagegen dringend Ausländer. Dass ausgerechnet Deutsche sich für Migranten einsetzen, gab mir das Gefühl, mich auch beteiligen zu müssen. Also ließ ich mich überreden und zum stellvertretenden Vorsitzenden wählen. Alle schienen über meine Wahl sehr glücklich zu sein. Eine Person mit Zugang zum türkischen Kulturkreis und neuen Ideen, die ich aus einem anderen Land mitbrachte - eine große Bereicherung. Ich gebe zu: Ich war sehr naiv. Ich war der Quoten-Türke, der ersehnte Ausländer laut Satzung (obwohl ich bereits deutscher Staatsangehöriger war). Bei der Vorstandsarbeit waren meine Ideen, wenn man sie überhaupt angehört hat, entweder nicht erwünscht oder nicht durchsetzbar, nicht finanzierbar, politisch inkorrekt. Dieser Verein wurde von Deutschen für Ausländer gegründet, aber die Deutschen bestimmten alleine was, wie und wann passieren sollte. Man wusste, was für die „Ausländer gut ist" und ließ sich von ihnen nicht in die Arbeit reinreden. Auch Gutes zu wollen kann zu Diskriminierung führen. Sicherlich hat dieser Verein sehr viel mehr geleistet, als viele andere Organisationen - aber sein größter Fehler war es, die Menschen nach ihrer Herkunft zu unterscheiden. Genau so, wie es die übrige Gesellschaft tut.

Bereits bei der Auswahl und den damit verbundenen Gesundheitsuntersuchungen bekamen viele der Gastarbeiter-Anwärter das Gefühl, nicht viel Wert zu sein. Wie auf einem Viehmarkt hat man diese Menschen ohne Rücksicht auf ihre Gefühle angeschaut und selektiert. Natürlich kann man behaupten, dass die deutschen Arbeitgeber und die von ihnen beauftragten Ärzte und „Experten!" die Voraussetzungen, unter denen sie Arbeiter aussuchen, selbst bestimmen dürfen. Aber ohne eine Schuldzuweisung machen zu wollen, können wir festhalten, dass die türkischen Arbeiter sehr unwürdig behandelt wurden. Das hat sie und ihre Nachkommen geprägt.

Schon kurz nach ihrer Ankunft haben viele der türkischen Arbeitnehmer erfahren, dass sie nicht genauso behandelt werden wie ihre deutschen Kollegen. Sie haben zum großen Teil weniger Lohn bekommen und waren wesentlich schlechter untergebracht. Domid e.V. (Dokumentationszentrum Migration in Deutschland) hat viele Dokumente gesammelt, die die ungerechte Behandlung der Gastarbeiter belegen. Nach neuesten Umfragen und Forschungen der Universität Konstanz müssen die Bewerber mit nicht deutsch klingenden Namen bei gleicher Qualifikation mit mehr Absagen rechnen, als die Bewerber mit deutsch klingendem Nachnamen.

Obwohl die Öffentlichkeit unberechtigter Weise beklagt, dass Migranten nicht auf Bildung achten würden und deshalb in der Arbeitslosigkeit landen, haben gerade die gut ausgebildeten Migranten in der zweiten und dritten Generation größere Probleme einen Arbeitsplatz zu finden, als die deutschstämmigen Mitbewerber. Laut dieser Studie haben Migranten in größeren Betrieben mehr Chancen angenommen zu werden als bei kleineren Betrieben. Das wird damit begründet, dass die Auswahlverfahren in den Großbetrieben eher automatisch ablaufen und an Sachkriterien orientiert sind, während in den kleineren Betrieben persönliche Vorbehalte des Arbeitgebers eine große Rolle spielen. Es handelt sich hier um Migranten mit akzentfreiem Deutsch und guter Bildung! Ein Migrant mit Akzent hat in vielen Bereichen gar keine Möglichkeit, überhaupt eingestellt zu werden. Warum ist es nicht möglich, dass in einem Bahnhof die Ansage mit Akzent durchgeführt wird? Man würde den Inhalt verstehen, es aber trotzdem als störend empfinden. Deshalb stellt man in den Bereichen, in denen es auf die Sprache ankommt, keine Person ein, die mit Akzent spricht. Wenn man bedenkt, dass man eine Fremdsprache nicht akzentfrei sprechen kann (es sei denn, man wird von der CIA als Spion ausgebildet), führt diese Situation zur weiteren Diskriminierung der Migranten. Dadurch entsteht ein Bumerangeffekt: Gerade die Akademiker unter den Migranten, die man in Deutschland eigentlich händeringend sucht, zwingt diese Situation dazu in andere Länder auszuwandern. Die gut ausgebildeten türkischen Migranten ziehen es vor, in das Land ihrer Großeltern zurückzugehen.

Der eindeutigsten Form von Diskriminierung begegnen die Migranten bei der Wohnungssuche. Der Vorwurf, dass die Türken unter sich bleiben und Gettos bilden, ist sehr beliebt. Aber die Gettobildung ist das selbstverständliche Resultat der Lebensbedingungen, die viele Türken in Deutschland vorfanden. Zunächst kamen sie in den gemeinsamen Wohnheimen unter, die die Arbeitgeber für sie bereitgestellt hatten. Später, als die Ehepartner und Kinder nachkamen, wurden sie in Wohnbezirken untergebracht, die dringend der Sanierung bedurft hätten und die von Deutschen nicht mehr angenommen wurden – heute nennt man sie Gettos. Warum sind sie dort nicht ausgezogen und haben sich eine schönere Bleibe in einer durchmischten Nachbarschaft gesucht?

Um diese Frage zu beantworten, nehme man sich eine beliebige lokale Zeitung zur Hand, in der Mietwohnungen inseriert sind. Dann tippe man blind auf eine Wohnungsannonce, wähle die angegebene Rufnummer und sage: „Meine Namen ist Orhan Öztürk, Wohnung ist frei?" Sofort erfährt man, dass die Wohnung leider bereits vergeben ist. Nach ein paar Minuten wähle man dieselbe Nummer noch einmal und melde sich mit akzentfreiem Deutsch: „Guten Tag, hier ist Schmidt. Ich habe Interesse an der von ihnen inserierten Wohnung. Ist die noch zu haben?" Wundersamer Weise ist sie jetzt wieder frei geworden. „Natürlich ist die Wohnung noch frei Herr Schmidt. Soll ich sie schon einmal vormerken? Wann haben Sie Zeit für eine Besichtigung?"

Der türkische Wohnungssuchende erfährt noch nicht einmal, wo sich die Wohnung befindet und erst recht bekommt er keinen Besichtigungstermin, um den Vermieter von seiner Unschuld hinsichtlich der vermuteten Zwangsehen und des Schächtens von Lämmern im Wohnzimmer zu überzeugen. Aber Gott sei Dank ist man nicht überall so ablehnend gegenüber Interessenten mit ausländischen Wurzeln. Manchmal klingt es auch so: „Nein, nein, nein, wir haben nichts gegen Ausländer: Kommen Sie doch morgen um 11:00 h zur Besichtigung. Sie sind der 503. Interessent und die Wohnung liegt in Neukölln!".Es ist kein Wunder, dass man gerade dort willkommen ist, wo die Gettos bereits bestehen. Hier wagt sich kaum ein Deutscher hin.

Die Türken, die in solchen Gettos leben, gehören sicher nicht zu den Besserverdienenden - wenn sie überhaupt eine Arbeit haben. Das reduziert das Wohnungsangebot, das für sie in Frage kommt, ungemein. Die hochpreisigen Wohnungen können sie sich nicht leisten, die Wohnungen der mittleren Preisklasse bekommen sie wegen ihrer ethnischen Identität schwer oder gar nicht. Und dann fragen sich manche Leute in Deutschland, warum die Türken nach wie vor in Gettos leben und beantworten diese Frage sofort mit der Phrase: „Die wollen nur unter sich sein".

Das schlechte Image der Türken hat leider eine derart nachhaltige Wirkung, dass die Mietpreise sinken, sobald eine türkische Familie in ein Mehrfamilienhaus einzieht. Stehen auf den Klingelschildern türkische Namen, wird es schwieriger, eine frei werdende Wohnung zu vermieten. Es sei denn an Türken. Nach und nach ziehen die Deutschen Nachbarn aus und plötzlich sind die Türken wieder unter sich – in einem Getto! Auch wenn ein Vermieter selber keine Vorbehalte gegenüber ausländischen Mitbürgern hat und ihnen seine Wohnung vermieten will - so sind die Eigentümer der Nachbarwohnungen oftmals damit nicht einverstanden und üben starken Druck auf den Vermieter aus. Sie befürchten, dass ihre Immobilien an Wert verlieren.

Sogar beim Verkauf einer Immobilie spielt es eine Rolle, ob der Käufer ein Türke ist, obwohl der Verkäufer keine langfristige Vertragspartnerschaft eingehen muss. Solange der Verkäufer die Wahl zwischen einem Türken und einem Deutschen hat, wird er sich gegen den Türken entscheiden. Nicht nur wegen des Drucks aus seiner Nachbarschaft und aus seinem Freundeskreis – er fühlt sich einfach sicherer.

Wenn gutes Wohnen zu den Grundbedürfnissen eines Menschen gehört, so ist die Diskriminierung in diesem Bereich sehr schwerwiegend und raubt ihm die Möglichkeit erfolgreich und glücklich zu sein.

Sie wurden diskriminiert. Ist das vielleicht der Grund?

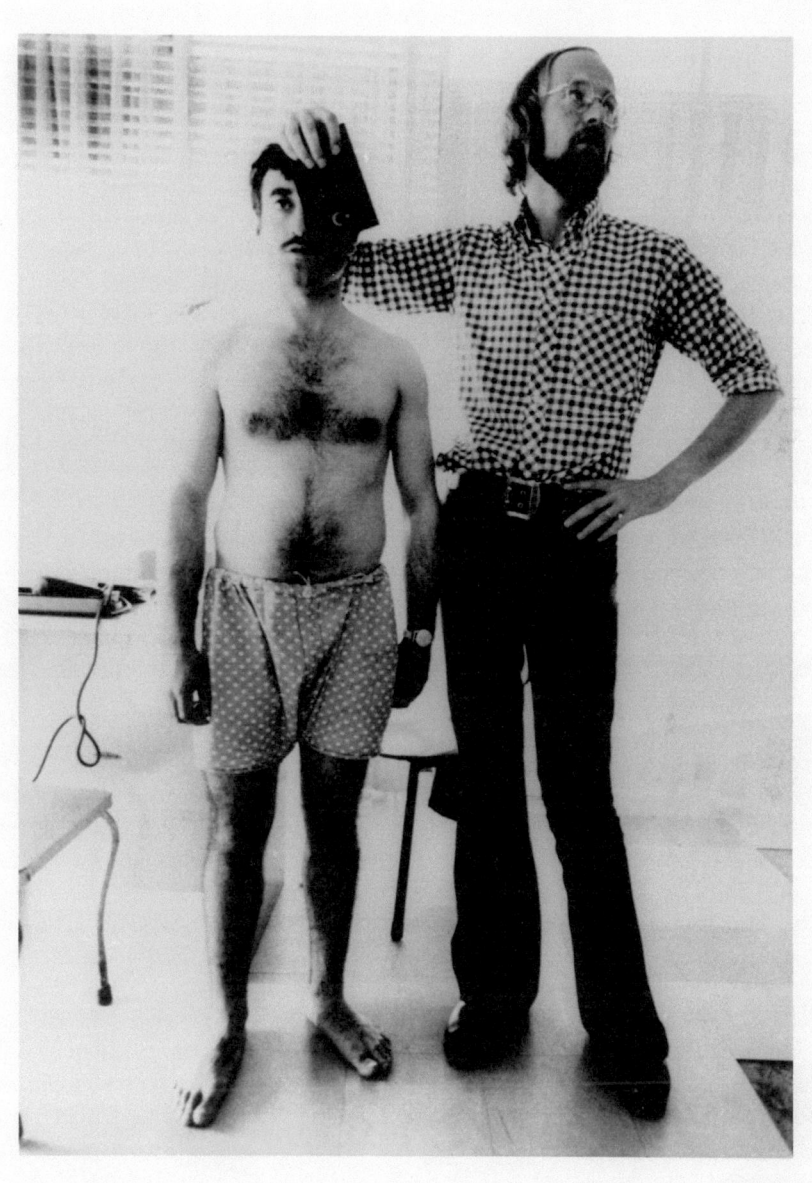

Gastarbeiter-Sehtest
Foto Jean Mohr / DOMiD-Archiv, Köln

Bildung und Erziehung

Und wie sieht es in den Kindergärten und Schulen aus?

„Und? Verbringt ihr euren Urlaub dieses Jahr wieder in der Heimat?" fragen Lehrer oftmals ihre türkischstämmigen Schüler - „Was? Warum sollen wir denn in Kreuzberg Urlaub machen? Wir fahren in die Türkei!" müssten die Kinder eigentlich antworten. So bekommen die Kinder beigebracht, dass sie seit ihrer Geburt jährlich 11 Monate im Ausland leben, sozusagen 11 Monate auf Urlaub sind. Die Lehrerinnen und Lehrer denken oftmals wirklich noch, dass die Heimat dieser Kinder die Türkei ist. Das begründen sie dann auch noch mit der Aussage: „Die Kinder sehen das doch selber so!" Was sollen die Kinder denn auch sagen, wenn es die Eltern und alle anderen Erwachsenen um sie herum ständig behaupten. Was für ein Gefühl muss es für ein Kind sein, erzählt zu bekommen, dass es im Ausland aufwächst und höchstens einmal im Jahr 6 Wochen in der behaupteten Heimat zu sein? Die natürlich auch nicht ihre ist.

Die Kinder haben einen schweren Stand, denn sie bekommen das zu hören, was für ihre Eltern bestimmt ist. Sie müssen sich anhören, was die Eltern falsch gemacht haben: „Mustafa, wie oft soll ich dir sagen, deine Eltern müssen eine Entschuldigung für dich schreiben!" Oder: „Was hast du bloß für Eltern, die dir nicht bei den Hausaufgaben helfen" – „Du sollst deinen Eltern sagen, dass sie mit dir nicht mehr türkisch sprechen!"

Immer wieder werden Stimmen laut, die das Türkisch sprechen in den Schulen verbieten wollen. „Wir sind in Deutschland und hier wird Deutsch gesprochen!" Warum dann nicht auch gleich Englisch und Französisch verbieten? Aber da kann ich schon die protestierenden Stimmen hören: „Alparslan, wie kannst du Türkisch mit Englisch oder Französisch vergleichen? Das sind Weltsprachen. Wenn du auf Reisen bist, kannst du dich mit diesen Sprachen überall verständigen!" Und wenn man türkisch lernt, kann man sich damit höchstens ein paar Mal am Tag verständigen!

Die Kinder erfahren, dass ihre Sprache minderwertig und unerwünscht ist. Aber die türkische Sprache gehört zu ihnen und ihren Eltern. Daher fühlen sie sich nicht angenommen. Sie befinden sich in einem Sonderstatus und erhalten eine Sonderbehandlung. Sie bekommen überdurchschnittlich viele Empfehlungen für die Hauptschule und nur wenige dürfen eine Realschule oder gar ein Gymnasium besuchen. Auch die türkischstämmigen Kinder der zweiten Generation, die heute eine erfolgreiche Berufslaufbahn vorweisen können, wurden zunächst in die Hauptschule geschickt. Nur unter erschwerten Bedingungen - über den zweiten Bildungsweg - war es ihnen möglich, das Abitur zu erlangen und danach zu studieren. Die Kinder

der Gastarbeiter wurden systematisch in die Hauptschulen geschickt – sie sollten ja demnächst Deutschland verlassen. Warum also sollte man sich viel Mühe mit ihnen machen und Zeit und Geld in ihre Ausbildung investieren? Die meisten landeten daher mit vielen anderen türkischstämmigen Kindern in den Hauptschulen - weit weg von den meisten deutschen Kindern.

Zu einem „Tag der offenen Tür" besuchte ich eine sehr liberale Schule - eine Gesamtschule mit einem wirklich sehr netten und fortschrittlich denkenden Kollegium. Unter anderem gab es auch eine integrative Klasse in der behinderte und nicht behinderte Kinder gemeinsam unterrichtet wurden. Anlässlich einer Probestunde hat die Lehrerin ihre Klasse folgendermaßen vorgestellt: „Wir haben 23 Kinder in dieser Klasse, davon sind 6 Behinderte und 4 Türken!" Und deshalb würden sie zu zweit diese Klasse unterrichten. Warum sie die türkischen Kinder ausdrücklich erwähnte, musste sie nicht erläutern und es fragte auch niemand nach. Denn es gibt die vorherrschende Meinung: Türkische Kinder können kein Deutsch, sie sind leistungsschwach, schlecht erzogen, verursachen Probleme und brauchen deshalb intensive Betreuung. Das mag bei diesen Kindern vielleicht sogar zutreffen. Aber ist die Herkunft ausschlaggebend? Ist die türkische Abstammung ein Indiz für ein Defizit?

Man spricht über schlechte Schulen, wenn sie einen hohen „Ausländeranteil" haben. Man spricht über schlechte Wohngegenden, wenn sie einen hohen „Ausländeranteil" haben.

Es ist wirklich auffallend, dass das Wort „Ausländer" fast nur noch mit negativer Konnotation benutzt wird. Fast ein jeder denkt bei „Ausländer" an eine bedrohliche Person. Und Amerikaner, Schweden oder Holländer sind erst gar nicht gemeint, wenn man über Ausländer spricht. Der Ausländer an sich ist Türke, Araber oder Afrikaner. Auf jeden Fall ist er ein Moslem. Man bezeichnet mit diesem Wort nur die ethnischen Gruppen, die negativ gesehen werden. Insofern werden die Russen in Deutschland langsam auch zu ‚Ausländern'.

In Düsseldorf gibt es eine sehr große Ausländergruppe, die extrem abgeschottet lebt. Die Angehörigen dieser Gruppe lernen nicht Deutsch, sie haben eigene Schulen gegründet, in denen kaum Deutsch gesprochen wird, und sie betreiben eigene Supermärkte in denen eigene Produkte verkauft werden. Sie pflegen ihre eigene Kultur mit eigener, weitgehend unbekannter Religionszugehörigkeit und integrieren sich nicht einmal ansatzweise in die Gesellschaft. In diesem Fall spricht man aber nicht über ‚die Ausländer' – man nennt sie „Die japanische Community"!
Selbst die Türken, die bereits angesehene Berufe ausüben werden diskriminiert. Ein Arzt der Ahmed Öztürk heißt, hat zu neunzig Prozent türkischstämmige Patienten.

Sollte Ahmed Öztürk Anwalt sein, wird er auch dann nicht von Menschen mit deutscher Herkunft kontaktiert, wenn er seine Kanzlei im gleichen Viertel betreibt und er ohne Schwierigkeiten im Branchenverzeichnis gefunden werden kann. Sicherlich kann nicht unterstellt werden, dass alle Leute in Deutschland bewusst einen türkischstämmigen Arzt oder Anwalt meiden. Es geschieht leider völlig ohne große Vorbehalte. Man ist sich nicht bewusst, dass es sich bei Dr. Orhan Mutlugül höchstwahrscheinlich um einen in Deutschland ausgebildeten und guten Arzt handelt. Auf diese Weise bekommen noch nicht einmal die Türken, die unter schweren Umständen einen angesehenen Beruf erlangt haben, die Chance ein Teil unserer Gesellschaft zu werden.

Das Bildungssystem hat sie vernachlässigt. Ist das vielleicht der Grund?

Scheinbares Fehlverhalten führt zu weiterer Verunsicherung

Man hält sich in Deutschland an die Regeln! Nehmen wir zum Beispiel die Situation, dass ein Fahrradfahrer auf einer Vorfahrtstraße fährt und ein Lastwagen kommt ungebremst durch eine Seitenstraße angerast: „Das ist bestimmt ein Ausländer! So wie der fährt. Der kennt unsere Straßenverkehrsordnung nicht. Dem werde ich es aber zeigen!" denkt sich der Radfahrer und tritt in die Pedale. Aber der Lastwagen hält nicht an. Krach! Bums! Der Radfahrer, in seiner eigenen Blutlache liegend: „Freundchen, du hattest keine Vorfahrt. Jetzt werde ich schön sterben und dann bist du so richtig dran. Ha ha ha. Mir nimmt man nicht die Vorfahrt. Nicht mir. Nicht bei uns in Deutschland!" Der Lastwagenfahrer: „Bitte sterben sie nicht. Sie irren sich. Ich bin kein Ausländer! Ich bin Deutscher!" – „Das kannst du deiner Oma erzählen. Hier wird nicht gehandelt. Wir sind hier nicht auf dem Basar! Tschüß!" Exitus.

Früher gab es in den Schwimmbädern noch Badekappenzwang! Ich gestehe, dass ich meistens ohne Kappe geschwommen bin. Der Bademeister: „Eyh! Du da! Badekappe auf! Aber flott!" - „Warum denn?" - „Wegen den Haaren. Es ist unhygienisch wenn du die verlierst!" - „Aber ich habe doch gar keine." – „Das interessiert mich nicht. Da könnte ja jeder kommen. Gesetz ist Gesetz!" Ich habe dann meinen Kopf mit wasserfesten Farben bemalt. Das wurde vom Bademeister akzeptiert: „Tut mir ja leid, aber Gesetz ist Gesetz! Ich mache doch die Regeln nicht! Außerdem werde ich ja hier nicht für's Denken bezahlt."

Schon klar! Das deutsche Rechtssystem habe ich verstanden. Es ist identisch mit dem der Türkei. Es ist eigentlich alles verboten, es sei denn es ist ausdrücklich erlaubt. Der Unterschied ist: In Deutschland nimmt man diese Regeln auch noch ernst. In der Türkei dagegen sagen einem die Leute, wenn man nach einer guten Möglichkeit zum Schwimmen sucht: „Geh immer geradeaus, bis du das Schild siehst: ‚Baden strengstens verboten! Militärisches Sperrgebiet!' Da kannst du wunderbar schwimmen."

Wenn ein Schild darauf hinweist „Betreten verboten!", so hält das einen Türken nicht davon ab das Gelände oder das Haus zu betreten. Besser ist da ein Schild mit der Aufschrift: „Wer weitergeht, ist ein Hurensohn!" Das versteht jeder Türke. Um die Deutschen vom Betreten abzuhalten, reicht dagegen ein Schild mit der Aufschrift: „Ab hier sind sie nicht mehr versichert!" - „Was? Ich bin hier nicht versichert? Oh, mein Gott. Was mir alles passieren kann. Wenn jetzt hier eine Luftmine aus dem zweiten Weltkrieg hochgeht, wer zahlt denn dann meine Beerdigung? Das kann ich meiner Familie nicht zumuten!" Der Deutsche dreht um.

Wenn ich mich auf einer Fete interessant machen will, dann sage ich nur: „Ich habe keine Haftpflichtversicherung!" Nach längerem Schweigen kommt dann meistens die Replik: „Huh. Ich, ich, ich dachte, du hast gesagt, du hast keine Haftpflichtversicherung. Hahaha! Mein Gehör lässt nach. Mensch, Anton! Hahaha." - „Ich habe wirklich keine!" - „Du meinst das ernst?" – „Ja!" - „Anton, bleib sitzen. Beweg dich nicht! Lass bitte Dein Glas stehen. Nein, auch keine Salzstange mehr. Thomas, ruf schnell meinen Versicherungsmakler an! Hier Kurzwahl, Taste 1. Claudia und Jürgen: Nehmt bitte alle Wertgegenstände aus der Wohnung. Ja, auch die Möbel. Und bitte die Sicherungen raus und das Wasser abstellen." - „Eyh, beruhigt euch! Ich bin ein Ausländer. Wir haben so etwas nicht." - „Heiliger Strohsack! Das ist ja wie Pest und AIDS in einem. Ein Ausländer ohne Haftpflichtversicherung. Wo sollen wir denn da Regressansprüche geltend machen?"

„Sag mal, wofür sollte ich denn eine Haftpflichtversicherung haben?" – „Hahaha, Anton! Süß. Also: Wenn du z.B. auf der Straße gehst und über einen Stein stolperst und dann hinfällst und ein Auto, das dir ausweichen will fährt auf einen, na, sagen wir 30-Tonnen-Tanklaster, der daraufhin mit Wucht in eine Tankstelle rast, auf der gerade ein Atomtransporter steht, weil sein Fahrer ein Vollkornbrötchen mit Bio-Käse kaufen will und dann Tanklaster und Atomtransporter in einer riesigen Explosion eine Kernschmelze herbeiführen, wie damals in Tschernobyl - wer zahlt dann den Schaden?" - „Die Haftpflichtversicherung?" – „Anton, Du bist wirklich ein helles Kerlchen!"

Und da sagt man die Deutschen hätten keine Fantasie! Und damit meine ich nicht nur die Behauptung, dass ein Lastwagenfahrer Vollkornbrötchen mit Bio-Käse isst! Die Begrüßungsrituale in Deutschland sind mir auch noch nicht ganz klar geworden. Wenn vor allem Männer sich lange nicht gesehen haben, dann gibt es dieses herzliche

Bizeps-Streicheln. Und dann Verbindung schaffen durch Abstand halten: Die Fäuste aufeinander zu bewegen, in der letzten Sekunde Vollbremsung und dann die Fäuste ganz langsam zusammen führen wie beim Ankoppeln von zwei Güterwaggons. Niedlich. „Schön, dich zu sehen!" - "Naaa? Wie geht´s?" - „Gut! Und bei dir?" – „Gut und Du....?" Und dann weiß man nicht wie's weitergeht, redet aber trotzdem weiter. „Und? Alles klar?" – „Mensch, habe ich Dich vermisst!" – „Ja. Toll, dass du da bist?" – „Ja, ich auch!" Der Türke hat dagegen ein ganz klares Begrüßungsritual. Ihr kennt das sicher aus dem bekannten Sprichwort: Kör tuttugunu topal yakaladigini öper" Nicht verstanden? Hmm. Gut, dann auf Deutsch: „Der Blinde küsst alles was er hält und der Humpelnde alle die er fangen kann!" Wir packen zu und bringen es zum Abschluss! Festhalten und Küssen: Matsch, mutsch, mitsch, matsch, motsch! Bei Geschäftsverhandlungen mit deutschen Partnern kommt das besonders gut an. Wenn man sich nicht einigen kann, nimmt der Türke seinen deutschen Geschäftspartner in den Arm und gibt ihm einen, ach was, mindestens zwanzig Küsse. Plötzlich ist dann wieder Bewegung im Geschäft. Der Deutsche sagt sich, wenn der mich schon bei der ersten Meinungsdifferenz küsst, was macht der erst mit mir, wenn ich nicht nachgebe.

Es gibt mehr ungeschriebene Gesetze in Deutschland als geschriebene. Sie sind regional unterschiedlich aber doch manchmal wichtiger als die geschriebenen Gesetze.

„Draußen gibt es nur Kännchen!" sagt der Kellner mit einem sehr genervten Unterton. Dabei wollte ich nur eine Tasse Tee. Er ist sehr empört und kann es nicht verstehen, warum ein Erwachsener, der ja wissen müsste, dass es draußen schon immer nur Kännchen gegeben hat, ihn jetzt mit so einer Bestellung provoziert. Und schon hat man den Salat: Er denkt, ich bestelle absichtlich eine Tasse Tee, um ihn zu ärgern. Denn ich sehe aus wie alle anderen Erwachsenen und deshalb geht er davon aus, dass ich den gleichen Wissensstand habe. Ihm ist es nicht vorzuwerfen. Aber ich kann weder die Reaktion des Kellners, noch das, was er gesagt hat, überhaupt verstehen. Ich wohne erst seit einem Monat in Deutschland. Im Deutschkurs haben wir gerade mal durchgenommen, wie man im Restaurant überhaupt etwas bestellt. Die Antworten kann ich aber noch lange nicht verstehen, vor allem, wenn einer so schnell redet, fremde Wörter benutzt und mich mit hochrotem Kopf anbrüllt. „Sprechen langsam bitte!" versuche ich ihn mit meinem rudimentären deutsch auszubremsen. Während er verschwindet höre ich noch Worte wie „leck… Arsch… Kanake" oder so etwas. Aus der Begegnung habe ich erfahren, dass der Kellner unfreundlich ist. Und der Kellner weiß jetzt, dass Menschen mit schlechtem Deutsch keine Manieren haben. Um einen herum sieht man dann auch nur Kopf schüttelnde Menschen. Freunde, denen man Hilfe suchend erzählt, was einem widerfahren ist, sagen: „Ja Alparslan, natürlich gibt es draußen nur Kännchen. Das weiß doch jeder." – Darauf ich: „Aber bei uns in der Türkei....." - „Nicht aber! Wir sind hier nicht in der Türkei!"

Zieht man in der Türkei in eine neue Wohnung, so kommen sofort die Nachbarn, um sich vorzustellen. Sie helfen beim Tragen oder bringen Essen, da man ja vermutlich noch keine Küche hat. Der neue Mitbewohner lädt dann, sobald er eingerichtet ist, alle diese Nachbarn zu sich ein - als Dankeschön und um Gelegenheit zu bieten, sich besser kennen zu lernen. Die umgekehrte Folge, wie sie in Deutschland praktiziert wird, ist für einen Türken nicht vorstellbar. Sich erst bei den Nachbarn - am besten mit einem kleinem Geschenk – vorzustellen, würde er als ‚anschleimen' und Unterordnung unter die Anderen empfinden. Da die türkischen Migranten diese dann unterlassen, fühlen sich die Alteingesessenen in ihrer Skepsis bestätigt, dass die neuen türkischen Nachbarn keine Manieren haben. Die türkische Familie ist enttäuscht, weil keiner der Nachbarn ihnen hilft oder sich zumindest vorstellt und „willkommen" sagt.

Bei einem Umzug in ein Reihenhaus vor etlichen Jahren hatte ich eine aufschlussreiche Begegnung. Ich hatte eine sehr schwere Schiebetür mit Spiegel auf dem Rücken, die ich mit Vorsicht und großer Mühe versuchte ins Haus zu tragen. Da erschien zum ersten Mal mein Nachbar. Er eilte zu mir, als hätte er mein Not erkannt. Unter meiner schweren Spiegeltür vermeinte ich zu hören: „Kann ich ihnen helfen?" Kurz vor dem Zusammenbruch habe ich schnell gesagt: „Ja, gerne!" Er erwiderte: „Verstehen sie mich nicht? Ich habe gefragt, ob sie die neuen Nachbarn sind?" – „Was? Ach so, jaja, das bin ich." Die Spiegeltür hatte inzwischen das Gewicht eines mittleren Güterwaggons. Der Nachbar: „Sie sollten wissen, dass sie ihren Wagen dort nicht parken dürfen. Da stelle ich dienstags immer meine Mülltonne hin!" Ich wusste nichts zu sagen und konnte ihn auch nicht anschauen, da meine Spiegeltür mich fast zu Boden drückte. Ich war nur froh, dass er es mir nicht auch noch übel genommen hat, dass ich ihn nicht richtig angeschaut habe, während er mich zurechtwies. Reumütig stöhnte ich eine Entschuldigung unter der Tür hervor, dann brach ich zusammen und musste mit Schnittverletzungen ins Krankenhaus eingeliefert werden.

Diese Erfahrung hat mich nicht erschüttert, da ich bereits seit zehn Jahren in Deutschland lebte und mir solch ein Verhalten in der Zwischenzeit geläufig war. Aber für einen Türken, der sich erst seit kurzem in Deutschland aufhält, kann dieser Vorfall sehr irritierend sein. Wie soll ein Türke, der in einem anderen sozialen Umfeld groß geworden ist, wissen, was in Deutschland richtig und was falsch ist? Er benimmt sich so, wie es in der Türkei für höflich gilt und dann tritt er auf eine Mine nach der anderen. Nach dem Motto „Unwissenheit schützt vor Strafe nicht" bekommt er dann den vermeintlich verdienten Ärger mit den Menschen in Deutschland. Diese Art Regeln zu erlernen, ist sicher nicht aufbauend.

Nach gerade einmal sechs Monaten in Deutschland durfte ich erfahren, dass hier eine Mülltonne die intimste Stelle einer Person sein kann. Ich hatte beim Umzug eines Freundes mitgeholfen und sah im Innenhof ein Bonbonpapier auf dem Boden liegen. In der Türkei hatte ich bereits gelernt, dass man in Deutschland sehr viel Wert auf Sauberkeit legt. Etwas angeberisch wollte ich zeigen, wie sehr ich auf die hiesigen Gepflogenheiten achte. Ich hob das Bonbonpapier auf und schmiss es in eine Mülltonne. Stolz stand ich neben der Tonne und hoffte, dass irgendjemand bemerkt hätte, wie aufmerksam und gut integriert ich bin. Stattdessen hörte ich von einer der oberen Etagen herab einen Mann seine Seele aus dem Leib schreien. Da ich noch nicht so gut Deutsch sprechen konnte und auf eine freundliche Rückmeldung wartete, habe ich ihn zunächst ignoriert. Als er aber „ARSCHLOCH" schrie, dämmerte es mir, dass ich gemeint sein könnte und blickte nach oben. Es bot sich mir ein bemerkenswertes Bild: Ein hochrot angelaufener Mann brüllte wie ein Wahnsinniger von seinem Balkon herab. Ich dachte, der braucht bestimmt Hilfe und fragte ihn, ob er mit mir spricht. „MIT WEM DENN SONST, DU HIRNI? DAS IST MEINE MÜLLTONNE! WIE KANNST DU ES WAGEN, IN MEINE MÜLLTONNE ETWAS REIN ZU SCHMEISSEN?" tobte er von oben. Zu meiner Verteidigung brachte ich hervor: „Aber ich habe Müll in die Mülltonne geschmissen. Was ist daran falsch?" – „ICH BEZAHLE DIE MÜLLGEBÜHREN UND NICHT DU! DU UNVERSCHÄMTES ARSCHLOCH! PARASIT!" Auf den Zwischenfall angesprochen erklärten mir meine Freunde, dass ich mich gerade der illegalen Müllentsorgung in Tateinheit mit Hausfriedensbruch und Missachtung der Grundrechte meines Nachbarn schuldig gemacht hatte. Das könne mit bis zu 20 Tagen Ordnungshaft geahndet werden. „Alparslan! Das weiß doch wirklich jeder!" fügten sie noch an.

Diese Art Probleme entstehen nicht nur aus den unterschiedlichen türkischen und deutschen Gepflogenheiten, sondern auch zwischen unmittelbar benachbarten Regionen. Wenn man als Kölner in Düsseldorf das gewohnte „Kölsch" bestellt, bekommt man statt Bier nur Ärger. Bestellt man in Köln ein „Alt" sieht es genau so aus. Praktischer Weise fährt der Kölner nur gezwungener Maßen nach Düsseldorf.

Hier eine kleine Liste von vorprogrammierten Missverständnissen zwischen Türken und Deutschen:
- In der Türkei zieht jeder die Schuhe aus, wenn er einen Wohnraum betritt. Dies aus Gründen der Hygiene und als Respektsbezeugung vor dem Gastgeber. In Deutschland ist das eher ungewöhnlich und kann peinlich enden.

- In der Türkei kann man sich getrost an ein Auto anlehnen oder die Schuhe auf die Stoßstange stellen, um die Schuhe zu zubinden. In Deutschland kann das tödlich enden.

- In der Türkei fragt jeder jeden, wie viel er verdient. In Deutschland wird diese Frage fast wie eine Beleidigung wahrgenommen.

- In der Türkei küssen sich die Männer zur Begrüßung. In Deutschland habe ich das auch einmal gemacht. Aus Versehen. So durfte ich erfahren, was „Fremdschämen" bedeutet. Ich möchte es nicht unbedingt wiederholen.

- In der Türkei fragen die Gastgeber ihre Gäste mindestens drei Mal, ob sie etwas essen wollen. Fragt man nur einmal, so bedeutet dies, dass man die Einladung nicht ernst gemeint hat. Auch wenn die Gäste sehr viel Hunger haben, so lehnen sie bei der ersten und zweiten Frage dankend ab. Würden sie bereits nach der ersten Frage das Angebot annehmen, so würden sie als sehr unverschämt gelten. In Deutschland geht man mit solchen Fragen viel ehrlicher um.

- Die religiösen Feiertage feiert man in der Türkei gemeinsam mit Freunden, Nachbarn und Familie. Ich war sehr enttäuscht, als ich in Deutschland die Weihnachts- und Osterfeiertage alleine verbringen musste, da ich nur deutsche Freunde, aber keine eigene Familie hatte.

- In der Türkei bezahlt im Restaurant immer nur einer die Zeche. Getrennt zu zahlen, wie es in Deutschland üblich ist, kann als Beleidigung aufgefasst werden. Türkische Familien waschen an ihrem einzigen freien Tag, dem Sonntag, Wäsche und hängen sie zum Trocknen auf den Balkon. Die deutschen Nachbarn schauen böse.

Die Liste unterschiedlicher Verhaltensmuster kann fast endlos fortgeführt werden. Die Minenfelder sind daher für Türken in Deutschland sehr groß. Auch wenn es oftmals nur kleine Gesten sind: Sie entscheiden mit darüber, wie die Begegnungen zwischen Deutschen und Türken enden.

Sie kennen sich mit Regeln und Gepflogenheiten nicht aus. Ist das vielleicht der Grund?

Die psychischen Belastungen haben Auswirkungen auf die Vaterrolle der Gastarbeiter

Am wenigsten hat man erforscht, welche Spuren die jahrelange kulturelle und gesellschaftliche Isolation bei den Menschen der ersten Einwanderer-Generation hinterlassen hat. Diese Menschen lebten jahrelang in einer Ausnahmesituation ohne darauf vorbereitet zu sein. Der Traum wurde zu einem Trauma. Dieser Zustand der physischen und psychischen Dauerbelastung hielt an, bis die Familien aus der Türkei nachgekommen sind. Wie haben die türkischen Väter diese Zeit überstanden? Mit welchen Blessuren? Wurden sie depressiv, aggressiv? Waren sie gestresst oder haben sie Minderwertigkeitskomplexe bekommen? Einige tiefe seelische Verletzungen blieben und beeinflussten das Familienleben.

Wenn die Frauen und Kinder nach Deutschland kamen, erwarteten sie auf einen starken Mann zu treffen, der - wie in der Türkei üblich - als Familienoberhaupt alles für die Familie regeln würde. Die Männer hatten aber eine schwere Zeit hinter sich und waren seit Jahren damit beschäftigt, ihr Leben einigermaßen zu organisieren. Jetzt kamen neue Probleme hinzu.

„Papa in der Schule hat der Lehrer gesagt, dass du mit mir üben sollst, wie man eine Wurzel zieht." - „Lass uns lieber Möhren ziehen, Kind!" Oder: „Schatz! Kannst Du mir sagen was Knoblauch auf Deutsch heißt?" - „Was weiß ich! Ab jetzt kochst du ohne Knoblauch!" Damals gab es noch keine türkischen Geschäfte, in denen sie sich in ihrer Muttersprache verständigen konnten.

Es ist für die sonst so stolzen türkischen Männer eine große Enttäuschung, wenn sie ihren Kindern nicht weiterhelfen können und ihren Frauen eingestehen müssen, orientierungslos zu sein. Das macht sie wütend. Sie haben keine Kontrolle mehr über ihre eigene Entwicklung und die ihrer Familie. Jeder Hilferuf eines Familienmitgliedes ist wie ein Stich in diese Wunde und erinnert sie daran, in welch hilfloser Lage sie sich befinden. Bis zu dem Moment, an dem die Kinder und Ehefrauen sich dessen bewusst werden und aufhören nachzufragen. Sie beginnen, ihr Schicksal selbst in die Hand zu nehmen. Ob sie es schaffen oder nicht - eines ist klar: Das Konfliktpotenzial mit dem Familienvater steigt. Sie entziehen sich damit seiner Kontrolle. Ein Teufelskreis.

Die Familienmitglieder merken, dass sie ihre Lebensart ändern müssen, aber niemand sagt ihnen, wie. Die Lehrer in den Schulen und die Menschen im Umfeld sehen, dass die Kinder sich verändern und reagieren ganz unterschiedlich. Manche kümmern sich aus Mangel an Interesse oder Zeit gar nicht. Andere empfinden es als Bevormundung der Eltern, wenn sie sich in die Sozialisierung der Kinder einmischen. Die Liberalen gehen davon aus, dass dieses Verhalten mit der türkischen Kultur zusammen hängt, die man nicht ändern sollte. Einige sind ‚betriebsblind' und erkennen die Probleme gar nicht. Andere wieder haben Angst vor der Auseinandersetzung mit den Eltern, hauptsächlich auch mit den Vätern zu denen sie ohnehin kaum Zugang haben. Viele wollen wegen fehlender Sympathie gar nicht helfen. Und die wenigen, die wirklich helfen wollen, wissen meist nicht, wie sie vorgehen sollen.

So sind die Kinder unter widrigen Umständen oft auf sich allein gestellt. Die Kinder mit Kämpfernatur können diese Zeit vielleicht verarbeiten, für sich einen Weg finden und gestärkt ins Leben treten. Viele aber schaffen es auch nicht.

Die erste Generation war sehr gestresst und orientierungslos. Ist das vielleicht der Grund?

Religion ist die Rettung

Sehr oft werden die Integrationsproblem der Türken mit ihrer Religion in Verbindung gebracht. Gemeinhin wird in weiten Teilen Europas der Islam als eine rückständige, intolerante und gewalttätige Religion betrachtet. Folgt man dieser Sichtweise, so stellen sich die Angehörigen dieser Religion als Bedrohung dar. Auch wirkt es manchmal so, als ob die türkischen Migranten in Deutschland immer religiöser werden und sich zunehmend von der Gesellschaft entfernen. Religion als Integrationsbremse?

Zunächst sollte man wissen, dass rein statistisch gesehen 99,0% der Türken Moslems sind. Das hört sich in Deutschland sehr befremdlich an, um nicht zu sagen: bedrohlich! Solche Zahlen kennt man nur aus der untergegangenen DDR oder aus Nordkorea. Zwar würde sich der Papst sicherlich so eine Statistik für die Katholiken wünschen – aber Gott sei Dank ist das in einer aufgeklärten Gesellschaft wie der deutschen nicht mehr möglich. Da stellt sich gleich die Frage: Gibt es in der Türkei keine aufgeklärten Menschen? Oder warum sonst stehen sie alle zum Islam?

Völlig berechtigte Frage – aus der Sicht eines Deutschen. Aber ich kann dich beruhigen: In der Türkei gibt es sowohl aufgeklärte Menschen als auch Atheisten, als auch Konservative und natürlich auch Ultra-Religiöse.

Es ist nur so, dass in dieser Statistik ein türkischer Atheist auch als Moslem erfasst wird. Die Religionszugehörigkeit ist nicht so fundamentiert wie in Deutschland. Jeder, dessen Eltern keine ausdrücklichen Angaben zu seiner Religion machen, wird von Geburt an durch die Behörden als Moslem registriert. Das war es dann schon. Und später bekommt man einen Personalausweis mit dem entsprechenden Hinweis. Mit dieser Methode könnte man auch für die Christen in Deutschland solche Traumwerte erreichen.

Zudem gibt es in der Türkei keine islamischen Organisationen, wie die Kirchen in Deutschland, bei denen man sich registrieren und bestimmte Aufnahmerituale absolvieren muss. Wenn die Menschen Wert auf ihre Religiosität legen, gibt es natürlich religiöse Zeremonien, die allerdings oftmals in den eigenen Räumlichkeiten durchgeführt werden. Keine offizielle Stelle überprüft diesen Vorgang oder hält ihn schriftlich fest.

Islamische Religionszugehörigkeit verpflichtet in der Türkei zu nichts. Weder muss man Kirchensteuer abführen, noch ist man verpflichtet, sich an religiöse Regeln zu halten. Je nach Region gibt es sehr viele religiös geprägte Traditionen und Verhaltensregeln, die man einhalten sollte, wenn man mit seinen Mitmenschen gut zusammenleben will. Aber die, auf Pass oder Personalausweis ausgewiesene Religionszugehörigkeit spielt dabei keine Rolle. Daher gibt es eigentlich auch keinen ausreichenden Grund, vom Islam auszutreten. Es würde sich nichts ändern, bis auf den verwaltungstechnischen Akt, dass das Wort „Islam" aus dem Ausweis verschwindet. Um solch einen bürokratischen Schritt zu machen, der viel Zeit und Nerven kostet, müsste man eine extrem ablehnende Einstellung gegenüber dem Islam haben. Die fehlende Angabe der Religionszugehörigkeit in einem Ausweis zeigt daher sehr eindeutig, welche Einstellung diese Person zum Islam hat. Das wiederum könnte sich zum Nachteil wenden, zum Beispiel wenn man eine Arbeitsstelle sucht.

Aus diesen Gründen gibt es genauso wenige Türken, die aus dem Islam austreten, wie es Deutsche gibt, die den Vertrag mit ihrem Gasanbieter auflösen. Obwohl es dafür bessere Gründe gäbe.

Als die Türken nach Deutschland kamen, spielte die Religion keine so große Rolle, wie wir es heute von manchen Migranten kennen. Sie waren in einem laizistischen Land aufgewachsen, in dem die Trennung von Staat und Religion – gesichert in §2 der Verfassung - das Fundament der Staatsordnung bildet. Die Religion gehörte zu ihrer Identität, war aber nicht der einzige Bestandteil. Sie hatten gelernt, dass der Staat die Religion zwar als einen Teil der türkischen Tradition betrachtet, sie aber ansonsten als rein private Weltanschauung eines jeden Einzelnen ansieht.

Die ersten Gastarbeiter pflegten ihre religiösen Rituale wie zum Beispiel das tägliche Beten oder das Fasten zum Ramadan in der gleichen Form, wie sie es auch in der Türkei getan hatten. Vielleicht ein wenig mehr, da diese Rituale eine Art Geborgenheit und Trost in einer ansonsten fremden Umgebung spendeten. In einem Land, von dem sie weder die Gepflogenheiten noch die Traditionen kannten, in dem sie von ihren Familien getrennt lebten und in dessen Sozialleben sie keine Rolle spielten, konzentrierten sie sich auf die ihnen vertrauten Traditionen und Rituale. Schon bald forderten sie von den Arbeitgebern Gebetsstätten, die sie auch ohne Widerstand erhielten. Die Organisatoren religiöser Einrichtungen erkannten schnell, dass die Gastarbeiter in Deutschland auf der Suche nach Zugehörigkeit, nach Geborgenheit waren. Und nach Orten, an denen sie willkommen waren.

Sie kamen aus vielen verschiedenen Regionen der Türkei mit sehr unterschiedlichem kulturellem Hintergrund. Ihre kulturellen Gemeinsamkeiten entsprachen in etwa denen zwischen einem Oberbayern und einem Ostfriesen. Es gab sogar sprachliche

Verständnisschwierigkeiten zwischen den türkischen Gastarbeitern. Die einzige unumstrittene Gemeinsamkeit war und blieb die Religion. Die Religion bot ihnen ein gemeinsames Dach, unter dem sie sich zusammenfinden konnten. Während hier in Deutschland die türkischen Nationalfeiertage für sie immer mehr in den Hintergrund gerieten und heute nur noch ein geringer Anteil der türkischstämmigen Menschen diese Tage kennt, wurden die islamischen Rituale und Feiertage immer wichtiger.

Immer gläubiger werdende Moslems in einer christlichen Gesellschaft. Ist das vielleicht der Grund?

Der Ehepartner-Import

Die Türkei ist ein Exportland, wenn es um Ehepartner geht. Wenn die jungen Türken in Deutschland langsam begreifen, dass sie heiraten müssen, weil die Eltern immer mehr Druck aufbauen, ist die Zeit gekommen, auf die Suche zu gehen. In der Türkei natürlich. Damit die Eltern auch etwas davon haben. Denn es ist für die jungen Leute auch schön, die eigenen Eltern glücklich zu sehen. Und „Importehepartner" haben eher den gleichen kulturellen Hintergrund, wie ihre künftigen Schwiegereltern, als hier aufgewachsene "Deutsche mit Migrationshintergrund".

Die Türkei versorgt mit Hochdruck die im Ausland lebenden Türken mit gut ausgebildeten Menschen. Ausgebildet insbesondere in Sachen Hauswirtschaft und Heimatkunde.

Es gibt natürlich Unterschiede bei den Heiratswilligen: Es gibt weibliche Heiratswillige und männliche Heiratswillige. Die jungen Frauen haben meistens keine Schulbildung und keinen Beruf, während die Männer manchmal eine Schule besucht haben und eventuell einen Beruf erlernt haben. Aber das macht keinen Unterschied, denn diese Ausbildungen und Berufe werden in Deutschland ohnehin nicht anerkannt. Also sind die Startchancen für die Import Ehepartner absolut identisch. Sie dürfen nichts tun, auch wenn sie es könnten.

Und von Ausnahmen abgesehen: In der Regel lassen sich nur diejenigen Türken auf so ein Heirats-Abenteuer in einem unbekannten Land ein, die in der Türkei keine besonders guten Perspektiven haben. Genau wie die erste Generation, so hoffen viele der jungen Menschen sich ein besseres Leben aufbauen zu können. In den dörflichen Gegenden war es üblich, dass man an die Brauteltern einiges bezahlen musste. Damit wurde versucht, den Wegfall eines Familienmitglieds in der Feldarbeit zu kompensieren. Das entfällt heute für die im Ausland lebenden Türken. Die Chance nach Deutschland zu kommen ist für die Familie Belohnung genug. Für einen jungen

Mann, der in der Türkei keinen guten Job hat, ist es ebenfalls eine große Chance ins ‚gelobte Land' zu reisen und dort sein Glück zu versuchen. Deshalb spielt die Person keine große Rolle, die sie dafür heiraten müssen. Weshalb denn auch? Man bekommt die Chance oder nicht. Und man kennt den künftigen Partner ja ohnehin nicht. Manchmal kennt man sich von den Sommerurlauben, manchmal nur durch ein paar Bildchen. Allerdings wird sich mit Skype und Facebook sicherlich vieles in diesem Bereich ändern.

Nach den Statistiken heiraten nur 18 % der in Deutschland lebenden Türken einen Deutschen. Wenn man diese Zahl um die Anzahl der türkischstämmigen Deutschen korrigiert, kommt man auf einen Anteil von ca. 3-5 %. Das heißt 95 % der Türken in Deutschland heiraten einen echten Türken oder einen Türken mit einem deutschen Pass. Wer bei Mathe aufgepasst hat, wird sofort erkennen, dass hier etwas mit der Wahrscheinlichkeitsrechnung nicht stimmt. Wenn man zum Beispiel in Deutschland auf ein anderes Auto auffährt, ist die Wahrscheinlichkeit sehr gering, dass der Autobesitzer ein Slovene auf der Durchreise nach Peking ist. Obwohl die Türken mitten in Deutschland mit 75 Millionen Deutschen zusammenleben, schaffen sie immer wieder sich ausgerechnet in einen Türken zu verlieben? Mathematisch nicht zu verstehen. Aber vielleicht menschlich.

Warum in der ersten Generation so wenige Türken Deutschstämmige geheiratet haben, liegt an den genannten Gründen: Eine starke Bindung zur Türkei, keine Bindung zu Deutschland. Aber ihre Kinder sind in einer anderen Kultur groß geworden, als die Gleichaltrigen in der Türkei. Die Abneigung, eine deutschstämmige Person zu heiraten, ist in der jungen türkischen Generation stärker ausgeprägt ist, als bei den Migranten der ersten Generation. Das Phänomen nimmt also mit dem Faktor Zeit eher zu als dass es verschwindet. Dabei ist es der wichtigste Indikator für den Entwicklungsstand des Integrationsprozesses. Je mehr Mischehen es gibt, umso weniger wird man Integrationsprobleme sehen. Wer eine Ehe eingeht, muss mit seinem Ehepartner Kompromisse schließen, muss anfangen sich zu verändern.

Warum nimmt die Ablehnung zu, mit einem Deutschen das Leben zu teilen?

Nach wie vor fühlen sich viele türkische Migranten in Deutschland nicht wohl und suchen eine Person, von der sie sich mehr Verständnis versprechen und mit der sie sich solidarisieren können. Deshalb entscheiden sie sich häufig für Partner mit der gleichen kulturellen Herkunft. Da die Auswahl in Deutschland eher gering ist, wird die Suche in der Türkei fortgesetzt.

Auch dürfen wir nicht vergessen, dass die Deutschen nicht gerade in Scharen auf türkischstämmige Personen warten, um sie zu heiraten. Wenn eine Deutsche ihren

Eltern eröffnet, dass der zukünftige Schwiegersohn ein Türke ist, so ist das meistens kein Grund für Feierlaune.

Hauptgrund für diese Entwicklung ist aber, dass die türkischen Migranten sich in einer schwächeren Situation gegenüber der Mehrheitsgesellschaft fühlen. Sie haben das Gefühl, dass sie nicht ebenbürtig sind. Da sie sich von der deutschen Gesellschaft nicht angenommen fühlen, gehen sie den Weg des geringsten Widerstandes. Sie nehmen lieber einen Partner, bei dem sie sicher glauben, als gleichberechtigt wahrgenommen zu werden. Und das obwohl der kulturelle Unterschied zwischen in Deutschland sozialisierten Türken und in der Türkei aufgewachsenen jungen Menschen derart groß ist, dass viele dieser Ehen nach kurzer Zeit scheitern.

Die „Importehepartner" aus der Türkei kommen meist aus einfachen Verhältnissen. Sie gehören eher dem konservativen Teil der türkischen Gesellschaft an und kommen zudem aus bildungsfernen Schichten. Nicht gerade die günstigsten Ausgangspositionen für einen erfolgreichen Start in einem neuen Land. Sie kommen in eine für sie völlig neue Welt hinein. In ihrem neuen deutschen Zuhause wird zwar vorwiegend türkisch gesprochen, aber dadurch, dass die junge Generation immer mehr deutsche Wörter und Ausdrücke benutzt, verstehen die frisch angekommenen Türken nicht allzu viel. Die Gesprächsinhalte beziehen sich zudem auf die speziellen Lebensumstände und Alltagssituationen in Deutschland. Die Rituale und Verhaltensregeln in der Familie und der türkischen Gemeinde haben sich den Umständen angepasst. Sie wirken auf den ersten Blick moderner, da ihnen zum Beispiel der Umgang mit neuester Technik nicht fremd ist, sind aber oftmals konservativer und religiöser als die Familien in der Türkei. Außerhalb der Familie herrscht ein völlig neues System, in das die „Importehepartner" nur bedingt eingeführt werden.

So sind sie automatisch das schwächste Glied in der Familie, in die sie hinein gekommen sind. Sie merken schnell, dass sogar ein sieben Jahre altes Kind mehr über das Leben in Deutschland weiß und sich stärker fühlt, als sie sich dazu in der Lage sehen. Die Menschen um sie herum haben oft auch gar keine Zeit, sich um die Neuankömmlinge zu kümmern. Sie arbeiten selbst oder sind mit den Problemen des Alltags ausgelastet.

Gerade in solchen Familien, die Wert darauf legen, dass ihre Kinder eine Person aus der Türkei heiraten, besteht große Zurückhaltung gegenüber der deutschen Gesellschaft. Sie sind mit ihrem Umfeld nicht gut vernetzt. „Importehepartner" bleiben daher im engen Familienkreis, auf den sie existentiell angewiesen sind. Sie verfügen über keine eigenen Einkünfte und können beispielsweise nur einen privaten Deutschkurs besuchen, wenn die Familie dies ermöglicht. Aber warum sollte die Familie das finanzieren? Passt es in die Planung? Während es für die Männer, die irgendwann einen Job bekommen sollen, Sinn macht Deutsch zu lernen, scheint es für Frauen, denen die Hausfrauenrolle zugewiesen wird, eher überflüssig zu sein.

Die Neuankömmlinge haben ohnehin große Schwierigkeiten in Deutschland zu arbeiten:

- Weil sie die Sprache nicht beherrschen,

- weil sie nur eine Arbeitserlaubnis bekommen, wenn diese Arbeit nicht von einem Deutschen, einem EU-Bürger oder einer anderen Person, die bereits eine Arbeitserlaubnis besitzt, erledigt werden kann,

- weil ihr in der Türkei erlernte Beruf in Deutschland gar nicht oder nur unter sehr schweren Bedingungen anerkannt wird,

- weil Arbeitsstellen für unqualifizierte Arbeitskräfte knapp sind,

- weil sie als Ausländer sowieso geringere Chancen haben, eine Arbeitsstelle zu finden.

Deshalb bleiben die meisten Frauen gleich zu Hause und konzentrieren sich auf ihre Rolle als Hausfrau. Sollten sie über ihre Lebensverhältnisse klagen, bekommen sie Druck vom Ehemann und von den Schwiegereltern. Sie müssen sich unterwerfen, da sie ohne Ehemann und Schwiegereltern nicht in Deutschland bleiben können. Eine Scheidung und Rückkehr in die Türkei wäre für sie eher ein Alptraum als eine Lösung. Ein ,suboptimaler' Zustand, um sich in die Gesellschaft zu integrieren, für eine gute Erziehung der Kinder zu sorgen, ihnen bei den Schulaufgaben zu helfen oder ihnen gar Deutsch beizubringen. Aber genau das wird vom deutschen Schulsystem vorausgesetzt und von den Eltern erwartet.

Bei den Männern, die nach Deutschland einheiraten, ist die Situation noch dramatischer. Traditionell sind sie als Mann das Familienoberhaupt und verpflichtet, die Familie zu ernähren. So sind sie erzogen worden und es entspricht sowohl ihre eigenen Erwartungen als auch denen ihres Umfelds. Sollten sie keine Arbeit haben, bleibt den Männern nur die Wahl bei den Schwiegereltern zu bleiben oder zumindest auf deren Unterstützung zu hoffen. Wenn sie mit ihrer Frau umziehen, muss die Ehefrau arbeiten gehen und damit die männliche Rolle in der Partnerschaft übernehmen. Dem Ehemann bleibt dann die weibliche Rolle, die er natürlich nicht übernehmen will und die er ohnehin nicht beherrscht. Es gibt für ihn keinen Grund, auf sich selbst stolz zu sein:

- Er kann kein Geld verdienen.

- Seine Qualifikationen werden nicht anerkannt.

- Das Paar kann sich kein Kind leisten, weil sie sonst finanzielle Probleme bekommen.

- Er ist nicht in der Lage, die notwendigen bürokratischen Erfordernisse zu erledigen.

- Er kann nicht alleine einen Arzt aufsuchen. Krankheiten müssen vielleicht deshalb geheim gehalten und können nicht geheilt werden.

- Die Bürger in Deutschland begegnen ihm mit Skepsis und Antipathie

Jeder Tag, den die eingeheirateten Männer mit diesen Gegebenheiten leben müssen, zerkratzt ihr Selbstbild und nagt an ihrem Selbstbewusstsein. Wie jeder andere Mensch brauchen sie Bestätigung und Anerkennung - tief im Inneren empfinden sie sich aber als gescheitert. Die Rückkehr in die Heimat würde bedeuten, dass sie versagt haben. Sie halten daher die Lebensverhältnisse in Deutschland aus, bis es für einen Neuanfang in der Türkei zu spät ist. Natürlich könnten sie auch einen Neuanfang in Deutschland wagen. Aber alleine schaffen sie es nicht. Es gibt Gruppierungen in Deutschland, die diesen Personen eine Perspektive anbieten, die ihnen Anerkennung geben und helfen, sich hier wohl zu fühlen. Das sind aber zumeist religiöse oder reaktionäre türkische Organisationen, die nicht unbedingt die Integration im Sinn haben.

Es fehlt ein Konzept für die Neuankömmlinge. Ist das vielleicht der Grund?

Druck auf die Migranten:
Durch die starke Verbindung in die Türkei fühlen sie sich nach wie vor der türkischen Gesellschaft zugehörig

„Also Anton, ich weiß ja nicht. Ich will ja jetzt nicht vorwurfsvoll klingen, aber.... Wenn ich einmal in ein anderes Land auswandere, dann würde ich mich sofort mit der Kultur dieses Landes beschäftigen, versuchen die Gebräuche zu verstehen und neue Freundschaften schließen. Warum machen die Türken das eigentlich nicht genauso?" Wenn ich diese Art Frage beantworte werde ich spätestens nach eineinhalb Stunden völlig genervt unterbrochen: „Hör mal, hast du eigentlich kein anderes Thema?" - „Aber ich dachte, Du wolltest wissen warum die Türken......" – „Ja, wollte ich. Aber es würde vollkommen ausreichen, wenn du zugibst, dass die Türken mit ihrer Kultur nicht hierher passen!" Meine Antwort: „Ich will dir ja nichts unterstellen, aber ich glaube du willst nicht den eigentlichen Grund wissen sondern dir nur deine Meinung von mir bestätigen lassen. Hätte ich das vorher gewusst. Sorry. Also: Die Türken sind nur nach Deutschland gekommen, um die Deutschen zu brüskieren und sie in ihren Alltag zu stören! Nun, ich glaube, sie haben ihr Ziel jetzt erreicht."

Der Satz „wenn ich einmal in ein anderes Land auswandere, dann würde ich mich sofort mit der Kultur dieses Landes beschäftigen, versuchen die Gebräuche zu verstehen und neue Freundschaften schließen" verbirgt zwei grundsätzliche Fehler.

1. Der "Ich-Vergleich". „Also ich, ne? Wenn ich in Afrika leben würde und es gäb Hungersnot, ne? Dann würde ich mich natürlich ins Flugzeug setzen und nach Deutschland fahren. Bei Aldi gibt's genug zu essen. Ich verstehe nicht, warum der Afrikaner das nicht tut, ne?" - „Ja! Du hast Recht! Der Afrikaner hat ne Vollmeise!"
2. In ein anderes Land auswandern. Der Türke ist nie ausgewandert. Er hat es auch nicht vor gehabt. Er war physisch in Deutschland aber seelisch in der Türkei. Seine Familie, Freunde, sein gesamtes Hab und Gut befanden sich dort.

Deutschland war für einen Türken nur der Ort, an dem sich seine Arbeitsstelle befand. Sie war nur zu weit weg, um jeden Tag nach Hause zu fahren zu können. Aber wer will schon freiwillig tagtäglich im Betrieb übernachten? Die Türken mussten das tun. Damit das erträglich war, haben sie versucht, so gut es ging den Kontakt zur Türkei aufrecht zu erhalten.

Zudem mussten sie bei ihren jährlichen Türkei-Aufenthalten stets erneut beweisen, dass sie Türken geblieben sind. Dass sie die Kultur beibehalten haben, die Religion leben, nicht ungläubig geworden sind auch die Sprache noch beherrschen... Sie mussten nachweisen, dass sie noch würdig sind, ihrer Dorfgemeinschaft anzugehören. Denn Freunde und Verwandte befürchteten, dass die nach Deutschland gegangenen Menschen für sie verloren gehen könnten. Hatten diese nicht gesagt nur für ein paar Jahre in Deutschland arbeiten zu wollen? Und hatten sie nicht ihre Rückkehr in die Türkei immer wieder verschoben? Warum wollen sie nicht zurückkommen? Finden sie vielleicht Deutschland sogar besser? Haben sie schon die dortigen Gebräuche angenommen? Stehen sie noch zu ihrem Land oder haben sie ihm bereits den Rücken gekehrt? Fragen, die immer wieder gestellt wurden und unterschwellig immer im Raum standen.

Jedes Jahr kamen die Gastarbeiter mit neuen Wagen in ihre Heimat, für den sie sich hoch verschuldet hatten. Das Auto war voll gepackt mit Geschenken für alle Bekannten und Verwandten. Es sollte zeigen „Schau her! Ich bin nach Deutschland gegangen und war dort erfolgreich". Das machte einige der daheim Gebliebenen neidisch. Subtil griffen sie die Heimkehrer an und unterstellten ihnen ihre eigenen Befürchtungen: „Die Deutschländer sind verloren! Die wollen doch gerne Deutsche sein!" Die heimkehrenden Gastarbeiter standen damit vor einer doppelten Aufgabe: Sie mussten nicht nur beweisen, dass sie in Deutschland erfolgreich waren, sondern auch, dass sie sich nicht verändert hatten! Und sie zeigten das oftmals dadurch, dass sie noch mehr Wert auf die kulturellen Gebräuche legten als die Dorfgemeinschaft selbst. Man unterstellte ihnen, dass sie eher Deutsche ehelichen wollten. Zum Gegenbeweis wurde der Ehepartner aus dem Dorf ausgewählt. Man unterstellte ihnen, dass die Kinder christlich beeinflusst werden würden. Zum Gegenbeweis schickten sie ihre Kinder bereits mit drei oder vier Jahren in die Koranschule. Man unterstellte ihnen, dass sie ihre Töchter liberal erziehen würden und dass diese ein wildes Leben führen könnten. Zum Gegenbeweis verpassten sie ihren Töchtern schon vor der Pubertät ein Kopftuch. Man unterstellte ihnen, keine Patrioten zu sein. Zum Gegenbeweis investierten sie ihre gesamten Ersparnisse in der Türkei. Und dabei wurden sie nicht selten über den Tisch gezogen.

Die einzige Heimat, die die Gastarbeiter hatten war die Türkei. Um diese Heimat mussten sie in der Fremde ständig kämpfen. Um jeden Preis. Denn nur durch die Verbindung in die Türkei war es ihnen möglich in der Fremde – auf dem Betriebsgelände - zu leben.

Sie standen unter dem Druck, sich nicht zu verändern. Ist das vielleicht der Grund?

Gettoisierung

Erwartungsgemäß haben sich natürlich alle Türken ihrer jeweiligen Umgebung in Deutschland perfekt angepasst. Die meisten von ihnen mussten noch nicht einmal viel dafür tun. Denn sie kannten ja bereits die Sprache, die hier gesprochen wurde. Zwar waren einige unbekannte Dialekte dabei, aber immerhin: Es war türkisch!

Deshalb liebt der gemeine Türke sein Getto: Hier ist man unter sich! Er strebt immer danach einmal in einem Getto zu wohnen. In diesen schönen Orten, an denen man gerne arbeitslos ist, weil dann auf jeden Fall immer irgend jemand zu Hause ist und an denen man seine Kriminellen pflegt, damit sich auch kein Kind abends noch aus dem Haus traut. Der Türke mag es, wenn die Wohngegend heruntergekommen ist, die Aufzüge nicht funktionieren, Hausflure dunkel sind und der Putz von den Wänden bröckelt. Je ungemütlicher umso lieber. Er will ständig unter seinesgleichen sein, denn in der Türkei tut er das ja auch. Die Türkei ist die Mutter aller Gettos - für einen Türken.

Würde man einer türkischen Familie eine Villa mit Swimmingpool in einer noblen Wohngegend schenken, sie würden es nicht mit ihrer überteuerten Zweizimmerwohnung in einem heruntergekommenen Hochhaus tauschen wollen. Deshalb ist es in Deutschland unmöglich türkische Gettos – oder besser: soziale Brennpunkte - aufzulösen. Es wurde zwar noch nicht ernsthaft versucht, aber man weiß mit Sicherheit, dass der Türke sich dagegen wehren würde.

So oder so ähnlich denken weite Teile der Öffentlichkeit.

Durch die Gettobildung verschärft sich der Druck untereinander.

Ich beuge mich nicht dem Umgebungsdruck! Ich mache etwas nur, wenn ich davon überzeugt bin! Zum Beispiel finde ich es super schön, zu Hause die Wäsche aufzuhängen und abends noch die Küche aufzuräumen. Das hat überhaupt nichts damit zu tun, dass die Männer von Heike, Barbara, Susanne, Svenja, Cordula und Christine auch gerne Haushaltsarbeiten erledigen. Ich war auch sehr gerne bei der Geburt meiner Kinder dabei und fand meinen eigenen Kreislaufkollaps rührend, bewegend und putzig. Das hatte natürlich gar nichts damit zu tun, dass es inzwischen undenkbar ist, als Vater nicht bei der Geburt der eigenen Kinder dabei zu sein - „Also der Anton ist schon ein harter Brocken, so hartherzig gegen seine eigene Familie…"

Wir erlernen einen Beruf, den die Eltern sich ausgesucht haben. Wir machen Karriere, weil die Ehepartner das erwarten. Unsere Kinder bekommen viele Freiheiten, weil alle anderen Eltern es genauso machen. Wir mähen den Rasen und jäten das Unkraut, weil der Nachbar uns täglich erzählt, wie sehr er Unkraut und ungemähten Rasen hasst. Wir schauen uns langweilige Casting-Shows im Fernsehen an, um am anderen Tag unter Freunden mitreden zu können. Wir stoßen mit Prosecco auf einen Geburtstag an, obwohl wir uns gestern geschworen haben, erst einmal keinen Alkohol mehr anzurühren. Wir essen den Teller leer, obwohl wir schon satt sind, damit die Mutter nicht denkt, uns hätte ihr Essen nicht geschmeckt. Wir waschen das Auto, damit es nicht das einzige schmutzige Auto in der Nachbarschaft ist. Wir trennen Müll, weil alle betonen, wie sinnvoll das ist. Für frische Brötchen fahre ich morgens mit dem Fahrrad 700 Meter zum Bäcker, weil ich im Boden versinken würde, wenn mein Nachbar mich dabei Auto fahrend ertappt. Obwohl ich das eigentlich lieber täte.

Wir machen viele solche Sachen und denken dabei, dass es unser völlig freier Wille wäre. Genauso zahlen wir ja auch aus tiefster innerer Überzeugung Rentenversicherungsbeiträge. Ob sanft oder hart, unsere Umgebung beeinflusst unser Verhalten: Was wir machen und wie wir es machen.

Bei türkischen Migranten ist es natürlich nicht anders, wenn sie in einem hauptsächlich türkisch dominierten Gebiet wohnen. Wer in einem solchen Stadtteil wohnt und türkischstämmig ist, wird automatisch in die Gemeinde aufgenommen. Mit der Aufnahme erwachsen aber auch Erwartungen. Wenn man sich diesen Erwartungen entziehen will, gibt es nur einen Ausweg: Abkapseln, sich von der Umgebung isolieren. Für Türken, die auf Kommunikation sehr viel Wert legen, ist das keine wirkliche Alternative. Also gehen sie lieber Kompromisse ein und verändern sich dabei langsam aber sicher.

Wir wissen alle, dass in den so genannten „Gettos" eher ein rauer Ton bestimmend ist. Wer sich eine bessere Wohngegend leisten kann, bleibt nicht freiwillig hier. Deshalb wohnen dort viele Menschen, die keiner Erwerbstätigkeit nachgehen. Sie bleiben tagsüber in der Wohnung, schauen aus dem Fenster oder stellen sich vor die Haustür. Sie bekommen mit, wer wo wohnt, was wer macht und wann wer wohin geht.

Man ist solange anonym, solange man sich nicht anders verhält. Aber es fällt sofort auf, wenn sich einer ein neues Auto kauft oder unbekannten Besuch bekommt. Es bleibt nicht verborgen, wenn die Nachbarn einen Deutschen zum Abendessen eingeladen haben. Sofort spricht sich herum, dass sie sich mit Deutschen umgeben. Heißt das jetzt, dass sie zu Deutschen werden? Finden sie das Christentum vielleicht besser als den Islam? Stehen sie nicht mehr zu ihrer Identität als Türke? Auch wenn der Verdacht ausgeräumt werden kann, es bleibt ein Zweifel an den vermeintlich Abtrünnigen haften. Sie müssen es sich gefallen lassen, jetzt noch stärker beobachtet zu werden. Kommen weitere ‚irritierende' Dinge hinzu, können sie von der Gemeinde ausgeschlossen werden. Der Kontakt zu ihnen wird abgebrochen, andere Menschen werden behindert Freundschaften mit ihnen aufzubauen. Keiner hilft mehr, keiner grüßt mehr. Die ‚Abtrünnigen' fühlen sich schutzlos und unsicher.

Sicherlich ist es möglich, dass man trotzdem so lebt, wie man es für richtig hält. Das aber bedeutet eine große Anstrengung, die die meisten Menschen nicht aufbringen können.

Was die Gemeinde von einem erwartet? Das ist sehr einfach zu beschreiben: Benimm Dich so wie die Mehrheit! Wenn die Mehrheit der Jugendlichen Fußball spielt, sollte man Fußball spielen. Und wenn die meisten Frauen ein Kopftuch tragen, ist es eben eine Pflicht, ebenfalls eines zu tragen. Egal wie liberal eine Familie sein mag, in einem konservativen Umfeld kann sie es sich nicht leisten, die weiblichen Familienmitglieder ohne Kopftuch herumlaufen zu lassen. Genauso wenig kann man die Kinder davon abhalten, einen Korankurs zu besuchen.

Wie jedes andere Wohngebiet so sind auch die von Türken dominierten Stadtviertel eigentlich heterogen in ihrer Bevölkerungsstruktur. Da sie aber eine ‚Gemeinde‘ mit eigenen Regeln und Gewohnheiten bilden, wirken sie nach außen hin homogen. Viele, die sich vielleicht der ‚Gemeinde‘ zunächst nur äußerlich anpassen, nähern sich mit der Zeit unbemerkt der vorherrschenden Denkart an. Am Ende verteidigen sie selber die ungeschriebenen Gesetze, die man befolgen sollte. Zwar fallen diese Bewohner dann in ihrem Viertel nicht mehr auf, dafür aber umso mehr, wenn sie ihr Wohngebiet verlassen. Sie spüren, dass sie außerhalb ihrer Wohnviertel abgelehnt werden und fühlen sich umso mehr mit ihrer ‚Gemeinde‘ verbunden.

Gettobildung verhindert die Begegnung

Selbstverständlich fördern Gettos keineswegs das Zusammenleben und das gute Miteinander zwischen Deutschen und Türken. Hier gibt es keinen natürlichen Kontakt zu anderen ethnischen Gruppen. Die unmittelbaren Nachbarn sind wieder Türken, mit denen man redet, sich anfreundet und gegenseitig hilft. Man spricht auch über die ‚fremden Deutschen‘ und baut ungestört Vorurteile auf. Einen Deutschen, der diese Vorurteile widerlegen könnte, gibt es hier nicht. Welcher Deutsche würde schon freiwillig hier leben wollen? Gleichzeitig reden die Deutschen in den anderen Stadtteilen über die Türken im Getto - leider meistens nicht sehr differenziert. Man wundert sich nur, warum der Türke, der in unmittelbarer Nachbarschaft lebt, nicht zu diesem Getto-Typus passt: „Schau mal, die Familie Öztürk ist doch sehr nett und erstaunlich angepasst. Aber die anderen Türken wollen unter sich bleiben.“

Wenn eine türkische Familie in ein rein von Deutschen bewohntes Viertel zieht, entsteht von ganz alleine Kontakt untereinander. Im Alltag gibt es keine andere Alternative. Begegnet man morgens dem Nachbarn, grüßt man sich auf Deutsch. In der Bäckerei begegnet man der deutschen Bäckerin und bestellt seine Brötchen auf Deutsch. Springt das Auto nicht an, fragt man seinen deutschen Nachbarn um Hilfe. Damit beginnt nicht nur ein freundschaftlicher Austausch -, die „Ausländer“ können und müssen auch die deutsche Sprache zum Einsatz bringen. Das Lernen fällt dadurch leichter. Der eine oder andere ‚Einheimische‘ interessiert sich vielleicht mehr für die neuen Nachbarn und lädt sie zu seiner Sommerfeier ein, zu der auch seine Freunde und andere Nachbarn kommen. Durch den vermehrten Kontakt wird der Einfluss auf die neuen Bewohner immer größer. Langsam passen sie sich an, ohne es wirklich zu spüren. Sie glauben zwar nicht, dass sie sich verändert haben, aber spätestens wenn sie auf ihre alten Bekannten in der Türkei treffen, merken sie, wie sehr sie sich von ihnen unterscheiden.

Diese Einflussnahme geht solange gut, solange sie ohne Zwang und in gewisser Weise auch unbewusst abläuft. Umgekehrt verändern die Migranten dann auch die

Aufnahmegesellschaft. Oder gibt es eine andere Erklärung für die rasante Zunahme der Außen-Gastronomie in allen deutschen Städten? Ist etwa die Klima-Katastrophe daran schuld?

Je niedriger die Anzahl der Migranten im Verhältnis zu den Deutschen in einer Wohngegend, umso leichter fällt die gegenseitige Annäherung. Man arrangiert sich nicht nur mit den anderen Kulturen und Traditionen, sondern übernimmt auch gerne etwas voneinander. Freundschaften entstehen, manchmal wird sogar geheiratet.

Genau das Gegenteil wird durch die Gettobildung bewirkt. Die Migranten passen sich auch hier ihrem Umfeld an. Dadurch entfernen sie sich aber stetig von der ‚Mehrheitsgesellschaft‘. Außerhalb Ihrer Gettos fühlen sie sich unsicher, weil sie sich dort nicht auskennen. Dort fühlen sie sich ausgegrenzt und grenzen sich deshalb selber auch weiter ab. Wagt jemand den Schritt nach draußen und kehrt enttäuscht zurück, so spricht sich das schnell herum. Noch mehr Vorbehalte gegenüber den Deutschen entstehen. Und fatalerweise sind die Gettobewohner nicht auf den Kontakt mit der Mehrheitsbevölkerung angewiesen. Unter Gleichgesinnten fühlen sie sich stark – sie brauchen die ‚Außenwelt‘ höchstens um sich ihrer ‚Getto-Identität‘ zu vergewissern.

Gleichzeitig wirken die Gettos nach außen sehr bedrohlich. Man sieht und hört nur die negativen Ereignisse und projiziert sie dann auf alle Menschen die dort leben. Abneigung und Vorurteile nehmen zu. Die Mehrheits-Bevölkerung sieht keine Möglichkeit mehr, die Distanz zu überwinden und fühlt sich überfordert: Sie können nicht alle Bewohner eines in der Nähe liegenden Gettos zum Grillen einladen, um sich besser kennen zu lernen.

Die Getto-Bildung ist vielleicht der wichtigste Faktor, der ein gutes Miteinander zwischen Deutschen und Ausländern verhindert. Denn die Gettos sprengen die vorhandene Aufnahmefähigkeit der Bevölkerung.

Man muss sich fragen, warum dann überhaupt Gettos entstanden sind.

Viele der Gettos, in denen heute türkischstämmige Menschen leben, sind alte Wohnheime, in denen die ersten Gastarbeiter untergebracht worden sind. Diese Wohnheime wurden für die ausländischen Arbeiter in der Nähe ihrer Arbeitsstätten errichtet. Sie befanden sich weder in attraktiven Stadtteilen noch gab es eine angemessene Infrastruktur. Die Siedlungen sollten nur funktional sein und die gewünschte Arbeitsleistung sicherstellen.

Der zweite Grund ist in der Diskriminierung auf dem Wohnungsmarkt zu finden. In fast allen Wohngebieten wurden von den Vermietern ausschließlich deutsche Mieter gewünscht. Oder es wurden horrende Mieten für die Wohnungen verlangt. Dies oftmals mit Kalkül: Bei den ahnungslosen Ausländern konnte man eine umgebaute Garage schon als normale Wohnung darstellen und eine hohe Miete verlangen. An der Situation, dass Migranten bei den meisten Vermietern nicht erwünscht sind, hat sich bis heute wenig geändert.

Nach einiger Zeit zogen die ersten Gastarbeiter in die alten Arbeiterviertel. Hier konnten sie die geforderten Mieten gerade noch so aufbringen und wurden auch als Mieter akzeptiert. Da deutschstämmige Menschen diese Wohnungen nicht mehr bewohnen wollten, blieb den Vermietern nichts anderes übrig als ihre Wohnungen vor allem an türkische Migranten zu vermieten.

Die Wohnungen in den Gettos sind, verglichen mit den üblichen Mieten, günstig. Viele Migranten können sich andere Wohnungen gar nicht leisten. Es ist kein Zufall, dass in solchen Gettos kaum ein türkischstämmiger Anwalt, Lehrer oder Beamter wohnt. Wer es sich leisten kann, zieht in eine bessere Wohngegend um. Da es sich bei diesen Unterkünften oftmals auch um Sozialwohnungen handelt, müssen Arbeitslose und Harz-IV-Empfänger ohnehin in solchen Gettos wohnen. Das ist der dritte Grund.

Der vierte Grund ist ein rein menschlicher. In einer fremden Umgebung suchen Menschen Gleichgesinnte, mit denen sie möglichst viel gemein haben. Deutsche, die zum Beispiel nach Argentinien auswandern, suchen zunächst die Nähe anderer Deutscher. Hier erhalten sie alle Informationen, die für das alltägliche Leben und Überleben in dem neuen Land notwendig sind. Das tun sie sogar, wenn sie die Landessprache beherrschen. Die Erfahrungen der anderen Deutschen beinhalten äußerst nützliche Informationen für die Neuankömmlinge.

Es spricht nichts dagegen, wenn gleich gesinnte Menschen in bestimmten Gegenden oder Stadtteilen zusammen wohnen und leben. Es gibt Nobelviertel, in denen die Reichen leben, es gibt Künstlerviertel, Schwulenviertel, China-Towns, French-Quarters, Innenstadtlagen für den Mittelstand und andere. Die Charakteristik dieser Viertel zieht Menschen an, die so etwas mögen. Dadurch entstehen nette Wohngebiete, die meistens eher positiv gesehen werden. Worin besteht dann das Problem, wenn Ghettos entstehen, in denen ja auch vermeintlich Gleichgesinnte zusammenleben wollen? Es gibt einen wesentlichen Unterschied zwischen Vierteln mit einer bestimmten Prägung und einem Ghetto: In den Vierteln mit Prägung wohnen nur die Menschen, die sich freiwillig entschieden haben, dort zu leben. Die Menschen, die in den Gettos wohnen, haben meistens keine andere Wahl.

Ein Ghetto entsteht durch Menschen, die aus Zwängen und - wie unsere Kanzlerin Angela Merkel sagen würde - 'Alternativlosigkeit' zusammengekommen sind.

Die meisten Migranten leben nicht gerne dort, sondern sie haben keine andere Möglichkeit! Wer die Gettos abschaffen will, muss sie abreißen und bezahlbare neue Alternativen schaffen. Dies natürlich in der umgekehrten Reihenfolge. Man muss den Menschen ermöglichen in anderen Stadtteilen zu leben und sich dort mit der Gesellschaft zu vermischen.

Sie müssen in den Gettos leben. Ist das vielleicht der Grund?

Die Identitätskrise der ersten Generation setzt sich in der zweiten und dritten Generation fort.

Schon wieder spricht mich einer an: „Anton! Du lebst doch schon so lange hier in Deutschland. Fühlst Du Dich eigentlich eher als Türke oder eher als Deutscher?" Ich antworte darauf ganz ernsthaft: „Heute fühle ich mich als Deutscher." Mein Gesprächspartner ist glücklich und erstaunt, aber doch nicht ganz zufrieden: „Das finde ich gut! So muss es sein! Sehr schön! Und zu wie viel Prozent fühlst Du dich als Deutscher?" Ich werde sehr verbindlich und flüstere vertraulich: „Darf ich ehrlich sein? Nachts, so ab Mitternacht steigt in mir das Gefühl auf, dass ich ein Mexikaner bin! Aber ein Mexikaner mit chinesischer Mutter." Mein Gegenüber ist verunsichert: „Ja, das ist aber interessant… Nun… Leider muss ich jetzt nach Hause, sonst... Ja, bis bald denn, ne!" Und weg ist er.

Fühlst du dich als Deutscher oder als Türke? Genauso könnte meine Frau mich fragen: „Jetzt sind wir schon so lange verheiratet - fühlst Du langsam, dass ich deine Mutter bin?" - „Ja, klar Schatz. Meine Schwiegermutter!" Auch wenn ich schon lange mit meiner Frau zusammen bin und sie eine wichtige Rolle in meinem Leben spielt – sie wird nie meine Mutter werden. Deshalb habe ich mir die Frage ob ich mich als Türke oder Deutscher fühle auch nie gestellt.

Das sind so Fragen, die man nicht vernünftig beantworten kann, ohne in eine blöde Situation zu geraten. Wenn zum Beispiel eine Frau ihren Ehemann fragt: „Schatz, soll ich den Bikini oder den Badeanzug anziehen?" - wenn Du der Gefragte bist, dann steckst Du richtig in der Klemme. Ich empfehle, diese Frage nicht zu beantworten, sondern sofort einen Herzinfarkt vorzutäuschen. Vielleicht hast Du Glück und sie fragt dann den Notarzt. Ein lange in Deutschland lebender oder sogar in Deutschland geborener Mensch kann die Frage: „Fühlst du dich als Deutscher oder als Türke?" auch nie richtig beantworten. Wenn er sagt „ Ich fühle mich als Deutscher", dann sagt man „Aber nicht so richtig, oder? Du sollst doch auch deine Herkunft nicht leugnen!" Sagt er: „Ich fühle mich als Türke" dann ist die Empörung groß: „Aber warum denn als Türke? Du hast doch einen deutschen Pass. Warum akzeptierst du nicht, dass du eigentlich ein Deutscher bist!" Egal was Du sagst, es ist falsch. Ich beantworte diese Frage zumeist mit der Gegenfrage: „Wie fühlt es sich denn an, das Deutschsein?" Meistens erhalte ich dann die Antwort: „Tja, ähem. Nun ja, es ist schwer mit unserer Vergangenheit!" Ja, guckst du! Da habe ich mich wieder einmal gerettet. Einen Herzinfarkt vorzutäuschen bringt mir nichts mehr – den kauft mir keiner mehr ab.

Es gibt Identitäten, die man im Laufe der Zeit verändern kann. Zum Beispiel die Identitäten wie Motorradfahrer, Surfer, Raucher, Bankräuber, Drogendealer, Familienvater. Diese Identitäten hat man sich freiwillig zugelegt. Gut, bei Familienvater kann es auch anders gewesen sein, aber ohne aktive Mithilfe wird man auch nicht unbedingt Vater. Noch nicht mal Boris Becker hat das geschafft. Die Identitäten, die man sich freiwillig ausgesucht hat, sagen viel über den Menschen aus. Sie können sich mit der Zeit verändern, genauso wie wir uns alle ändern. Der Raucher wird zum Nichtraucher, spätestens wenn beide Arme amputiert sind. Oder der Öko wird zum Umweltzerstörer. Aber ein Deutscher wird nie ein Irokese sein können, auch wenn er seine Haare genauso schneidet, Pferde reitet und in einem Wigwam wohnt. Unsere Nationalität, Haar- und Hautfarbe, Altersgruppe - das haben wir uns nicht ausgesucht. Wenn wir sie uns aussuchen könnten, dann gäbe es nur 20-jährige blonde Schwedinnen mit Top Figur und 25 Jahre alte durchtrainierte, groß gewachsene, dunkelhaarige Italiener.

Für alle, die gehofft haben, dass die Türken irgendwann einmal Deutsche werden: Ich muss Euch enttäuschen. Wir werden keine Deutschen. Wir werden noch nicht einmal Österreicher.

Wenn man dies so deutlich ausspricht, nehmen das einige Deutsche als Beleidigung. Als wollte man nicht einer von ihnen sein. So eine Art „Ich bin doch nicht schwul, eyh!". Aber es geht nicht darum, ob ich mich dazu gehörig fühle oder ob ich mit der Gruppe Probleme habe. Nein! Die Frage lautet: Was ist Deine ethnische Identität? Und da gibt es nur eine Antwort, die richtig ist.

Wenn man sich über die ethnische Identität identifiziert, darf man sich nicht wundern, wenn andere das Gleiche tun und dann zwei Lager entstehen. Die Lager kommunizieren immer weniger miteinander und am Ende kommt es zu Verfeindungen. Dann ist es schwer, die Lager zu wechseln. Und wer es doch tut, dem unterstellt man Verrat und Illoyalität. Seit Judas Ischariot wissen wir, wohin das führt.

Die Türken der ersten Generation wussten und wissen es immer noch ganz klar, dass sie Türken sind und bleiben. Diejenigen unter ihnen, die versucht haben sich nach Erwerb der Staatsangehörigkeit als Deutsche zu definieren, waren spätestens nach der Wohnungs- oder Arbeitssuche ernüchtert. Sie haben festgestellt, dass sie selbst nicht darüber zu entscheiden haben, als was sie sich definieren wollen. Durch den deutschen Pass ändert sich weder der Name, noch das Aussehen, noch der türkische Akzent – sie werden nicht als Deutsche akzeptiert. Immerhin wird die Identität der ersten Generation von den Türken in der Türkei nicht verleugnet. Der zweiten Generation der Türken, steht noch nicht einmal dieses Rückzugsgebiet zur Verfügung. Sie halten sich für Türken, weil ihre Eltern das sagen. Aber wenn sie in der Türkei sind, hört man ihnen an, dass sie keine Türken mehr sind. Die Türkei hält sie für Deutsche, Deutschland hält sie für Türken. Ständig dazwischen, wissen viele nicht mehr, was sie fühlen und was sie nicht fühlen sollen.

In den Familien lernen die Kinder, dass sie Türken sind und diese Identität pflegen sollen. Im Kindergarten oder in der Schule wird ihnen das dann auch noch bestätigt. Man spricht von den türkischen Kindern, die im Sommerurlaub in die Heimat fahren. Wo immer es geht, werden die Unterschiede hervorgehoben. Eine türkische Mutter berichtete mir, dass ihr Sohn in der Grundschule als Hausaufgabe beschreiben sollte, wie er zu Hause frühstückt. Als er niederschrieb, dass sein Frühstück aus Brötchen mit wahlweise Käse, Wurst oder Nutella besteht, bekam er die Arbeit mit folgender Bemerkung zurück: „Du sollst keine Geschichten erfinden, sondern davon berichten, was ihr zu Hause wirklich esst." Er hat dann das geschrieben, was man von ihm erwartete und musste dabei ordentlich lügen.

Die türkischen Kinder sollen beschreiben, wie ‚ihre' Kultur funktioniert. Es wird zwanghaft versucht, den Kindern klar zu machen, dass sie etwas anderes sind, als die deutschen Kinder. Wo kommen deine Eltern her? Das war und ist die einzige und damit entscheidende Frage, um die Kinder in eine ethnische Schublade zu stecken – eine Zwangsjacke aus der sie sich kaum befreien können. Auch wenn die Kinder versuchen, über ihre Fähigkeiten oder Hobbys eine andere Identität zu finden - die ethnische Identität scheint für Außenstehende immer noch wichtiger zu sein.

Diese ‚ethnische Zwangsjacke' bringt einige Probleme mit sich. Man ist dann kein unbeschriebenes Blatt mehr, sondern es wird unterstellt, dass man auch den weit verbreiteten negativen Vorurteilen entspricht. Hat man das Umfeld ‚bekehrt' und von den eigenen guten Seiten überzeugt, kommt das nächste Problem: Man muss erklären, warum die anderen Türken aber anders sind und derart negative Eigenschaften hätten. Die Zwangsjacke begünstigt also nicht nur die Diskriminierung, gleichzeitig wird man auch noch für die anderen Zwangsjackenträger verantwortlich gemacht.

Das ist der ganz normale Alltag für viele türkischstämmige Menschen. Obwohl es sie stört, haben sie sich damit abgefunden. Sie suchen Gleichgesinnte und verbünden sich mit Leidensgenossen. Sie tauschen ihre negativen Erfahrungen über Deutschland und die Deutschen aus, versuchen die eigenen Wurzeln zu finden und fangen an, sich zu ihnen zu bekennen.

Sie verlieren ihre Identität. Ist das vielleicht der Grund?

Integrationshemmende Faktoren im Aufnahmeland Deutschland
Die sechziger Jahre: Deutschland ist geprägt vom Erbe des Nationalsozialismus.

„Restaurant zum Hofbräukeller, Schöller. Guten Tag!" - „Hallo, hier ist Kafka. Ich hätte gerne für heute Abend einen Tisch reserviert" - „Gerne. Können Sie bitte Ihren Namen buchstabieren?" - „Natürlich: K wie Krieg, A wie Adolf, F wie Feuergefecht…"

So hörte sich ein Telefongespräch bis 1945 an. Als gerade einmal 15 Jahre später die ersten Gastarbeiter nach Deutschland kamen, hörte sich das Buchstabieralphabet zwar anders an, aber war denn alles wieder in Ordnung? Die Türken wussten wenig über Deutschland - nur Hitler, den kannte man auf jeden Fall. Wenn man sich in der Türkei als Deutscher vorstellt, fangen die Türken sofort an aufzuzählen, was sie alles über Deutschland wissen: Vosvogen (Volkswagen), Mersedes, Beckenbauer! Dann schließen sie mit „Heil Hitler!" ab. Der Deutsche ist schockiert und weiß damit nichts anzufangen. War das schon wieder eine Kritik? Aber nein. Der Türke lächelt und sieht aus, als würde er ein kleines Lob für seine Deutschland-Kenntnisse erwarten. Für die meisten Türken ist Hitler Geschichte, genauso wie Napoleon oder Caesar. Sie betrachten das Dritte Reich nicht anders als das Römische Reich: Es ist Vergangenheit, die längst erledigt ist. Deutschland war für sie eine junge Republik - erfolgreich, modern, liberal und bemüht mit den Ausländern korrekt umzugehen. Aus der damaligen Sicht sah alles ganz normal aus, so als hätte 15 Jahre vorher nicht ein ganz anderer Umgang mit Menschen geherrscht. Die Nazi-Zeit schien weit weg, die Nazis und ihre Sympathisanten verschwunden. Nicht einmal David Copperfield hätte dieses Wunder vollbringen können. Zwar hatten die Alliierten dafür gesorgt, dass einige Wenige im wahrsten Sinne des Wortes verschwunden waren - aber wo waren die Anderen hin? Wie bei allen Zaubertricks geht es nicht um die Realität, sondern um das, was das Publikum glaubt. Wenn man den Zauberer nicht mehr sieht, dann gibt es ihn auch nicht mehr.

Dabei gab es 1945 ca. 8,5 Millionen NSDAP Mitglieder. Ebenso wurden Millionen von Lehrern und Beamten im Sinne des Nazi-Regimes ausgebildet. Die wurden plötzlich alle fremdenfreundliche, lupenreine Demokraten? Keineswegs. Ich will nur ein paar Beispiele nennen.

Nach dem Krieg waren beim damaligen Bundeskriminellenamt (uups, jetzt habe ich mich doch vertippt) 44 von 45 hohen Beamten ehemalige Gestapo-Leute. Viele von ihnen hatten in der Ukraine Erfahrungen in der Ausübung von Kriegsverbrechen gesammelt. Die meisten Richter konnten unbehelligt ihren Beruf weiter ausüben. Das Personal des auswärtigen Amtes wurde fast restlos übernommen. Im Jahre 1951 wurde eine generelle Amnestie für alle Beamte erlassen (§ 131 Grundgesetz), die nach dem Krieg wegen ihrer Treue zum Dritten Reich entlassen worden waren. Die etwas später gegründete Bundeswehr konnte natürlich nicht auf die ehemaligen Offiziere der Wehrmacht verzichten. Viele machtbesessene Nazis fanden ein neues Betätigungsfeld in der Politik. Sie alle mussten nur versichern, dass sie Demokraten geworden sind. Das hieß damals im Volksmund Persilschein. Wer diesen Schein erhalten hatte, galt als geheilt. Namen wie Hitler, Himmler oder Göbbels wurden ohne große bürokratische Hürden geändert. Da keiner mehr Hakenkreuze tragen durfte, war die Gesinnung nicht zu erkennen. Das Problem war nicht mehr sichtbar, also scheinbar auch nicht mehr existent.

Dieser Umgang mit den Entscheidungsträgern des Dritten Reiches war vielleicht nachvollziehbar, denn es gab nicht genügend ‚Andere', die diese Stellen ansonsten hätten besetzen können. Es war dennoch eine falsche Entscheidung hinsichtlich der Demokratisierung des Landes: Es wurde rassistisches Gedankengut demokratisiert. Statt ein Neuanfang mit neuen Zielen, gab es einen erzwungenen Systemwechsel mit alten Gesichtern. Öffentlich durfte kein Rassismus mehr verbreitet werden, aber viele trugen weiterhin den Hass gegen die Alliierten, gegen Juden, Zigeuner und alles Fremde in sich. Wenn auch die im Dritten Reich ausgebildeten Lehrer die Kinder nicht direkt mit ihrem Gedankengut vergiftet haben, so haben sie aber auch nicht dafür gesorgt, dass die Schüler offen und liberal erzogen wurden.

Die Gastarbeiter trafen Anfang der sechziger Jahre in den Behörden, Schulen oder auf der Arbeitsstelle selbstverständlich auf ehemalige NSDAP-Mitglieder oder andere Rechtsradikale. Und wie wurden sie wohl von denen behandelt? Da braucht man nicht lange zu recherchieren – sicher nicht wohlwollend. Die schlechten Erfahrungen mit den deutschen Behörden, von denen viele Gastarbeiter berichten, bestätigen diese Annahme. Kurioser Weise fiel die schlechte Behandlung den meisten türkischen Gastarbeitern nicht besonders auf. Sie stammten aus dem Arbeitermilieu und waren schlechte Behandlung durch besser Gebildete und Arbeitgeber gewohnt. Sie wehrten sich nicht gegen ungerechte Behandlung. Diese Unterwürfigkeit stärkte rassistisch denkende Menschen darin, ihre abfällige Art ungebremst fortzusetzen.

Man hat in Deutschland den Rassismus verboten, aber nie geheilt. Deshalb sind der Rassismus und rassistische Denkmuster in Deutschland nach wie vor virulent.

Viele Menschen, die in Deutschland aufgewachsen sind, finden diese Art zu denken auch normal. Wenn ich spontan frage, was das Gegenteil von Rassismus ist, sagen die meisten: „Ähm, öhh, äh, kein Rassismus!" Das ist leider die falsche Antwort. Das Gegenteil von Rassismus ist das friedliche Miteinander! Da nach dem Krieg viele Menschen an den Schaltzentralen der Macht saßen, die vorher rassistisches Gedankengut vertreten hatten, hat sich an der fremdenfeindlichen Haltung nicht viel geändert. Zähneknirschend haben sie die Spielregeln der Demokratie angenommen – aber nur um ihren Spielraum zu nutzen und ihre Ideologie weiter zu verbreiten. Politische Gegner wurden mit unfairen Mitteln bekämpft, liberales Gedankengut wurde beschimpft und - wo es möglich war - auch denunziert.

Natürlich gab es eine Gegenbewegung, die spätestens 1968 sichtbar wurde. Menschen rebellierten, weil das alte System noch immer wirkmächtig war und sich ungeniert an den Früchten der Demokratie bediente. Weder die Rebellen von damals, noch die Liberalen von heute haben es aber bis heute geschafft, Menschen mit rechtem Gedankengut völlig zu entmachten. Es gibt noch immer genug fremdenfeindliche Menschen, die das tägliche Leben in Deutschland gestalten und ihre Macht für ihre Ideologie missbrauchen.

Die liberal denkenden Menschen möchten sicherlich die Situation für die ausländischen Mitbürger verbessern, aber sie haben kein genaues Ziel. Zumindest ist es mir nicht bekannt. Und weil sie kein genau definiertes Ziel haben, bleibt es bei einzelnen Verbesserungsmaßnahmen ohne große Wirkung. Denn die Gesetze werden gegen großen Widerstand und mit vielen Kompromissen verabschiedet.

Die Beamten besitzen einen Ermessensspielraum bei ihren Entscheidungen, den sie je nach ihrer Gesinnung positiv oder negativ einsetzen können. Gerade deshalb haben sie einen großen Einfluss auf das Wohlbefinden und damit auf die Integrationsbereitschaft der Ausländer. Wenn man sie freundlich und fair behandelt und wenn man vielleicht sogar auf die eine oder andere vorgeschriebene Voraussetzung verzichtet, wirkt dies auf die Ausländer motivierend auch etwas für die Gesellschaft zu tun. Ob bei der Erteilung von Arbeitserlaubnissen, Aufenthaltserlaubnissen oder bei der Einbürgerung - es gibt viele Regelungen, über die die Beamten entscheiden können. Wenn Antipathie vorherrscht, bestehen die Beamten natürlich auf die Erfüllung der Regeln und freuen sich vielleicht sogar, wenn sie einen Antrag ablehnen können.

Da in den sechziger Jahren nach wie vor viele Beamte des Dritten Reiches in den Amtsstuben saßen, behandelten sie die Gastarbeiter entsprechend herablassend und sehr streng. Als Ausländer erlebt man dieses Verhalten noch viel ausgeprägter. Man wird automatisch geduzt, wenn man nur gebrochen Deutsch spricht und damit dann auch wie ein lästiges A'loch behandelt.

Die Kinder der Gastarbeiter wurden oftmals noch von Lehrern unterrichtet, die ihre Ausbildung im Dritten Reich erhalten hatten. Dass sie ausländischen Kindern gegenüber nicht wohlwollend waren, sieht man an den Schulempfehlungen von damals. Fast alle ausländischen Kinder kamen entweder in die Sonderschule oder in die Hauptschule. Das konnte aber nicht verhindern, dass einige nachträglich doch noch das Abitur machten und erfolgreich studierten. Man muss aber dabei betonen, dass sie es trotz der unfairen Bedingungen geschafft haben und nicht etwa, weil sie entsprechend gefördert worden wären. Aus Sicht eines ehemaligen NSDAP-Mitglieds, der als Lehrer arbeitet, ist es völlig normal, dass ein ausländisches Kind an einer höheren Schule nichts zu suchen hat. Sie konnten zwar nicht mehr offen die Rassentrennung praktizieren, haben es aber trotzdem geschafft, die ausländischen Kinder von den deutschen weiterführenden Schulen fernzuhalten. Die liberaler denkenden Kollegen konnten sich, wie es aussieht, nicht durchsetzen. Viele der Migranten, die in Deutschland aufgewachsen sind, mussten leider derart negative Erfahrungen sammeln.

Kurioser Weise wird man in Deutschland vielleicht sagen, dass die unfreundliche und unfaire Behandlung seitens des Staates und die damit verbundene Antipathie normal ist. Aber die Antipathie gegenüber den Ausländern hatte noch mal eine besondere Note.

Rassistisches Denken ist immer noch präsent. Ist das vielleicht der Grund?

Die Komplexe des Verlierers

Als ich Anfang der achtziger Jahre zum ersten Mal in Frankfurt gelandet bin, fielen mir als erstes die vielen amerikanischen Soldaten, die GI's auf. In der Gegend von Wiesbaden, Frankfurt, Darmstadt, Mannheim und Heidelberg wimmelte es von amerikanischen Uniformierten. Sie gehörten zum täglichen Leben wie die Notrufsäulen auf den Autobahnen oder das Kopfsteinpflaster in den Städten. In der Türkei herrschte zu der Zeit eine Militärregierung, von daher war für mich die große Präsenz von Soldaten nichts Ungewöhnliches. Ich machte mir auch keine Gedanken darüber, warum ausgerechnet so viele US-Soldaten statt des landeseigenen Militärs anwesend waren.

Erst als ich dann nach Berlin kam und die vielen großen Schilder mit der Aufschrift „Achtung, sie verlassen gerade den französischen (englischen/amerikanischen/ sowjetischen) Sektor!" sah, wurde mir klar, dass ich mich nicht in einem normalen Staatswesen aufhalte, sondern in einem besetztem Land. Die alliierten Siegermächte hatten Deutschland nach dem zweiten Weltkrieg unter sich in Zonen aufgeteilt und bestimmten über das formal noch immer herrschende Kriegsrecht. Dies beinhaltete sogar, dass sie bei Gesetzesverstößen nicht von der deutschen Justiz oder Polizei verfolgt werden durften.

Trotzdem sah eigentlich alles ganz normal aus. Die junge Generation wuchs mit dieser Situation auf und störte sich nicht daran. Denn bis auf die Militärpräsenz haben sich die westlichen Alliierten dezent aus der Politik zurückgehalten und die Bundesrepublik wie ein souveränes Land behandelt. Nur die Älteren kannten die Wahrheit. Deutschland war ein besiegtes, besetztes und geteiltes Land. In den ersten Weltkrieg unheilvoll verstrickt, den zweiten selber angezettelt und beide verloren. Nach dem ersten Weltkrieg wurde Deutschland wie ein böser Junge, der beim Klauen erwischt wurde, der Weltöffentlichkeit vorgeführt, entwürdigt und bekam untragbare Strafen auferlegt. Nach dem Zweiten Weltkrieg haben vor allem die westlichen Alliierten aus taktischen Gründen auf solche Maßnahmen verzichtet. Dennoch wurden 1945 alle Männer zwischen 16 und 70 Jahren von den Siegermächten als Kriegsgefangene behandelt. Deutschland hatte bedingungslos kapituliert und musste die Befehle der Siegermächte befolgen. An die 11 Millionen Soldaten waren in Gefangenschaft. Ihre Heimkehr dauerte bis in die Mitte der fünfziger Jahre an. Die letzten Kriegsgefangenen kehrten 1955 aus der Sowjetunion zurück. Ungefähr ein Drittel aller Kriegsgefangenen war in Russland an den schweren Haftbedingungen und den Folgen von Zwangsarbeit gestorben. 1945 gab Deutschland ein düsteres Bild ab: Ein auf die Knie gezwungenes und völlig zerstörtes Land mit einer demoralisierten und traumatisierten Bevölkerung.

Spätestens in der letzten Phase des Krieges, als die Städte durch Bombardements fast völlig ausgelöscht wurden, hatten die Menschen in Deutschland verstanden, wie sehr sie von den Alliierten gehasst wurden. Aus heutiger Sicht muss man sagen, dass die Alliierten das deutsche Volk vom Nazi-Regime befreit haben. Aber die Mehrheit hat sich als Verlierer des Krieges empfunden. Plötzlich war das deutsche Volk in der Hackordnung ganz unten gelandet, nach dem man ihm jahrelang erzählt hatte, dass sie unbesiegbar seien. Die psychologische Fallhöhe der Menschen war extrem hoch.

Wenn man die Anzahl der gefallenen und gefangenen Soldaten betrachtet, kann man davon ausgehen, dass damals fast jede deutsche Familie von einen Trauma heimgesucht wurde. Viele der Soldaten, die erst nach etlichen Jahren zurückkehrten, mussten weitere Tiefschläge wegstecken. Ihr Haus existierte nicht mehr, die Kinder erkannten ihren Vater nicht und die Ehefrauen waren zu fremden Menschen geworden, wenn sie überhaupt noch lebten. Andere Ehefrauen hatten bereits wieder geheiratet, da sie die Hoffnung aufgegeben hatten, ihren Ehemann lebend wieder zu sehen. Die angeschlagene Psyche der Deutschen musste auch noch die demütigende Behandlung seitens der Alliierten verkraften.

Verletzter Stolz, Trauer, Versagen, Demütigung – all diese negativen Gefühle können nur zur psychischen Destabilisierung der Menschen geführt haben. Eine absolut ungünstige Ausgangslage für die freundliche Begegnung mit Menschen aus fremden Ländern.

Gerade einmal 16 Jahre nach der Kapitulation und nur sechs Jahre, nachdem die letzten Gefangenen aus der Sowjetunion zurückgekehrt waren, kamen die ersten türkischen Gastarbeiter nach Deutschland.

Wenn eine Person sein Gegenüber mit Respekt behandeln soll, muss er selber Respekt erfahren haben. Der überwiegende Teil der Deutschen hatte keine respektvolle Behandlung erfahren.

Wenn eine Person jemand anderem helfen will, muss er selber in einer stabilen Gefühlslage sein. Die Deutschen waren durch den Krieg und dessen Folgen traumatisiert.

Um eine andere Kultur verstehen und akzeptieren zu können, muss man ein gesundes kulturelles Selbstbewusstsein besitzen. Die Deutschen hatten zu der Zeit eher ein distanziertes oder gar gestörtes Verhältnis zu der eigenen Kultur.

Wenn eine Person in der Hackordnung ganz unten steht, hackt sie gerne auf denjenigen herum, die vermeintlich noch unter ihr stehen. Die Gastarbeiter kamen da gerade gelegen.

Wenn man sich all diese Fakten vor Augen führt, ist es eher erstaunlich, dass die Beziehung zwischen Deutschen und Türken nicht schlechter geworden ist, als es heute der Fall ist. Denn die deutsche Gesellschaft war nach ihrem emotionalen Tiefpunkt noch nicht in der Lage, sich mit Anderen und deren Problemen zu beschäftigen. In der Wahrnehmung der Türken, waren dagegen die Deutschen eine erfolgreiche und selbstbewusste Nation. Man hat sie bewundert und respektiert. Deshalb konnten die Türken die tiefe Verunsicherung der Deutschen nicht erkennen und haben die Menschen oftmals falsch eingeschätzt.

Damals war es jedem Deutschen bewusst, dass sie unter ständiger Beobachtung des Auslandes standen. Dies insbesondere auch hinsichtlich ihres Umgangs mit Ausländern. Daher musste man mit den Gastarbeitern vorsichtig umgehen, was einen entspannten Umgang noch mehr erschwerte. Man konnte schnell unter Verdacht geraten, ein Nazi oder Rassist zu sein. So bemühte man sich einerseits, mit den Ausländern freundlich umzugehen, um diesen Anschein zu vermeiden, anderseits unterdrückte man auch jegliche durchaus berechtigte öffentliche Kritik gegenüber Ausländern. Auch wenn junge türkische Männer sich zum Beispiel nicht an allgemein gültige Verhaltensregeln gehalten haben, wurde es vermieden, darüber eine Debatte in den Medien zu führen. Und während die Gastarbeiter einen selbstverständlichen Umgang mit ihrer Nationalität hatten und ihre Zimmer mit Nationalflaggen und Bildern von Atatürk dekorierten, vermieden es die Deutschen, irgendeine nationale Symbolik zu benutzen. Auch so etwas führt unweigerlich zu negativen Gefühlen gegenüber Ausländern. Die Deutschen, die nationalistische Ansichten verachteten, fanden die Türken eher unsympathisch. Andere, die nationale Gefühle und Symbolik für richtig hielten, fanden es ungerecht, dass die Türken dies öffentlich leben durften, während sie selbst sich zügeln mussten.

Die aufnehmende Gesellschaft hatte noch viele offene Wunden. Ist das vielleicht der Grund?

Die Identitätskrise der Deutschen nach Hitler

Ein Türke macht keinen Fehler. Und wenn dann doch mal etwas schief geht: „Da kann isch nichts dafür man. Ich schwöre." Wenn zum Beispiel die türkische Fußballmannschaft spielt und mit 0:3 zurückliegt, wird das im türkischen Fernsehen so kommentiert. „Eyh, wir führen! 22:2. Bei den Fouls. Naja, bei den Toren: es geht so! Aber isch schwöre unsere Jungs spielen total tapfer - aber Gegner sind total gemein. Die lassen unser Jungs nicht einmal schießen. Und Schiedsrichter ist gekauft. Bestimmt ein Zypriot mit griechischer Mutter". Gleich kriegen alle eins auf die Fresse.

In Deutschland dagegen hört sich das so an: „Meine Damen und Herren. was macht die deutsche National-Elf denn da? Das ist nur peinlich. Mit so einer Spielweise gehört diese Mannschaft sicher nicht zur Welt-Elite. Es steht 1:0 für Deutschland aber völlig unverdient. Wenn sie jetzt auch noch gewinnen, haben sie aber einen riesigen Dusel gehabt! Oh je! Oh nein, oh nein, oh nein! Jetzt ist es passiert. Das darf doch nicht wahr sein. Es steht 2:0 für Deutschland. Aber nicht, weil die deutsche Mannschaft gut spielt. Dem ging ein klarer Stellungsfehler der gegnerischen Mannschaft voraus. Das Spiel ist aus. Und mit so einer erbärmlichen Leistung stehen wir jetzt auch noch im Halbfinale einer Fußball-Weltmeisterschaft. Der Trainer ist wirklich nicht mehr tragbar.

Wenn man die deutsche Fußballnationalmannschaft heute betrachtet, fällt sofort auf, dass die Spieler anders aussehen als bei der Aufstellung in den neunziger Jahren. Damals gab es nur deutsche Nachnamen – und polnische! Alles deutschstämmige

Deutsche. Heute spiegelt die deutsche Nationalmannschaft mit Özil, Boateng und Co. die veränderte Bevölkerungsstruktur wieder und macht gleichzeitig - auch für ein internationales Publikum - ein Problem in der deutschen Gesellschaft sichtbar. Während des Spiels sind sie eine Mannschaft, spielen gut oder schlecht miteinander wie eh und je. Aber vor dem Spiel ist die Mannschaft gespalten. Während Manuel Neuer lauthals und mit Inbrunst die deutsche Nationalhymne mitsingt, schweigen Mesut Özil und Lukas Podolski ganz demonstrativ. Mario Gomez hingegen bewegt die Lippen so minimal, dass man nicht erkennen kann, ob er etwas runterschluckt, gurgelt oder doch etwas singen möchte. Er kann sich einfach nicht entscheiden, was er tun soll. Wenn man genau darauf achtet, kann man erkennen, dass es kein Zufall ist, wer singt und wer lieber schweigt. Die Verweigerung hat ein Gesicht bekommen: Die Deutschen mit bekanntem Migrationshintergrund singen, je nach ihrem Migrationsgrad, die Nationalhymne entweder gar nicht oder nur sehr dezent mit kleinen Zuckungen. Die Deutschen mit unbekanntem Migrationshintergrund - auch Biodeutsche genannt - singen mit Freude, zuweilen mit Enthusiasmus.

Manche Politiker fordern jetzt, dass man die Spieler zum Singen verpflichten soll. Damit möchten sie das Problem unsichtbar machen. Das ist, als würde man sein oftmals zurückhaltendes Kind mit einem Fallschirm aus dem Flugzeug werfen und dann meinen, man habe ein tapferes Kind. Andere wiederum wollen das Singen jedem selbst überlassen und entscheiden sich, das Problem eher zu ignorieren.

Es ist allerdings kein Zufall, dass ausgerechnet nur die Migrantenkinder sich schwer tun, die Nationalhymne zu singen. Und es wäre naiv zu glauben, dass sie nur deshalb nicht mitsingen, weil sie meinen, ihre Stimme wäre nicht gut genug. Sie können nicht singen, weil sie tief im Inneren einen Widerstand spüren, den sie nicht artikulieren wollen oder können. Sogar die deutschstämmigen Fußballer hatten bis vor ein paar Jahren Probleme das Deutschlandlied zu singen. Es ist ja nicht irgendein Lied, sondern die deutsche Nationalhymne und sie symbolisiert…? Etwas! Aber was? Dasselbe gilt für die Deutschlandfahne. Man kann alles hinein interpretieren oder sie nur als ein Stück Stoff sehen. Und das ist das eigentliche Problem: Stehen Hymne und Fahne für den Fußball? Oder zeigen sie Patriotismus, Nationalismus oder sogar rechtes Gedankengut auf? Es ist nicht eindeutig, was man damit auslöst, wenn man sich dazu bekennt.

Persönlich denke ich, wenn ich Nationalhymnen höre oder Nationalflaggen sehe, zunächst an das Militär, militärische Zeremonien oder hochoffizielle politische Angelegenheiten. Erst ganz zum Schluss denke ich an den Sport.

Es handelt sich hier um einen veralteten Brauch, der dringend angepasst werden müsste. Genauso wie die Idee der Nationalmannschaften, die längst überholt ist. Wenn

Mesut Özil als ein in Deutschland aufgewachsener türkischstämmiger Migrant, der in Spanien und England lebt und arbeitet zur deutschen Nationalmannschaft zählt, ist es ohnehin merkwürdig genug, dass man von einer Nationalmannschaft spricht. Er gehört sicherlich gerne der deutschen Nationalmannschaft an - aber fühlt er sich auch der deutschen Nation zugehörig? Daran muss man ansetzen. Hier liegt etwas im Argen.

Um das Problem beim Fußball zu lösen, braucht man eigentlich nur ein neues, eigenes Fußballlied und eine eigene Fußball-Fahne einzuführen. Dann bekennen sich alle Fußballspieler in Deutschland ohne Berührungsängste zum deutschen Fußball ohne dass man sie dazu zwingen muss. Damit würde man auch eine Vorreiterrolle in der Welt übernehmen: Sport sollte nicht mit Nationalgefühlen vermischt werden.

Auf diese Weise könnten die Migranten sich endlich mit der deutschen Fußballnationalmannschaft identifizieren. Eben mit der Mannschaft und nicht gleich mit der ganzen Nation. Denn um ihnen das Gefühl zu geben, der deutschen Gesellschaft anzugehören, muss man einiges mehr tun.

Was bedeutet es eigentlich, Deutscher zu sein?

Nur wenige Deutsche können laut und deutlich sagen „Ich bin ein Deutscher!", ohne das mulmige Gefühl zu haben, etwas Unrechtes zu tun. Bis zur Fußball WM 2006 in Deutschland haben viele Menschen auch ein Problem damit gehabt, sich mit einer deutschen Fahne zu zeigen. Öffentlich die Nationalhymne zu singen war bis auf wenige offizielle Zeremonien verpönt. Viele kennen nicht einmal den Text. Gleichzeitig wissen sie aber, dass etwas mit der Nationalhymne nicht stimmt. Die Gründerväter der neuen Bundesrepublik haben es schlichtweg versäumt, eine neue Hymne mit einem neuen Text komponieren zu lassen. Haben sie es wirklich versäumt oder versuchten sie etwas vom dritten Reich, in die neue Zeit hinüber zu retten? Die ersten beiden Strophen wurden verboten, die Musik blieb aber die Gleiche: Man darf nur noch die dritte Strophe singen. Trotzdem wurde bei den Feierlichkeiten nach dem Gewinn der Fußballweltmeisterschaft in Bern 1954 die erste Strophe gesungen. Nicht einmal heimlich. Das Lied ist lange vor dem Nationalsozialismus entstanden, wurde aber in dieser Zeit als Hymne beschmutzt und missbraucht. Millionen Menschen mussten grausam durch Menschen sterben, die diese Hymne gesungen und wie ein Banner vor sich her getragen haben. Heute empfinden viele diese Hymne als ein Relikt aus der Nazizeit und können sich nicht so recht damit identifizieren.

Es ist auch weitgehend unklar, wofür die deutsche Fahne steht. Kaum jemand kennt ihre Bedeutung und warum gerade diese Fahne für Deutschland gewählt wurde. Auch hier schwingt der ‚Dritte-Reich-Verdacht' mit. Ich kann Dich beruhigen: Die Fahne hat mit den Nazis nichts zu tun. Sie ist wesentlich älter und wurde im dritten Reich nicht benutzt. Sie entstand in den Befreiungskriegen Anfang des 19. Jahrhunderts und symbolisiert die nationale Einheit Deutschlands. Die Farbe schwarz bedeutet: Knechtschaft, rot bedeutet: blutige Schlachten und gold steht für das Licht und die Freiheit. Demnach kann man sich heute höchstens mit der Farbe gold identifizieren. Wenn man die Bedeutung kennen würde. Die meisten Deutschen konnten sich mit diesen Symbolen nicht identifizieren. Deutsch zu sein war negativ behaftet. Teilweise wurde - und wird man noch - im Ausland sehr unfreundlich behandelt. Deutsch zu sein war eher eine Last, als eine motivierende positive Identität. Alles was mit Nation und Patriotismus zu tun hatte, wurde verteufelt, weil man nicht mit den Nazis in Verbindung gebracht werden wollte. Noch immer fühlen sich viele Deutsche als Deutsche in ihrer Haut nicht wohl. Auch im Rahmen der 68-er Bewegung versuchten sich viele vergeblich von dieser Aura zu befreien. Da die meisten Deutschen selber kein gesundes Verhältnis zu ihrer Identität hatten, konnten sie auch die Ausländer nicht in ihre deutsche Identität einbinden. Trotzdem wird gerade im Rahmen der Integrationsdebatte immer wieder verlangt, dass die Ausländer sich an die Deutschen und die deutsche Gesellschaft anpassen sollen.

Was ist damit gemeint?
Heißt deutsch zu sein:

Sich schuldig für die Nazi-Vergangenheit zu fühlen
oder stolz zu sein auf Deutschlands große Geschichte?

Modern und weltoffen
oder konservativ zu sein?

Für den Kapitalismus einzutreten
oder den Sozialstaat zu verfechten?

Sich besser zu finden, als die Anderen
oder sich für sein Deutschsein zu schämen?

Religiös zu sein
oder Treue zur Verfassung zu zeigen?

Hochdeutsch zu sprechen
oder lokale Dialekte zu beherrschen?

Traditionalist zu sein
oder die Moderne zu vertreten?

Volksmusik zu hören
oder Popmusik zu schätzen?

Gibt es ,die deutsche Identität', ,die deutsche Leitkultur'? Oder verlangt man etwas, was es gar nicht gibt? Wenn jemand Identität und Leitkultur beschreiben und festlegen kann, können wir ja ausprobieren, ob sie angenommen wird.

Es fehlt eine klare Identität der deutschen Gesellschaft. Ist das vielleicht der Grund?

Das deutsche Bildungssystem benachteiligt Migranten

„Ein türkischer Wissenschaftler hat etwas Neues erfunden…" Türkischer Wissenschaftler? Das ist ja so etwas wie: Ein nüchterner Deutscher am Ballermann. Der türkischstämmige Türke steht sicherlich nicht für gute Wissenschaft.

„Der türkischstämmige Türke?" Das ist eine Tautologie. Tauto-was? Du verstehst mich nicht? Tautologie ist ein deutsches Wort. Ich erkläre es dir. Es bezeichnet Wortgebilde wie: Ein weißer Schimmel, ein kleiner Zwerg, ein verstorbener Toter, ein krimineller Ausländer. Kennst Du übrigens den Unterschied zwischen einem deutschen Skinhead und einem türkischen Faschisten? Nein? Gut, ich kenne ihn auch nicht. Aber in den Schulen wird unterschieden, ob ein schlechter Schüler deutscher oder türkischer Abstammung ist.

Der wahre Grund für die mangelnde Integration ist in den meisten Fällen die fehlende Bildung. In vielen Schulen gibt es bereits mehr Ausländer als Deutsche! Hey. Die machen uns die Pisa-Studie kaputt. Und sie werden immer mehr! Und die Pisa-Quote geht komplett in den Keller. Also was tun?

Nun, manche werden sagen: „Das sind ja gar nicht unsere Kinder, sondern Ausländer. Es geht hier um das deutsche Bildungswesen. Nicht um das türkische!" Also Ausländer aus dem Test herausrechnen, dann sieht alles viel besser aus. Oder noch besser: Erst gar nicht zum Test zulassen. Nur deutsche Kinder dürfen mitmachen! Das ist auch viel billiger. Und dann, und dann – endlich: Deutschland überholt Finnland! Mit den 20 Kindern, die an der Studie teilnehmen durften.

Aber was geschieht mit den anderen? Die, die dann nicht an der Pisa-Studie teilnehmen? Um Berlin Kreuzberg könnte man schon mal eine Mauer bauen. Über dem Eingang hängt man dann ein Schild auf: „Achtung! Sie betreten eine Pisafreie-Zone. Ab hier sind sie nicht versichert!"

Was passiert, wenn man so weiter macht? Keine Ahnung! Aber es wird bestimmt sehr lustig werden. In zwanzig Jahren gibt es dann nur noch hoch qualifiziertes Personal – allerdings nur als Seiteneinsteiger.

Wenn man einen Arzt braucht, muss man „Ali den Schlitzer" anheuern. „Eyh Ali. Sag mal, wo ist die Leber noch mal. Du hast doch schon ein paar Leute aufgeschlitzt." Er kennt sich wenigstens mit Körpern und dem Einsatz von Messern aus.

Den Job als Regierungssprecher kann der Rapper Mahmut übernehmen. „Eyh wir sind voll geil, voll krass, die Opposition die machen wir nass! Was guckst du da im Bundestag, laberst Scheiße den ganzen Tag. Isch schwöre, isch schwöre: Isch mach disch zur Möhre! Eyh lay la li la lay la lom".

Für das Finanzamt kann man Schutzgelderpresser einsetzen. Die richtige Mischung von Dummheit und Brutalität bei Zahlungsunfähigkeit: „Entschuldigung, sie waren doch erst vor zwanzig Minuten da, haben mir beide Arme gebrochen und alle Wertsachen mitgenommen" – „Echt? Egal. Fehlen noch 2.000.- Euro. Zahl du! Sonst Beine brechen."

Als Juristen eignen sich dann alle, die nicht an der Pisa-Studie teilgenommen haben! Alle wissen, wofür sie wie viel Knast aufgebrummt bekommen haben.

Atomkraftwerke könnte man dem Hüseyin anvertrauen. Der ist hochsensibel durch die gleichzeitige Einnahme von Speed und Marihuana. „Du, hier ist ne total miese Vibration. Echt schlechtes Karma. Krass böse Ausstrahlung. Mindestens 2.500 Becquerel." Und wenn er Joints geraucht hat, strahlt er auch noch selbst.

Oder die Polizei. Bei der Verkehrskontrolle: „Hallo du Wichser. Wie oft soll isch sagen, dass du dein Auto tiefer legen sollst. Isch schwöre, bei nächste Kontrolle, leg isch disch persönlich tiefer!" Und: „Ach nee, jetzt muss isch dein Auto komplett still legen. Wo ist dein Grill?"

Die Jobs von Chemikern, Apothekern und Innenausstattern werden von den Drogendealern übernommen. Die kennen schließlich jede Art von Stoff.

Mensch! Endlich haben wir dann keine Knappheit mehr an qualifiziertem Personal. Der Lehrer sagt dann zu den Eltern: „Eyh, euer Sohn ist voll Scheiße! Das schreibt ‚DER Tisch'!" - „Ja aber das ist doch richtig, oder?" - „Ja eben, eyh. Kann isch nischt dulden. Macht hier heimlich Pisa oder was. Voll Scheiße, eyh"

Günter hält sofort gegen Antons Argumente: „Willst Du damit sagen, dass wir den türkischen Kindern auch noch deutsch beibringen, sie erziehen und ausbilden müssen, Anton?" - „Naja, wir können ja auch warten bis der türkische Imam es tut." - „Nein, nein Anton. Das ist die Aufgabe der Eltern. Sie sind verantwortlich für ihre Kinder!" - „Man hat die Eltern dazu aufgerufen mit ihren Kindern nicht mehr türkisch zu sprechen. Das hat in manchen Haushalten wirklich sehr gut geklappt. Die Eltern haben nicht mehr türkisch gesprochen, sondern haben sich pantomimisch verständigt. Jetzt sind diese Kinder selber Eltern geworden und sollen – wenn es nach Dir und den Politikern geht – ihren Kindern etwas beibringen. Aber was denn? Pantomime? Das ist genau so, als würde man einem deutschen Kind auftragen nach Hause zu gehen und seinen Vater zu bitten, ihm Bauchtanz beizubringen. Da setzt es dann Schläge und man verursacht Gewalt in der Familie. Lukas Podolski hat das Fußballspielen auch nicht von seinen Eltern gelernt." - „OK, Anton. Die erste Generation ist entschuldigt! Aber was ist mit der zweiten und dritten Generation. Die müsste doch besser abschneiden!" -„Ja, Günther. Wer bildet in Deutschland die Kinder aus? Die Schulen, oder? Die türkischen Eltern von heute sind fast alle in Deutschland ausgebildet worden!" -„Ja und? Die Schule kann doch nicht alles leisten. Das müssen die Eltern tun." -„Ach so. Verstehe!"

Hauptsache, die Bildungseinrichtungen müssen sich nicht zu sehr anstrengen. Die Arbeit und die Verantwortung kann man einfach an die Eltern weitergeben. Man darf sich nicht wundern, wenn die Ärzte demnächst den Patienten zeigen, wie man operiert und die Angehörigen anweisen, zu Hause die Herzklappe selbst einzusetzen. Das Vorteil dabei ist: Wenn die Operation misslingt, können die Ärzte ja nicht schuld sein. Die Haftpflichtversicherungen der Mediziner freuen sich bestimmt.

Ohne schulische Ausbildung hat man keine reelle Chance für einen sozialen Aufstieg und Eingliederung in das soziale Gefüge. Viele der türkischen Kinder scheitern aber im deutschen Schulsystem und schaffen damit auch nicht den Einstieg in die Gesellschaft.

Man hat das Schulsystem und die Schulpflicht zu einer Zeit eingeführt, als man merkte, dass die Bildung durch die Eltern nicht gewährleistet werden kann. Unsere Großeltern waren da fortschrittlicher als mancher Politiker heute. Das jetzige Bildungssystem setzt gebildete Eltern voraus, die genug Zeit haben ihren Kindern Nachhilfe-Unterricht zu geben. Wenn das nicht der Fall ist, können die Kinder nur erfolgreich sein, wenn sie besonders begabt sind und ehrgeizige Ziele verfolgen.

Der Grundgedanke des deutschen Bildungssystems ist es, schnellstmöglich diejenigen Kinder lokalisieren, die zu Unterrichtsinhalt und –form passen, um sich danach nur auf sie zu konzentrieren. Was dann mit den anderen Kindern passiert, ist zunächst uninteressant oder zumindest nicht so wichtig. Die deutsche Bildungspolitik schafft Strukturen, als würde es sich um eine Fußballmannschaft eines angesehenen Fußballvereins handeln. Es werden die Kinder ausgewählt, die gebraucht werden können – die anderen werden nach Hause geschickt, denn die kann der Verein nicht gebrauchen. Dem Verein kann es egal sein, ob diese Kinder je wieder Sport machen oder nicht. Schließlich haben sie mit dem Verein nichts zu tun. Für einen Sportverein ist es völlig legitim sich so zu verhalten. Allerdings bescheinigt die OSZE jährlich wiederkehrend, dass das deutsche Bildungssystem Migranten und sozial Schwache benachteiligt. Deutschland ignoriert diese Erkenntnis unermüdlich.

Es wird leider komplett ausgeblendet, dass die Kinder, die vom Bildungssystem aussortiert wurden, nicht nach Hause gehen, sondern hier in Deutschland bleiben. Sie haben nur leider keine reelle Chance mehr einen Beruf zu erlernen und für ihren eigenen Lebensunterhalt zu sorgen. Was daraus folgt ist klar: Arbeitslosigkeit und Sozialhilfe, wenn sie nicht kriminell werden. Die Kinder dieser ‚Aussortierten' erwartet das gleiche Schicksal. Es sei denn, das Schulsystem wird in der Form reformiert, dass die Kinder unabhängig von ihren Eltern gefördert und gebildet werden. Sollten die Eltern dann ihren Kindern trotzdem helfen wollen, so wäre das begrüßenswert aber nicht mehr notwendig. Denn die Schulen würden den Kindern alle notwendigen Fördermaßnahmen zur Verfügung stellen, die die Eltern bedingt durch ihre Lebensumstände nicht geben können, absichtlich behindern oder sogar ablehnen.

Das auf Elternunterstützung aufgebaute deutsche Bildungssystem hat verheerende Auswirkungen, insbesondere bei den türkischen Einwandererfamilien. Über 60% der Gastarbeiter, die aus der Türkei kamen, hatten einen sehr niedrigen Bildungshintergrund. Teilweise hatten sie noch nicht einmal die obligatorische fünfjährige Grundschule abgeschlossen. Einige konnten noch nicht einmal lesen und schreiben - eine sehr schlechte Voraussetzung, um den eigenen Kindern bei den Schulaufgaben zu helfen. Und auch wenn von Seiten der Schule ein hoher Druck auf die türkischen Eltern ausgeübt wird – es ändert keinen Deut an dem Umstand, dass sie ihren Kindern nicht helfen können. Institutioneller Druck ersetzt keine fehlende Ausbildung.

Das Schulsystem der Türkei ist relativ einfach zu erklären. Es ist eingliedrig und die Module bauen aufeinander auf. Der verpflichtenden, fünfjährigen Grundschule folgen drei Jahre Mittelstufe und danach drei Jahre Gymnasium. Grundschule und Mittelstufe wurden zusammengelegt, so dass heute acht Jahre Schule Pflicht sind. Der größte Unterschied zum deutschen Schulsystem ist allerdings, dass die türkischen Schulen von den Eltern völlig abgekoppelt sind. Alles was ein Schüler zu lernen hat, wird in der Schule vermittelt. Die Eltern unterstützen die Arbeit der Schule vor allem dadurch, dass sie den Schulen freie Hand lassen und sich nicht in schulische Angelegenheiten einmischen. Die Einschulung erfolgt mit den Worten „Eti senin, kemigi benim" (Das Fleisch ist deins, die Knochen meins). Dies bedeutet, dass die Verantwortung für die Ausbildung und Erziehung des Kindes auf den Lehrer übergeht. Die Lehrer gehen davon aus, dass die Eltern den Unterrichtsstoff nicht kennen oder sogar vielleicht Analphabeten sind. Daher haben türkische Eltern in Deutschland große Probleme zu verstehen, warum sie sich plötzlich mit den Unterrichtsinhalten beschäftigen sollen.

Die Erwartung an die türkischen Eltern, ihren Kindern bei der Bewältigung der Unterrichtsinhalte zu helfen, ist genauso absurd wie die Annahme, dass ein Kranker sich selbst heilt, wenn man ihn oft genug dazu auffordert gesund zu werden. Dennoch wird in Deutschland nach wie vor an der Meinung festgehalten, dass die Eltern die Verantwortung für den schulischen Erfolg ihrer Kinder tragen. Die Eltern sollen sich bilden und für gut ausgebildete Kinder sorgen, damit Deutschland mit seinem Bildungssystem endlich im internationalen Vergleich glänzen kann. Mit dieser Schuldzuweisung und einem unrealistischen Lösungsansatz verweigert der Staat seine Verantwortung gegenüber seinen eigenen Bürgern. Es ist ein nicht durchdachter und nicht durchführbarer Ansatz.

Man hört keine realistischen Vorschläge, wie die Eltern erreicht und ausgebildet werden können. Der bloße Druck auf die türkischen Eltern hilft nicht weiter. Seit Jahren werden sie deswegen angeprangert – vermutlich meiden deshalb viele die Elternabende. Sogar manche türkische Organisationen wirken schon in dieser Art auf die Eltern ein. Aber es ändert sich nicht viel, es sei denn die Eltern engagieren Nachhilfelehrer, wenn sie sich dies leisten können.

Wenn die Eltern schon ihren Kindern helfen sollen, reicht es nicht Druck aufzubauen, sondern man muss sie dann entsprechend ausbilden. Dazu müssen allerdings drei fundamentale Fragen beantwortet werden:

1. Wie soll man die Eltern motivieren oder gar zwingen an einem Ausbildungsprogramm teilzunehmen?

Jeder, der schulpflichtige Kinder hat, weiß, wie schwer es ist, Eltern für ein gemeinsames Schulfest zu begeistern. Umso schwieriger wird es sein, sie für ein Bildungsprogramm zu motivieren. Man darf nicht vergessen, dass die Personengruppe, die man hier anspricht, zum großen Teil selber in der Schule gescheitert ist. Daher ist es eher unwahrscheinlich, sie freiwillig dazu zu bewegen noch einmal die Schulbank zu drücken.

Eine Schulpflicht für Eltern einzuführen oder ihnen mit Druckmitteln, wie dem Entzug des Kindergeldes zu drohen, wäre absurd und kontraproduktiv. Man kann vielleicht die Teilnahme an solchen Programmen erzwingen, nicht aber das erfolgreiche Abschneiden. Was ist, wenn die Eltern gegen ihren Willen an den

Ausbildungsprogrammen teilnehmen, aber kein Interesse am Unterricht zeigen? Was ist wenn sie zwar Interesse zeigen, sich aber trotz großer Mühen den Stoff nicht aneignen können? Was ist wenn sie teilnehmen, sich den Stoff aneignen aber trotzdem ihren Kindern nicht helfen?

2. Wie soll die Ausbildung der motivierten Eltern organisiert werden?

Die fünf landesweit für die Teilnahme an einem Bildungsprogramm motivierten Elternpaare können mit Leichtigkeit durch den jeweiligen Bildungsminister persönlich ausgebildet werden. Aber man ist der Überzeugung, dass es viele Eltern gibt, die an solchen Programmen teilnehmen möchten. Davon ausgehend, dass Erwachsene tagsüber arbeiten, muss ihre Ausbildung also am Abend erfolgen. Die Eltern sind dann in der Abendschule, während die Kinder zu Hause alleine ihre Hausaufgaben machen - unbeaufsichtigt, freiwillig und ohne Hilfe, statt vor dem Fernsehen zu sitzen oder Computerspiele zu spielen. Zusätzlich müssten die Kinder dann natürlich selber einkaufen, kochen und das Haus sauber halten, damit die Eltern sich auf ihre Hausaufgaben konzentrieren können.

Wie lange soll die Ausbildung der Eltern dauern? Setzt man allein die deutsche Schulpflicht voraus, so wären das acht Jahre. In welchen Fächern soll ausgebildet werden? Am besten wohl in allen Fächern, da man nicht weiß, welches Kind welchen Ausbildungsgang einschlägt. Und wer kümmert sich in dieser Zeit um das Wohl der Kinder?

Eine Mammutaufgabe ohne viel Sinn! Bis die Eltern soweit sind, dass sie ihre Kinder ausbilden können, haben die Kinder bereits ohne Abschluss die Schule verlassen.

3. Wer soll das finanzieren?

Bereits jetzt werden fehlende Finanzmittel als Argument vorgeschoben, warum das deutsche Bildungssystem nicht verbessert werden kann. Schulgebäude werden zum Teil mühsam mit Elternarbeit instand gehalten. Wie soll man bei dieser Situation noch das notwendige Geld für die zusätzliche Ausbildung der Erwachsenen organisieren? Neben der Grundfinanzierung werden auch geeignete Lehrkräfte benötigt, die sich in der Erwachsenenbildung auskennen. Gibt es dafür genug qualifizierte Kräfte? Oder müssen zusätzlich Lehrer ausgebildet werden?

Diese Fragen sind elementar und würden solch ein Programm zum Scheitern bringen. Aber bislang geht niemand darauf nicht ein.

Die Ausbildung der Kinder über deren Eltern organisieren zu wollen ist unsinnig. Während man sich auf die Elternarbeit konzentriert, würde schon wieder die Ausbildung der Kinder vernachlässigt werden, die in kurzer Zeit selber Eltern werden. Wenn man optimale Elternarbeit erreichen will, sollte man mit den zukünftigen Eltern anfangen, die in unseren Schulen sitzen und auf die Hilfe der Lehrer warten.

Abgesehen von den nicht gebildeten Eltern sind auch die Akademiker, die ihre schulische Ausbildung in der Türkei abgeschlossen haben, nicht in der Lage ihre Kinder bei allen Hausaufgaben zu unterstützen. Wer nachträglich deutsch gelernt hat, beherrscht die Sprache meistens nicht ausreichend, um die eigenen Kinder im Fach Deutsch zu unterstützen. Bei den Fächern Geschichte und Geographie kennt man sicherlich die Fakten – meistens aber die des Herkunftslandes und nicht so sehr die Inhalte, die Deutschland betreffen. Bei den naturwissenschaftlichen Fächern Biologie, Physik und Chemie könnte man helfen, wenn man die dazugehörige Terminologie kennen würde – sie stimmt sicher nicht mit den türkischen Fachbegriffen überein. Mathematik könnte sich für die Nachhilfe sehr gut eignen, wenn man die in Deutschland unterrichtete Methodik kennt und sie genauso erklären kann. Aber gerade in der Methodik gibt es leider sehr viele Unterschiede. Das Einzige, was ein türkischer Akademiker vielleicht besser kann als ein unzureichend gebildeter Türke ist, die Lage seines Kindes besser einzuschätzen und bei Bedarf Nachhilfe zu organisieren. Vorausgesetzt er verdient genug Geld.

Das Bildungssystem vernachlässigt die Migrantenkinder. Ist das vielleicht der Grund?

Deutsche Sprache, schwere Sprache

Dieser Spruch ist nicht von mir, sondern von deutschen Muttersprachlern. Der oft gehörte Ausspruch „Lernt erstmal deutsch und dann sehen wir weiter!" hat daher etwas Hinterhältiges im Sinn. Er verfolgt das Motto: „Bis jetzt hat es auch keiner von uns geschafft, dann werdet ihr Ausländer es erst recht nicht schaffen. Dann brauchen wir uns auch nicht mit euch zu beschäftigen!"

Letztens sagte mir Günter: „Ach Anton. Weißt du, es stört mich auch, wenn die Türken im Bus türkisch reden und ich verstehe nichts" - „Du willst türkisch lernen?" - „Nein. Natürlich nicht wofür soll ich das tun?" - „Aha, OK. Aber willst du wirklich verstehen, was die Türken im Bus reden? Aber dann ist die Überraschung weg! Du weißt dann, wo der nächste Anschlag geplant ist. Obwohl, wenn du genauer hinhörst verstehst du einiges. Meistens sagen die so etwas wie: „Ich schwöre Freitag günü Bahnhof daki Papierkorb a Bomba koyucam, Explodieren edince mindestenst hundert Leute tot olucak."

Mancher Türke hat Probleme das zu verstehen.

Ich bin an der deutschen Sprache gescheitert. Spätestens als mir klar wurde, dass ich mir die Artikel der einzelnen Worte nicht merken konnte. Bis heute habe ich den Sinn von Artikeln nicht verstanden. Der Tisch! Dass ein Tisch in Deutschland männlich ist, kann ein Türke nicht nachvollziehen. Aber seitdem sie das wissen, lassen sie ihre Frauen nicht mehr mit dem Tisch alleine zu Hause: „Ayse, ich bin zur Arbeit! Solange schließe ich den Tisch im Keller ein!"

Ist es der Ketchup oder das Ketchup? Darüber streiten sich die Muttersprachler. Wenn ich mich in die Diskussion einmische und als Artikel „die" vorschlage, ist die Eskalation nicht mehr zu vermeiden. Aber warum denn nicht „die Ketchup"? Anscheinend sind die Artikel ohnehin willkürlich festgelegt worden. Dann lasst mich doch auch mal einen festlegen.

Die Deutschsprachler legen auch Artikel für Wörter fest, die es im Deutschen ursprünglich gar nicht gab. Zum Beispiel „die" Pizza. Und neulich sagte meine Frau zu mir: „Das Börek hat mir gut geschmeckt." – „Hey! Warum denn „das" Börek?" sagte ich. „Börek ist türkisch und hat keinen Artikel. Und wenn Börek unbedingt einen Artikel bekommen soll, dann darf ich als in Köln lebender Deutscher mit türkischem Migrationshintergrund ihn selbst bestimmen: DAT Börek! SO!"

Kann man nicht deutsch reden ohne die Artikel zu kennen? Doch! Wie es uns so mancher Jugendlicher heute vormacht: „Ich muss morgen Schule, weil Lehrer ganz streng!" Spätestens dann fällt auf, dass es sich bei dem Jugendlichen nicht um einen Muttersprachler handelt. In Köln ist es ein wenig einfacher. Wenn man den Artikel nicht kennt, kann man ins Kölsche wechseln und „dat" sagen. Es gibt für die Nicht-Muttersprachler auch andere Tricks, um die Artikel zu umgehen. Zum Beispiel ständig im Plural reden. Denn der Artikel wechselt im Plural immer auf „die"! Dabei entstehen dann leider nicht immer vernünftige Sätze: „Ich gehe heute Abend mit die Frauen in die Kinos und sehe mir die neuen Filme an!"

Es ist sehr schwer Deutsch zu sprechen, geschweige denn zu schreiben. OK, wir hatten zwischenzeitlich eine Rechtschreibreform. Dadurch wurde das Schreiben etwas einfacher - für die, die ohnehin keine Probleme mit der Rechtschreibung hatten. Aber nach wie vor höre ich Diskussionen zwischen Sekretärinnen, die ja Fachleute für das Schreiben sind, ob zum Beispiel „bezugnehmend" klein oder groß, zusammen oder auseinander geschrieben wird.

Wenn man die Sprache nicht perfekt beherrscht, fällt das sofort auf. Egal, ob man eine Mietwohnung sucht oder sich für eine Stelle bewirbt. Schon am Telefon wird klar, dass hier ein Migrant spricht. Sogar ein sprachtalentierter Akademiker ist nicht in der Lage die Sprache nachträglich so perfekt zu beherrschen, dass der Migrationshintergrund nicht zu erkennen ist. Umso mehr gilt dies für die kaum gebildeten türkischen Gastarbeiter, die nicht einmal ihre eigene Sprache ausreichend beherrschen.

Wenn man als Kind die Muttersprache erlernt, kennt man die Grammatik nicht, weiß aber trotzdem, was richtig und was falsch ist.

Für einen Ausländer reicht es nicht, den jeweils richtigen Artikel zu kennen. Denn wenn er einen Satz bildet, muss er den Artikel von Anfang an richtig einsetzen. Wie zum Beispiel in dem Satz: „Ich habe eine schöne, zentral gelegene, große Wohnung, die in einem der interessantesten und beliebtesten Stadtteile Berlins liegt." Bevor man den Satz beginnt, muss man genau wissen, welches Wort man für sein zu Hause - die Unterkunft, das Penthouse, die Wohnung, das Appartement - benutzen will. Denn davon hängen die Endungen von schön, gelegen und groß ab: „Ich habe ein schönes, zentral gelegenes, großes Appartement, das in einer der schönsten und beliebtesten Gegenden Berlins liegt."

Aber ein Muttersprachler denkt nicht nach, er hat ein sicheres Gefühl für alle Standard-Formen. Um diese Fähigkeit nachträglich zu erlangen, reicht es nicht, für ein Jahr einen Sprachkurs zu besuchen, ein Sprachtalent zu sein oder eine höhere Bildung genossen zu haben. Dazu gehört ein mehrjähriges ehrgeiziges Intensivtraining, ähnlich dem einer Agentenausbildung. Die habe ich bisher nirgends gefunden, aber es wird sie bestimmt irgendwo geben. Vermutlich in Pullach.

Zur deutschen Sprache gehört natürlich nicht nur Hochdeutsch, sondern auch alle Feinheiten der Sprache, wie zum Beispiel regionale Begriffe, umgangssprachliche Ausdrücke und Redewendungen, Doppeldeutungen, Ironie, Kindersprache, uralte Worte, die gar nicht mehr im Sprachgebrauch sind, Liedtexte und anderes mehr. Die müsste ein Ausländer auch beherrschen, wollte er sich sprachlich barrierefrei durch Deutschland bewegen. Trotzdem wäre er immer noch nicht in der Lage bayrisch zu verstehen.

Und trotzdem. Nachdem ich alle verfügbaren Intensivtrainings durchlaufen habe, verstehe ich die Leute immer noch nicht: „Ach Anton, diese Location ist sensational, weisst du? Mein home ist my Castle. Das ist so emotional für mich!" - "Scusi, Signore? Eyh, wollt ihr mich verarschen oder was? Was ist das denn hier? Pizza Funghi?" - "Sorry? Anton, relax doch mal! Cool down."

Wenn der Ausländer all das geschafft hat, dann bleiben nur noch Anglizismen und die in einem italienischen Restaurant üblichen Begrifflichkeiten, die er noch lernen muss. Hoffentlich ist er dann endlich tot.

Und nicht zuletzt gibt es Gott sei Dank ja den Duden, in dem man nachschauen kann. Das wird sogar sehr gerne getan, denn diese schwierige Sprache liefert einen unschätzbar großen Vorteil, den man gegen die Ausländer einsetzen kann. „Lernt erst mal deutsch! Und dann sehen wir weiter!" Damit sind wir sie für immer los.

Für Nichtmuttersprachler ist die deutsche Sprache schwer zu erlernen. Ist das vielleicht der Grund?

Deutschland ist ein Religionsstaat

- „Wie ist es denn eigentlich, Anton. Bekennst du dich zu unserer Verfassung?"
- „Kann ich sie denn ablehnen?" - „Ich meine, kannst Du sie unterschreiben?"
- „Nein. Ich unterschreibe nichts bevor ich es nicht gelesen habe. Ich bin jetzt bei Paragraf 113 in Band 24 der kommentierten Ausgabe. Allerdings gefällt mir der Artikel 27 so gar nicht. Du weißt was ich meine? Aber du kennst doch den Artikel? Nein? Also Artikel 27 besagt, dass alle deutschen Hochsee-Kauffahrtschiffe eine einheitliche Handelsflotte bilden. Ich finde aber, dass die Binnenschifffahrt auch eigene Handelsflotte haben sollte. Naja, wenn man den Artikel 27 ändert, dann kann ich sie annehmen. Ist es das, was Du wissen wolltest?" - „Puh! Sehr gut, vorbildlich, das ist sehr schön Anton!" - „Obwohl… Ich hab da noch eine Frage bezüglich des Paragrafen 3. Darin heißt es: „Niemand darf wegen seines Glaubens, seiner religiösen Anschauungen benachteiligt oder bevorzugt werden." - „Ja, richtig. Sehr gut, Anton. Wir sind stolz auf dich." - „Komisch. Neulich wollte ich meine Tochter in einem Kindergarten anmelden. Und die Leiterin hat mich gefragt:

- „Welche Konfession haben sie, bitte?"
- „Wie dafür brauche ich jetzt auch noch eine Konzession?" habe ich geantwortet.
- „Nein, ich meine Konfession, nicht Konzession."
- „Ich glaube XL."
- „Ich meine nicht ihre Kleidergröße. Was haben sie für eine Religion?"
- „Wir sind Moslems."
- „Oh. Das tut mir aber leid, wir haben keine Kontingente mehr für Moslems Wir haben nur noch Platz für vier evangelische und zwölf katholische Kinder."
- „Echt? Mist! Na ja gut, dann werden wir eben Katholiken."
- „Das geht aber nicht so einfach, wie sie sich das jetzt denken!"

„Sag mal, Günter, muss die Kirche sich bei Euch nicht an die Verfassung halten?" - „Anton! Du bist aber naiv. Du nimmst alles so wörtlich. Jetzt sei doch nicht gleich beleidigt! Nur weil wir Verfassungsgrundsätze haben, müssen wir uns noch lange nicht dran halten, oder? Du sollst dich dazu bekennen! Aber noch bestimmen wir, wann wir sie anwenden. Ist es denn in der Türkei besser oder was? Warum bist du denn hier, wenn es dir hier nicht gefällt? Geh doch rüber in die Türkei, wenn es da besser ist!"

Einige Politiker sagten in der Vergangenheit: „Hier ist das christliche Abendland. Übernehmt endlich die christlichen Werte!" Das sagen sie den Moslems! Nur um das einmal klarzustellen. Das ist in etwa so, als wollte man einem Vegetarier eine Banane schmackhaft machen indem man sie auf Schweinemett serviert: „Nimm doch! Ist doch lecker, oder?" Dabei hat der ‚wahrhafte Moslem' urchristliche Werte längst verinnerlicht: Keine Gleichberechtigung von Mann und Frau, keine Meinungsfreiheit, sie sind gegen Homosexualität. Obwohl… na ja, wir lassen die katholische Kirche jetzt mal außen vor, sonst müssen wir Moslems noch mehr Kriterien erfüllen: Sexueller Missbrauch von Schutzbefohlenen, Pädophilie, Baukostenverschleierung… Ich habe einmal meine Warnblinkanlage missbraucht und sie aus einem inneren Begehren heraus bei freier Fahrt einfach eingeschaltet. Sofort erhielt ich einen Strafzettel. Zur Umgehung der Strafe habe ich dem Polizisten angeboten, einen runden Tisch einzurichten. Die Opfer meines Warnblinkanlagen-Missbrauchs könnten sich ja dann direkt bei mir melden. Ging aber nicht. Das deutsche Rechtssystem kennt keinen Spaß - wenn es um eine Warnblinkanlage geht.

Um die christlichen Werte zu übernehmen, haben einige muslimische Organisationen sogar die Inquisition eingeführt: Menschen foltern und töten, Andersgläubige terrorisieren… Und das wirklich nur um die christlichen Werte zu erfüllen. Gut. Sie sind nicht so erfolgreich wie die katholische Kirche. Aber im Mittelalter gab es ja auch noch nicht diesen ganzen Menschenrechtsquatsch - Haager Gerichtshof und so'n Scheiß. Aber bald haben die Muslime alle Kriterien erfüllt. Danach müssen wir diese Werte nur noch wieder aus ihnen heraus prügeln. Damit sie das Grundgesetz unterschreiben können. Oder meint wirklich jemand, dass die Meinungsfreiheit christlich ist?

„Aber Anton! Es geht doch bei den christlichen Werten um die zehn Gebote!" - „Um welches der zehn Gebote denn zum Beispiel?" - „Na ja, zum Beispiel... hmm… ich bin ja nicht so bibelfest… hmm…ah ja, da hab ich eines. Hier: Du sollst nicht töten!" - „Wie ich soll nicht töten? Wann denn? In der Fastenzeit? Und wie lange denn? Gar nicht? Mein Leben lang nicht? Hey das kann man doch nicht von einem Türken verlangen. Noch nicht mal ein Mord innerhalb der Familie? Ihr seid aber sehr streng. Du sollst nicht töten! So ein Gebot kenne ich aus keiner anderen Religion. Bei uns zum Beispiel heißt es: Töte! So lange du kannst. So oft Du willst.

Ich habe die zehn Gebote gelesen. Ich finde sie gut. Am besten gefällt mir das Gebot zur Nächstenliebe. Das ist ein attraktives Angebot für einen Türken: Liebe die Frau deines Nächsten wie deine Eigene. Dann hat er viel mehr Frauen, muss sie aber nicht ernähren. So schlau sind die Christen! Aber warte mal: Gilt ‚Du sollst nicht töten!' nur für Christen untereinander? Oh Gott. OK. Dann bin ich jetzt Christ. Und, äh, Entschuldigung, was macht denn deine Frau heute Abend? Ich habe gehört, die Nächstenliebe ist Euch sehr wichtig und ihr wärt sehr tolerant." - „Aber Anton. Natürlich sind wir tolerant. Aber wir haben jetzt lange genug Toleranz gezeigt. Damit sollte das Problem gelöst sein, oder?" – „Das stimmt. Das habe ich auch meiner Frau gesagt. Als sie mich fragte: ‚Findest du meine Frisur schön?' habe ich geantwortet: ‚Schatz, ich toleriere sie!' Komisch, dass sie mich verlassen hat. Ich hätte sie noch ein paar Monate toleriert. Dann wäre es aber auch wirklich gut gewesen."

Deutschland ist eine religiöse Gesellschaft. Ein Gottesstaat?

Das klingt jetzt sicher sehr provozierend, ist aber aus der Sicht eines Nichtchristen eine Realität. Und bezogen auf die Integration spielt dieser Umstand eine erhebliche, sich negativ auswirkende Rolle. Die meisten Menschen in Deutschland werden dieser Wahrnehmung widersprechen, da sie sich unter ‚sehr religiös' nur Fundamentalisten vorstellen können. Dabei geht es darum, welchen Platz die christliche Religion in der Gesellschaft und im Alltag eingenommen hat. Wenn man in Deutschland sozialisiert wurde erscheinen einem viele dieser Phänomene als Normalität. Und Ihr werdet vielleicht sagen: „In anderen Länder ist es auch nicht besser!" oder „Das ist doch vollkommen in Ordnung, so wie es in Deutschland läuft". Und das schlimmste ist, dass manche sagen werden: „Ist es in der Türkei besser, oder was?" Ja es war besser, als ich dort lebte. Aber das spielt keine Rolle. Auch wenn es ein anderes Land gibt, in dem die Zustände schlechter sind, so wird es unsere Probleme in Deutschland auch nicht lösen. Wenn religiöse Lebensarten die Integration in Deutschland negativ beeinflussen, dann sollte man dies zumindest zur Kenntnis nehmen. Und dann vielleicht Korrekturen vornehmen.

Wer zum Beispiel in einem Land wie Frankreich lebte, in dem die Religion wenig Einfluss hat, wird schnell den Unterschied erkennen, wie die Trennung von Staat und Kirche funktionieren kann. Aus dieser Perspektive wird ersichtlich, dass der Alltag in Deutschland sehr stark durch die christliche Religion geprägt ist. Die folgenden Vergleiche mit einem laizistischen Staat verdeutlichen dies. Dabei geht es mir nicht um den christlichen Glauben an sich.

Das deutsche Grundgesetz beginnt in seiner Präambel mit dem Bezug auf Gott: „Im Bewusstsein seiner Verantwortung vor Gott und den Menschen…
In der Türkei ist der Leitfaden ausschließlich Demokratie und Laizismus.

Die typische deutsche Hochzeit ist eine religiöse Zeremonie, die durch die Geistlichen in der Kirche ausgeführt wird.
In der Türkei dürfen Ehen ausschließlich im Standesamt geschlossen werden.

Bis auf den Tag der deutschen Einheit gibt es in Deutschland ausschließlich christliche Feiertage.
In der Türkei stehen zwei Drittel der Nationalfeiertage nur einem Drittel islamischen Feiertagen gegenüber.

In vielen Gerichten hängen Kreuze bzw. Kruzifixe an der Wand, obwohl die Gerichte eigentlich ein Ort der Unabhängigkeit sein sollten.
In der Türkei sind in den Gerichten keine religiösen Symbole erlaubt.

In deutschen Schulen hängen Kruzifixe, obwohl dies sogar von Bundesverfassungsgericht verboten wurde.
Alle religiösen Symbole in Schulen sind in der Türkei strikt verboten.

In Krankenhäusern und vielen öffentlichen Gebäuden hängen wie selbstverständlich ein oder mehrere Kreuze.
In der Türkei: Fehlanzeige

Die größte Volkspartei in Deutschland ist die Christlich Demokratische Union. Ihre Parteitage beginnen mit einem Gottesdienst.
In der Türkei dürfen sich die Parteien nicht öffentlich zu einer Religion bekennen.

Viele Einschulungen beginnen in Deutschland mit einem ökumenischen Gottesdienst.
In der Türkei werden Reden gehalten und die Nationalhymne gespielt.

In Hotels und anderen Unterkünften ist die Bibel Standardliteratur in den Nachtkommoden.
Die Schubladen der türkischen Übernachtungsmöglichkeiten sind leer.

Der Sonntag ist in Deutschland ein auf die Bibel zurückgehender, christlicher Ruhetag und darf nicht gestört werden.
Der im Islam dem Sonntag entsprechende Freitag ist in der Türkei ein normaler Arbeitstag.

Es gibt renommierte deutsche Unternehmen, die Namen wie Christ oder Christies tragen.
Keine Unternehmen in der Türkei heißt Islam.

Die klassische Kette mit einem Kreuz als Anhänger tragen in Deutschland sogar nichtreligiöse Menschen.
Das Kopftuch als religiöses Symbol wird in der Türkei immer häufiger getragen.
Allerdings war es bis vor kurzem im öffentlichen Dienst verboten.

Diese Liste könnte noch weiter geführt werden. Aber viele Menschen in Deutschland würden sagen „Na und? Das ist doch normal so!" Diese Aussage zeigt allzu deutlich, dass gelebte Religiosität so normal ist, dass es kaum mehr einem auffällt. Noch einmal: Es geht hier nicht darum, Deutschland wegen seiner religiösen Grundhaltung zu kritisieren sondern darum, die Bedeutung der Religion im Alltag festzustellen.

Die hohe Bedeutung des Christentums in der Gesellschaft erschwert natürlich die Eingliederung anderer Glaubensgemeinschaften, insbesondere die des Islams. Die beiden Religionen haben sich in der Vergangenheit bis aufs Blut bekämpft und nach wie vor konkurrieren sie miteinander.

Wenn muslimische Türken mit Deutschen in Verbindung kommen, begegnen sie häufig – oftmals sogar unbewussten - christlichen Ritualen, die, je nach Religiosität der Muslime, einer Freundschaft im Wege steht.

Wenn zum Beispiel ein gläubiger Moslem von einem deutschen Kollegen zu dessen Hochzeit eingeladen wird, könnte er die Einladung ablehnen, weil sie in einer Kirche stattfindet. Er würde natürlich seine Ablehnung nicht mit diesem Umstand begründen wollen, sondern vermutlich terminliche Schwierigkeiten oder andere Ausreden vorschieben. Im Resultat würde sich das Hochzeitspaar von dem türkischen Kollegen nicht geschätzt fühlen und sich eher distanzieren.

Jedes Jahr gibt es in fast allen deutschen Schulen Weihnachtsfeiern. Viele Muslime bleiben diesen Feiern fern. Ich wurde gefragt, ob ich den Grund für das Fortbleiben kennen würde und wie man diese Familien zum Kommen motivieren könne. Meine Antwort war: „Vielleicht stören sie sich an der Bezeichnung Weihnachtsfeier. Weihnachten ist etwas Christliches. Man könnte die Veranstaltung Winterfest oder Sternenfeier nennen, vielleicht kommen sie dann." Daraufhin schlug mir allseitige Empörung entgegen: „Nur damit die Türken kommen, müssen wir doch nicht die Bezeichnung ändern. Außerdem gibt es bei der Feier doch schon gar nichts Religiöses mehr." Man hat mich nach einer Lösungsmöglichkeit gefragt und ich habe geantwortet. Am Ende waren alle beleidigt.

Auch wenn solche Vorkommnisse auf den ersten Blick nicht so gravierend zu sein scheinen, bergen sie doch ein großes Konfliktpotenzial in sich. Wer diesen Konflikt nicht aushalten kann, muss den Kontakt mit anderen Kulturen vermeiden. Anscheinend haben in der Vergangenheit viele diesen Weg gewählt.

Außerdem führt der hohe Stellenwert der Religion in Deutschland dazu, dass die Türken religiöser werden und sich immer stärker zu ihrer eigenen Religion bekennen.

Es ist schwierig, zwei gläubige Menschen aus konkurrierenden Religionen zum harmonischen Zusammenleben zu bewegen. Ist das vielleicht der Grund?

Der Einfluss der Kirchen

Die beschriebene ‚ungebundene' Religiosität der Gesellschaft ist sicher auch zurück zu führen auf den großen gesellschaftlichen Einfluss der Kirchen und deren Organisationen.

Laut Grundgesetz setzen die Kirchen ihre Statuten selber fest. Das bedeutet, dass viele Gesetze auf sie gar nicht anwendbar sind. So zum Beispiel das Arbeitsschutzgesetz. Sie betreiben Krankenhäuser, Kindergärten, Schulen, Beratungsstellen, Bildungseinrichtungen und können darüber großen Einfluss ausüben.

Der Staat treibt die Kirchensteuer unentgeltlich ein und übergibt sie den Kirchen. Um bei katholischen Einrichtungen arbeiten zu können, muss man selbst sowie alle Familienangehörigen getauft sein. Ebenso muss man kirchlich verheiratet sein. Wer sich oder seine Kinder nicht taufen, sich scheiden lässt oder in wilder Ehe lebt, kann den Arbeitsplatz verlieren.

An den staatlichen Schulen wird nach wie vor konfessioneller Religionsunterricht erteilt, bei dem die Kirche nicht nur den Unterrichtsinhalt bestimmt, sondern auch festlegt, wer unterrichten darf. Auch wenn die Religionslehrer, genau wie der Rest des Kollegiums, von der öffentliche Hand finanziert werden, können die Kirchen ihnen die Erlaubnis entziehen in diesem Fach zu unterrichten – zum Beispiel wenn eine Lehrerin in ‚wilder Ehe' lebt.

Die Leiter der Schulen müssen die Einschulungsfeiern mit den örtlichen Geistlichen abstimmen.

Bei politischen Entscheidungen werden die Kirchen angehört.

2 α A

Der Erzbischof von Köln

D-50606 Köln, den 17.11.2006

0 4. DEZ. 2006

Nibelungenstr. 50 a, 50739 Köln

Richtlinie des Erzbischofs zu multireligiösen Feiern in Schulen

Die Sensibilität für Gläubige anderer Religionen ist bei Christen in unserem Land in den letzten Jahrzehnten gewachsen – auch in katholischen Schulen. So laden manche Schulen zu bestimmten Anlässen, etwa zur Schulentlassung oder aus aktuellem Anlass, zu sog. „Multireligiösen Feiern" ein.

Allerdings ist zu betonen, dass es zum Wesen des interreligiösen Dialogs gehört – in dessen Kontext multireligiöse Feiern zu sehen sind –, dass jeder Partner mit der ganzen Integrität seines Glaubens teilnimmt (vgl. Dominus Iesus 22). Das Gottesbild der nichtchristlichen Religionen ist nicht identisch mit dem Gott, der Vater unseres Herrn Jesus Christus ist. Daher sind gemeinsame Gottesdienste nicht möglich. Jede Gemeinschaft kann daher nur allein zu ihrem Gott beten. Geschieht das gemeinschaftlich, muss die jeweils andere Gruppe schweigend dabei stehen.

Das ist aber für Kinder nicht zumutbar. Da der Glaube von Kindern und Jugendlichen noch nicht als vollständig entfaltet anzusehen ist, besteht hier Anlass zur Sorge, dass die für das Verständnis von multireligiösen Feiern notwendige Differenzierung nicht ausreichend gegeben ist. So sind multireligiöse Feiern im Bereich der Schulen nicht sinnvoll, da durch die für Kinder und Jugendliche schwierige Unterscheidbarkeit von multireligiösen Feiern und katholischen und ökumenischen Gottesdiensten die Gefahr einer Verwirrung droht.

Daher sollen im Erzbistum Köln keine multireligiösen Feiern für Schülerinnen und Schüler an Schulen stattfinden.

Die Pastoralen Dienste und die katholischen Religionslehrerinnen und –lehrer, die im Erzbistum Köln Religionsunterricht erteilen, haben Sorge dafür zu tragen, dass etwaige multireligiöse Feiern in jedem Fall ohne Beteiligung der Katholischen Kirche stattfinden.

Schulen im Erzbistum Köln mit einem multikulturellen Umfeld sowie einer integrativen Schulkultur können also stattdessen einen anderen Weg beschreiten: Zu bestimmten Anlässen feiern die jeweiligen Glaubensgemeinschaften an getrennten Orten ihren jeweiligen Gottesdienst, wobei bei katholischen Schulen davon auszugehen ist, dass es sich um einen katholischen Gottesdienst handelt. Anschließend kann dann ggf. im Rahmen einer Begegnung aller in der Schule ein kurzes Grußwort eines Vertreters der Katholischen und Evangelischen Kirche sowie der muslimischen Gemeinschaft erfolgen.

Der beim Zweiten Vatikanischen Konzil begonnene ehrliche Dialog mit den nichtchristlichen Religionen, den sowohl Papst Johannes Paul II. als auch Papst Benedikt XVI. weitergeführt haben bzw. führen, bleibt Auftrag der Kirche im Erzbistum Köln.

Joachim Kardinal Meisner
Erzbischof von Köln

Das Schreiben vom Kardinal Meisner an die Schulen.

127

Staatliche Organe wie Ordnungsamt oder Polizei setzen die christlichen „stillen Feiertage" mit Staatsgewalt durch. An diesen Tagen ist je nach Bundesland - neben Tanz- und Musikveranstaltungen - zum Beispiel auch das Umziehen nicht erlaubt.

Die meisten Pfadfinder- und örtlichen Jugendorganisationen sind in der Obhut der Kirchen.

Wenn der Papst Deutschland besucht, wird er als Staatsoberhaupt empfangen und respektiert. Er darf im Bundestag richtungsweisende Reden halten.

Ein Pfarrer ist Bundespräsident und eine Pfarrerstochter Bundeskanzlerin. Das wird gemeinhin als positiv wahrgenommen.

Es gibt sicherlich noch mehr Beispiele, die die Macht der Kirchen in Deutschland verdeutlichen. Den eindeutigsten Hinweis für ihre machtvolle Sonderstellung liefert die Tatsache, dass bei der Vielzahl von Kindesmissbräuchen und deren jahrelanger systematischer Vertuschung kein einziger Kirchenangehöriger angeklagt, geschweige denn verurteilt worden ist. Im wahrsten Sinne des Wortes hat die Kirche ihre Angelegenheiten in ihrer Art erledigt.

Was denken eigentlich diese einflussreichen Institutionen über die Integration? Natürlich propagieren sie das friedliche Zusammenleben mit den Anderen. Aber in der Praxis versuchen sie selbstverständlich ihre Mitglieder zu halten und neue hinzu zu gewinnen. Genau wie alle anderen Glaubensgemeinschaften haben sie das Ziel, immer größer und mächtiger zu werden. Dieses Ziel führt zum Interessenskonflikt mit dem Integrationsgedanken. Denn daraus folgend, werden die überwiegend muslimischen Türken von den Kirchen eher als Konkurrenten gesehen und nicht als Personen, mit denen Freundschaft gepflegt werden sollte. Durch den getrennten Religionsunterricht und getrennte religiöse Feiern verhindern sie sogar die Begegnung und Durchmischung.

Diese Vermutung wird durch einen Brief von Kardinal Meisner an alle Schulen, auch die öffentlichen, aus dem Jahr 2006 bestätigt. Darin fordert er die Schulrektoren auf, die interreligiösen Feiern zu unterbinden, damit die Kinder in ihrer religiösen Entwicklung nicht gestört werden. Bei Verstößen droht er mit dem Entzug der Erlaubnis, Religionsunterricht zu erteilen. Die Reaktionen der verantwortlichen Politiker waren eher zurückhaltend, wodurch die Macht der Kirche noch einmal verdeutlicht wird.

So bleibt es beim getrennten Religionsunterricht an dessen Ende ein jeder viel über die eigene und nichts über die anderen Religionen weiß. Vorurteile werden dadurch gefördert statt abgebaut und die unterschiedlichen religiösen Gruppierungen schon im Kindesalter voneinander entfernt.

Die Kirchen wollen nicht, dass die Religionen sich miteinander vermischen. Ist das vielleicht der Grund?

Deutschland ist in weiten Teilen introvertiert und traditionell geprägt

Manchmal erwischt mich meine Frau wenn ich im September nur mit einem T-Shirt bekleidet und ohne Jacke ins Freie will: „Hey, es ist viel zu kalt draußen. Du kannst so nicht so raus gehen". Ich finde das irritierend: „Eyh, warum denn nicht? Bis 21. September haben wir noch Sommer. Soll ich eine Jacke anziehen nur weil September ist?" Sie aber besteht darauf: „Ja natürlich musst du dich dicker anziehen, wenn es draußen nur noch 12 Grad hat und es regnet." Aber ich will das einfach nicht wahr haben. Es ist nachweislich noch Sommer und im Sommer zieht man keine warme Jacke an. Basta! Blöderweise habe ich nach ein paar Tagen Schnupfen, der sich zu einer handfesten Bronchitis entwickelt. Aber was soll's? Im Sommer zieht man dünne Sachen an. Wann soll man sonst die kurzärmligen Hemden tragen? Das Wetter ist selbst schuld, wenn es mitten im Sommer so kalt wird.

Die deutsche Gesellschaft verhält sich nicht viel anderes. Seit Anfang der 60'er Jahre sieht man in Deutschland überall vermehrt Italiener, Portugiesen, Türken, Spanier und Polen. Spätestens ein Blick in die Zeitung bestätigt, dass sie hier leben und arbeiten. Aber Deutschlands Ureinwohner sprechen noch immer von einer deutschen Leitkultur, die man nicht ändern dürfte. Zumindest darf sie nicht getürkt werden. Es soll alles beim Alten bleiben. Zwar sieht man neue Gesichter aus anderen Kulturen aber man ignoriert sie und hofft insgeheim, dass es sich hier nur um ein seltenes Naturphänomen wie zum Beispiel ein Sankt Elms Feuer handelt. Einige halten es daher für eine Art optische Täuschung und machen so weiter wie bisher. Man wundert sich höchstens, warum diese Erscheinungen nicht selbstständig wieder verschwinden.

Man mag in Deutschland keine Veränderungen. Auch wenn sie Verbesserungen bringen würden. Zum Beispiel sollten die komplizierten Rechtschreibregeln geändert und vereinfacht werden. Alle Argumente sprachen dafür: Es gibt zu viele Regeln und zu viele Ausnahmen von diesen Regeln. Der Durchschnitt der Bevölkerung war daher nicht in der Lage fehlerfrei zu schreiben. Trotzdem gab es großen Widerstand gegen die Reformabsichten. Alle Vorschläge wurden erfolgreich bekämpft, bis am Ende nur noch ein paar kleine Verbesserungen durchgesetzt werden konnten. Die Menschen, die mit der Rechtschreibung ohnehin Probleme hatten, wissen jetzt endgültig nicht mehr, was richtig und was falsch ist. Die Skeptiker behielten Recht. Die Situation ist dank der erfolgreichen Arbeit der Reformgegner nicht besser geworden.

Steven Spielberg plant einen neuen Horrorfilm, der allerdings nur in Deutschland aufgeführt werden wird. Titel: „ES WIRD SICH ALLES VERÄNDERN!" Da es sich aber um einen Hollywoodfilm handelt bekommt der Film ein Happy End. Es verändert sich gar nichts. Ganz am Ende erwacht sogar Friedrich II. zu neuem Leben und wird Bundeskanzler.

Als die Post die vierstelligen auf fünfstellige Postleitzahlen umstellen wollte, gab es ebenfalls eine große Empörung. „Müssen wir jetzt auch noch neue Postleitzahlen lernen?" Wenn die Veränderungen auch noch Arbeit bedeuten, hört der Spaß wirklich auf. „Wer braucht denn eine fünfstellige Postleitzahl? Ich ja wohl nicht. Ich bin doch nicht umgezogen. Das hält mich nur von der Befreiung meiner Terrasse von Unkraut ab!"

In Deutschland sozialisierte Menschen haben oftmals große Angst vor Veränderungen. In allen Bereichen kann man diese Angst beobachten: Man arbeitet am liebsten in derselben Firma bis zur Pensionierung, auch wenn die Bezahlung nicht gut und die Tätigkeit nicht zufrieden stellend ist. Die Angst vor den möglichen Problemen, die eine neue Arbeitsstelle mit sich bringen könnte verhindert die Perspektive auf eine möglicherweise bessere Bezahlung und ein freundlicheres Arbeitsklima. Jede Veränderung in der Firma erscheint erst einmal als Bedrohung der eigenen Situation. Sei es die Änderung des Firmensitzes, ein Inhaberwechsel oder die Erweiterung um einen neuen Geschäftsbereich - alles könnte die gewohnte Arbeitssituation gefährden.

Auch gab es viele Gegenstimmen zu der Liberalisierung der unsinnigen Ladenöffnungszeiten. Bis 2006 war es nach 18:30 h unmöglich frische Milch zu kaufen. An Werktagen mussten die Geschäfte pünktlich schließen. Auch wenn dein Kind kurz vor dem Hungertod stand – nach 18:30 h durften keine Lebensmittel mehr verkauft werden. Aus heutiger Sicht ist diese Regelung nicht mehr nachvollziehbar, aber damals hatten viele Angst vor länger geöffneten Geschäften. Aber warum? Das wusste niemand so genau. Hauptsache nichts verändern, damit kein Risiko entsteht.

Dabei ist das einzig Stetige im Leben die Veränderung selbst. Außer in Deutschland?

Wenn man in Deutschland eine Innovation vorstellt, trifft man meistens auf folgende Fragen:
• Brauchen wir das überhaupt?
• Was sind die Risiken und die negativen Aspekte?
• Aus welchem Grund würde die Innovation nicht funktionieren?
• Wie können wir mit nur kleinen Änderungen alles beim Alten lassen?

Wenn die Ideengeber nicht einen langen Atem und unendliche Energie besitzen, geben sie während dieses zermürbenden Prozesses auf. Oder die Innovation wird mit so vielen Kompromissen durchgeführt, dass sich eigentlich gar nichts ändert. Man kann die sinnvollsten Innovationen verhindern, wenn man sich nur hartnäckig dagegen wehrt. Wenn die Veränderung allerdings bereits eingetreten ist, bringt es wenig, diese zu ignorieren. Man verpasst nur wertvolle Zeit, um sich auf die Veränderung einzustellen und sie eventuell zu beeinflussen.

Seit über 40 Jahren leben und arbeiten „Nicht-Deutsche" in Deutschland und wollen das Land auch nicht in absehbarer Zeit verlassen. Wenn man die durchschnittliche Lebensdauer eines Menschen mit ca. 80 Jahren zugrunde legt, ist es jedem einsichtig, dass die „Ausländer" selbstverständlich einen Teil von Deutschland ausmachen.

Da die meisten Ausländer zunächst nur für eine kurze Zeit nach Deutschland kommen sollten, wurden sie immer als „Gast" betrachtet und blieben unbeachtet. Eine Veränderung der Gesellschaft war weder gewollt noch beabsichtigt. Nach etwa 25 Jahren haben dann einige Leute gemerkt, dass die „Ausländer" nicht zurückgegangen sind, sondern sich inzwischen endgültig niedergelassen hatten. Sie sind schleichend, quasi nachträglich nach Deutschland eingewandert. Wenn man die Anzahl der hier lebenden und arbeitenden Gastarbeiter betrachtet, war Deutschland bereits in den siebziger Jahren ein Einwanderungsland. Und trotzdem wurde seither immer wieder darüber diskutiert, ob Deutschland ein Einwanderungsland ist! Weder die Ausländer selbst noch die Mehrzahl der Deutschen wollte die Realität erkennen, geschweige denn sie annehmen. In der Zeit hat man es verpasst, sich um mindestens zwei Generationen von Migranten zu kümmern.

Seit 2000 ist Deutschland nun endlich offiziell ein Einwanderungsland. Am Ende hat man vor der Realität kapituliert, sie aber leider immer noch nicht angenommen. Solange die Entwicklungen als Einwanderungsland und als multikulturelle Gesellschaft negativ belegt sind, wird sich an der Haltung auch nichts ändern. Anders ist es nicht zu erklären, warum man nach wie vor versucht, Missstände in verschiedenen Bereichen mit der hohen Beteiligung von Ausländern zu begründen.

Wenn das deutsche Bildungssystem in der Pisa-Studie schlecht abschneidet, wird schnell versucht anhand einer Statistik zu erklären, dass die Migrantenkinder das Problem darstellen. Teilweise übernehmen sogar seriöse Politiker diese Art der Argumentation für andere Problemfelder, wie zum Beispiel die der Arbeitslosigkeit oder der Kriminalität.

Als die ersten Gastarbeiter nach Deutschland geholt wurden, war nicht absehbar, dass die Gesellschaft sich langfristig verändern würde. Als Mitte der siebziger Jahre erkennbar wurde, dass sich immer mehr Ausländer in Deutschland niederlassen, war die Veränderung in vollem Gange, ohne dass die Bürger mitgenommen wurden. Sie hatten weder die Möglichkeit, sich mit der veränderten Situation auseinander zu setzen, noch sich darauf vorzubereiten.

Die Veränderung ist ohne ausdrückliche Zustimmung der Bürger, die sehr empfindlich auf neue Situationen reagieren, erfolgt. Das ist ein wesentlicher Grund, warum viele Bürger und Politiker keine Bereitschaft zeigen, sich und ihr Umfeld an die veränderten Bedingungen anzupassen. Sie sind verärgert, dass eine Veränderung stattgefunden hat und dies auch noch ohne ihre Zustimmung.

Die durch die multikulturelle Gesellschaft notwendig gewordenen Anpassungen der Regeln und Gesetze in den verschiedenen Lebensbereichen, wurden nur sehr schleppend und unzureichend vorgenommen. Währenddessen haben sich neue Probleme entwickelt: Junge Menschen haben die Schulen ohne Abschluss verlassen – trotzdem wurde das Schulsystem nicht auf ihre Fähigkeiten hin verändert. Heute suchen sie vergeblich Jobs und stecken mangels Bildung in der Sozialhilfe fest.

Ob beim Bildungssystem, beim Ausländerrecht oder in den sozialen Bereichen - es wurden immer nur widerwillig kleine Anpassungen vorgenommen. Notwendig wären allerdings gravierende Änderungen gewesen, teilweise hätte sogar ein komplett neues Umdenken stattfinden müssen, um den durch die neuen Mitbürger entstandenen Situationen gerecht zu werden.

Es ist nicht realistisch zu glauben, dass man Menschen aus anderen Kulturen in ein bestehendes System aufnimmt, ohne dass dieses sich ändert. Wichtig ist es vorbereitet zu sein, um auf die veränderten Situationen schnell zu reagieren und gezielt Lösungen ausarbeiten zu können. In einer Gesellschaft, in der die Mehrheit Veränderungen ablehnt, ist es sehr schwer konstruktiv an der Lösung der Probleme zu arbeiten, die durch die Einwanderung entstanden sind.

Die aufnehmende Gesellschaft ist nicht bereit sich zu verändern. Ist das vielleicht der Grund?

Deutsche Menschen sind eher gerne unter sich.

Immer wieder hatte ich gelesen, dass Türken zu abgeschottet leben und zu wenig Kontakt mit den Deutschen aufnehmen. Dem mache ich ein Ende, sagte ich zu mir. Ich habe mir meine Frau und meine Kinder geschnappt, habe einen Hammel aus dem Stall geholt und gemeinsam sind wir rüber zu unseren Nachbarn. Traditionsgemäß an einem deutschen Feiertag. Dem Heiligen Abend! Sofort öffneten unsere Nachbarn die Tür. Ein seliges Lächeln breitete sich auf ihren Gesichtern aus und mit dem Ausdruck größter Freude baten sie uns herein: „Ach wie schön, dass unsere türkischen Nachbarn uns besuchen! Kommt doch rein! Lasst uns zusammen den Baum schmücken. Ach, was für ein putziges Lamm! Agnus Dei! Wie süß…" Glaubst du etwa diese Geschichte? Wir haben die ganze Zeit Sturm geklingelt, weil niemand aufgemacht hat. Und dann kam die Polizei und wir mussten unsere Pässe abgeben. Und den Hammel auch!

Man fragt mich jedes Jahr erneut:
- „Sag mal Anton: Wie ist es denn bei euch? Wie feiert ihr denn eigentlich in der Türkei Weihnachten?"
- „Günter, die meisten Türken sind Moslems. Sie feiern nicht die Geburt Jesu."
- „Echt nicht? Warum denn nicht?"

Und alle Jahre wieder:
- „Sag mal, feiert ihr nicht mal ein ganz kleines bisschen Weihnachten? Oder heimlich?"
- „Nein!"
- „Aber ein Feiertag ist es schon, oder?"
- „Oh man! Nein!"

Letztes Jahr habe ich dann einfach gesagt
- „Ja, die Muslime feiern jetzt Weihnachten. Wir grillen"
- „Echt, warum denn auf ein Mal?"
- „Wir haben aufgegeben. Der Druck wurde zu groß. Diese ständigen Fragen."
- „Das finde ich aber schön. Jaaaa! Wenn ihr jetzt Weihnachten feiert… Hmm… Wie feiert ihr dann eigentlich Ostern in der Türkei?"
- „Äh, ja, nun ja… Hmm... Na gut. Einmal mehr oder weniger Grillen macht eigentlich auch keinen Unterschied. Aber weißt Du, am liebsten feiern wir das Zuckerfest. Das ist das ‚Fest des Fastenbrechens', eine islamische Feier im unmittelbaren Anschluss an den Fastenmonat Ramadan in den ersten zwei bis vier Tagen des Nachfolgemonats Schauwāl. Je nach Land und Region gibt es Unterschiede in der Dauer und Art des Festes. Aber Höhepunkt des Festes ist auf jeden Fall der erste Tag, der mit der Sichtung des Neumondes beginnt. Im Türkischen wird das Fest als Ramazan Bayramı, das „Ramadan-Fest" oder Şeker Bayramı „Zuckerfest" bezeichnet. Das geht dann so… Hey Günter! Ich rede mit dir wo gehst du hin?"

Spontan hatte er kein Bock mehr mit mir zu reden.. Warum sagt man eigentlich immer, dass die Menschen in Deutschland nicht spontan sind? Wenn ich zum Beispiel eine

Party veranstalte, lade ich dazu immer Monate vorher ein. Gut, sie sagen jetzt nicht spontan zu. „Du Anton, das muss ich erst mit meiner Frau, den Kindern und meinen Arbeitskollegen besprechen. Es kann auch sein, dass meine Selbsthilfegruppe dann ihr 35-jähriges Bestehen feiert. Also, wenn da sonst keine Termine drauf liegen, dann komme ich auf jeden Fall gerne zu Dir." Aber an dem Abend selbst – wenn nichts dagegen spricht, dass sie mitfeiern - da rufen sie an und sagen: „Weißt du Anton, ich würde so gerne kommen, aber ich habe mich ganz spontan entschieden, mir einen gemütlichen Abend zu machen!" Was ist das denn für ein Volkssport: „Gemütlicher Abend"? Das machen viele, oder?

Wenn man dagegen ganz kurzfristig einlädt, sind die Leute nicht so spontan. „Hey Günter, hast du spontan Lust, heute Abend ein gemütliches Bierchen zu trinken?" – „Du, Anton, ah, äh, an sich sehr gerne, du. Aber lieber ein andermal. Schon seit Monaten habe ich ganz fest vor, mir heute einen gemütlichen Abend machen." OK, ich verstehe, es ist wirklich eine ungeheuer große und sehr ungemütliche Anstrengung, ein Bier trinken zu gehen! Oder wenn ich mittwochs frage ob die Leute am Samstag zu meiner Geburtstagsparty kommen: „Hahaha! Anton, du bist aber lustig! Wahrscheinlich weil du aus der Türkei kommst. Meinst du wirklich ich hätte so kurzfristig Zeit? Sehe ich denn aus wie ein Arbeitsloser? Bin ich hier der Türke, oder was?"

Es ist in Deutschland manchmal wirklich sehr schwer, sich mit Freunden zu treffen. Aber noch schwieriger ist es, überhaupt Freunde zu finden. Besonders problematisch wird es, wenn man neu in der Stadt ist. Freizeit-Gruppen, ob zum Kegeln, zum Wandern, Doppelkopfrunden, zum Klettern im Hochgebirge oder für sonstige Aktivitäten gibt es in Hülle und Fülle. Und alle die dabei sind berichten begeistert von ihren Gruppen-Erlebnissen. Aber wenn man bei Gruppen mitmachen möchte, die seit Jahren zusammengewachsen sind, wird man mit an Sicherheit grenzender Wahrscheinlichkeit folgenden Satz hören: „Ah, ääh, ähm äh, ja… Eigentlich sind wir bereits zu viele. Ich persönlich würde mich ja freuen, wenn du dabei bist, aber die Anderen hätten sicher was dagegen… glaube ich. Denn wenn jetzt jeder eine Person mitbringt, wird die Gruppe unruhig und fällt dann bestimmt auseinander." Bleibst Du in dieser Situation hartnäckig, änderst du die Haltung nicht – im Gegenteil: Die Stimmung wird negativ beeinflusst und die Möglichkeit irgendwann doch noch in die Gruppe aufgenommen zu werden sinkt auf Null. Und wenn man in solche Kreise nicht aufgenommen wird, kommt man auch nicht in die Lage, tiefere Freundschaften zu schließen. Diese ablehnende Haltung gegenüber neuen Mitgliedern in einer Gruppe bezieht sich natürlich nicht nur auf Ausländer, trifft sie aber besonders hart. Wenn man einmal befreundet ist, will man unter sich bleiben und die Freundschaft genießen.

Oder wenn sich zwei Freunde oder Familien verabredet haben und ein anderer Freund fragt an, ob man an diesem Termin etwas gemeinsam unternehmen könnte – da ist es dann eher die Regel, dass man blockiert und sagt: „Es tut mir leid aber ich bin bereits verabredet" statt sich zu öffnen und zu sagen: „Ich bin an dem Termin bereits verabredet, aber Du kannst gerne dazu kommen". Es herrscht eine unerklärliche Angst, dass etwas schief gehen könnte. Natürlich kann etwas schief gehen, aber genauso gut kann es besonders schön werden. Durch dieses Verhalten begrenzen sich die Möglichkeiten, überhaupt mehrere Freundschaften zu pflegen, geschweige denn neue Bekanntschaften zuzulassen.

Tiefere Freundschaften sind in Deutschland ohnehin sehr schwer zu bilden, denn man redet nicht gerne über Privates und man hört es auch nicht so gerne, wenn zu viel Privates preisgegeben wird. Man redet nicht über das Geld, das man verdient, genauso wenig über finanzielle Probleme, die einen bedrücken. Teilweise haben Ehepartner getrennte Konten und kennen das Vermögensverhältnis des Anderen nicht. In Betrieben wird die Höhe des Gehaltes, wie ein Staatsgeheimnis behandelt. Niemand darf darüber reden. Dadurch können die Betriebe eine völlig disparate Gehaltspolitik betreiben.

Selbst unter Freunden verrät man nur widerwillig, wie viel der Urlaub, das neue Auto oder der Handwerker, der den neuen Laminat-Fußboden verlegt hat, gekostet haben. Irgendwie schwebt eine Angst über allen, sie könnten zu viele Informationen preisgeben. Man könnte Neid erwecken, weil man so viel Geld hat. Oder dass Menschen sich abwenden, weil erkennbar wird, dass man sich nicht so viel leisten kann.

Man redet nicht gerne über Probleme, die Beziehungen, Gesundheit, eigene Niederlagen oder das Geld, betreffen. Über Schwächen zu reden, ist ohnehin Tabu. Welche Partei man wählt ist geheim. Es ist ja grundsätzlich richtig, dass Wahlen geheim sind, aber es ist mir nicht verständlich, warum die Menschen sich nicht dazu bekennen, welche Partei sie wählen. Schämt man sich für die eigene Entscheidung? Oder befürchtet man Probleme zu bekommen?

Es gibt bestimmt Gründe warum man über diese Sachen nicht redet, obwohl sie die Menschen sehr bewegen. „Es ist privat und geht niemand anders an" wird dann gesagt. Wenn man aber nicht über die Themen redet, die einen bewegen, kann man sich auch nicht richtig kennen lernen und keine guten, vertrauenswürdigen Freundschaften aufbauen.

Wer in Deutschland zu viel Privates preisgibt, wird sofort abgeblockt. Entweder wird gar nicht reagiert, als hätte man es nicht gehört oder man bekommt ganz offen zu hören: „Hör mal das sind private Dinge, die gehen mich nichts an". Denn derjenige, der die privaten Sachen erfährt, fühlt sich bedrängt auch etwas von sich zu erzählen. Das möchte er nicht und ist dann dementsprechend sauer.

Also bleibt nur übrig, über oberflächliche Themen sprechen und oberflächlich zu bleiben. Die Türken dagegen jammern gerne über ihre Situation und suchen Gleichgesinnte oder jemanden, der ihnen helfen kann. Auf dieser Basis kommen viele Freundschaften zustande.

Die festen Strukturen bestehender Freundschaften sind ungünstig für die Aufnahme neuer Personen. Ist das vielleicht der Grund?

Integrationshemmend: Das Ausländerrecht

Nach dem Grundgesetz Artikel 3 müssen alle Menschen gleich behandelt werden. Das wird allerdings genauso ernst genommen wie der Umstand, dass Politiker nur für das Wohl des Volkes arbeiten sollen. An den Mauern des Bundestages steht „Dem_ deutschen Volke". Im Grundgesetz steht „…gilt für das deutsche Volk." Die Parlamentarier schwören mit der Eidesformel „…zum Wohle des deutschen Volkes!" Und was ist mit den „Nicht-Deutschen"? Trauriger Weise spiegelt dies die bundesdeutsche Realität und die Haltung gegenüber den „Ausländern", den „Nicht-Deutschen" wieder.

Nur schleppend und gegen großen Widerstand werden einige ausländerunfreundliche Gesetze angepasst. Die Politik hält es für selbstverständlich, dass Ausländer schlechter behandelt werden können und die Gesellschaft findet nichts Verwerfliches daran. Denn oftmals gilt noch immer: „Das ist nicht deren, sondern unser Land!" So bleiben viele veraltete Gesetze in Kraft und diskriminieren die „Nicht-Deutschen".

Wahlrecht

Nur wer ein deutscher Staatsangehöriger ist, darf wählen und gewählt werden. Damit können Millionen von Menschen, die in Deutschland leben, arbeiten und Steuern bezahlen, nicht mitbestimmen, wie das Land regiert wird. Es spielt keine Rolle, ob man in Deutschland geboren ist oder seit Jahrzehnten in Deutschland lebt - wer keinen deutschen Pass besitzt, ist nach dem Wahlrecht kein vollwertiges Mitglied der Gesellschaft. EU-Bürger dürfen laut Maastrichter Vertrag seit 1992 zumindest an den Kommunalwahlen teilnehmen. Ein Recht, das allen „Nicht-EU- Bürgern" vorenthalten bleibt. Dies führt dazu, dass gerade Türken bei den gesellschaftlichen Entwicklungen außen vor bleiben und sich in der Folge wenig für Politik interessieren.

Sie identifizieren sich nicht mit deutscher Politik, da sie wenig Einfluss ausüben können. Stattdessen interessieren sie sich eher für die türkische Politik und fühlen sich hier verantwortlich. Trotzdem dürfen sie auch in der Türkei nicht mitbestimmen. Nach dem türkischen Wahlrecht darf man nur dann wählen, wenn man in der Türkei seinen Wohnsitz hat. Es gibt bis jetzt keine Möglichkeit, seine Stimme im Ausland abzugeben – nicht einmal über die Auslandsvertretungen.

Das Recht rausgeschmissen werden zu können

Wer keinen deutschen Pass besitzt kann effektiver und schneller bestraft werden. Denn im Gegensatz zu den deutschen Staatsangehörigen kann man Menschen ohne deutschen Pass schlichtweg ausweisen. Das ist in etwa so, als würde ein Restaurant all den Gästen ein Hausverbot erteilen, die in Verdacht geraten, sich nicht an die Etikette zu halten. Das haben Politiker und Richter erkannt. Sie setzen die Möglichkeit ein, wenn sie sich der Verantwortung entziehen oder populistisch agieren wollen.

Es ist natürlich eine sehr verführerische Vorstellung, alle unliebsamen Menschen aus dem Lande verweisen zu können. Am Ende blieben dann nur noch nette Menschen übrig. Oder nur noch Einer. Oder gar keiner. Bei jedem Fehltritt kann man die betreffende Person loswerden und muss sich nicht mit der Situation auseinander setzen, in der die Person auffällig geworden ist. Das wäre eine schöne Vorstellung. Aber Deutschland ist kein Restaurant und seine Bewohner sind keine Gäste, sondern die Bewohner machen das aus, was Deutschland ist.

Ein Gedanke, der hinter der Gefängnisstrafe steht, sieht vor, durch Entzug des gewohnten Wohnumfeldes und Bekanntenkreises eine Verschlechterung der Lebensqualität zu erreichen. Wenn eine in Deutschland ansässige Person nach Verbüßung ihrer Haftstrafe des Landes verwiesen wird, wird ihre Bestrafung bis zum Lebensende fortgesetzt. Die Person wird gezwungen in einer ihr fremden Umgebung zu leben. Ihr gewohntes Wohnumfeld und ihr Bekanntenkreis wird ihr dauerhaft entzogen.

Eine Person, die in Deutschland ein Verbrechen begeht, erhält die entsprechende Strafe und die folgenden Rehabilitierungsmaßnahmen nur in Deutschland. Warum soll es anders sein, wenn diese Person zufälliger Weise keinen deutschen Pass besitzt? Warum wird sie anders behandelt? Weil man sie immer noch als Gast betrachtet, der man jederzeit Hausverbot erteilen kann. So kommt es denn auch bei den Migranten an: „Wir werden hier nur geduldet."

Das Recht bleiben zu können: Aufenthaltsrecht

Die Hürden für eine Aufenthaltserlaubnis sind in Deutschland sehr hoch angesetzt. Sie ist mit verschiedenen Voraussetzungen verbunden wie zum Beispiel die Erlangung der Sprachfähigkeiten oder der Nachweis eines unbefristeten Arbeitsverhältnisses. Nur langsam und in mehreren Schritten wird die Geltungsdauer der Aufenthaltserlaubnis verlängert. Am Anfang gilt sie nur für sechs Monate, dann für ein Jahr, dann für fünf Jahre. Während für die EU-Bürger generelle Aufenthaltsregelungen bestehen, müssen sich alle anderen Ausländer einer Einzelfallprüfung unterziehen. Bis man eine unbefristete Aufenthalts- und Arbeitserlaubnis bekommt, vergehen mindestens sechs bis zehn Jahre. Aber auch die unbefristete Aufenthaltserlaubnis ist kein Privileg – sie zu verlieren ist sehr einfach.

Egal welchen Aufenthaltsstatus man erreicht hat und egal, ob man in Deutschland geboren ist und sein ganzes Leben hier gelebt hat, wer nicht in Besitz eines deutschen Passes ist, verliert automatisch alle seine bis dahin erworbenen Rechte, wenn er Deutschland länger als sechs Monate verlässt. Sowohl die Aufenthaltserlaubnis als auch die Arbeitserlaubnis erlöschen unwiederbringlich. Kehrt der Ausländer nach Deutschland zurück, wird genauso behandelt, als würde er zum ersten Mal nach Deutschland einreisen wollen. Er startet von vorn – mit dem Einreiseantrag. Und der kann nach Gusto abgelehnt werden. Eine gute Methode, um unerwünschte Bürger los zu werden.

Diese Regelung stellt offensichtlich einen Nachteil für die türkischen Staatsbürger dar, die seit Jahrzehnten in Deutschland leben und arbeiten. Denn ein deutscher Staatsbürger kann sich selbstverständlich beliebig lange im Ausland aufhalten oder sogar dort wohnen, ohne befürchten zu müssen, dass seine Rückkehr ausgeschlossen ist. Noch befremdlicher wird dieser Umstand, wenn ein Ausländer deutsche Vorfahren nachweisen kann. Dann spielt es überhaupt keine Rolle mehr, wo derjenige geboren ist oder seit wie vielen Generationen seine Familie nicht mehr in Deutschland gelebt hat. Er hat Anrecht auf die deutsche Staatsangehörigkeit und damit auf alle bürgerlichen Rechte.

Es gibt nur eine Erklärung für diese Ungleichbehandlung: Der Gesetzgeber hält die Blutsverwandtschaft, das „Ius Sanguinis" für bedeutender als die Verbindung durch das alltägliche Zusammenleben.

Das Recht Mitbürger sein zu können: Die Einbürgerung

Auch bei der Einbürgerung gilt in Deutschland das Abstammungsprinzip. Bis zum Jahre 2000 konnten Ausländer nur nach den Regularien des Reichs- und

Staatsangehörigkeitsgesetzes aus dem Jahre 1914 eingebürgert werden. Das Gesetz überlebte den Nationalsozialismus und wurde nach dem 2. Weltkrieg in die neue demokratische Grundordnung übernommen.

Dass dieses Gesetz nicht gerade ausländerfreundlich ist, kann man allein schon daraus ableiten, dass es gerne auch von den Nationalsozialisten angewendet wurde. Dass es mit Gründung der Bundesrepublik Deutschland nicht liberalisiert wurde, zeigt die andauernd negative Haltung gegenüber Ausländern an.

Ein Ausländer hatte laut diesem Gesetz keinen Anspruch auf die Staatsangehörigkeit, egal wie lange er in Deutschland gelebt und gearbeitet hatte. Er hatte ein Antragsrecht auf Einbürgerung, wenn er die folgenden Voraussetzungen erfüllen konnte: Er musste seit mindestens 8 Jahren in Deutschland gelebt und gearbeitet haben; er durfte polizeilich nicht aufgefallen sein; er musste ausreichend Geld verdienen und entsprechende Wohnverhältnisse nachweisen. Auch wenn er all diese Voraussetzungen erfüllte, konnte sein Antrag jedoch ohne Begründung abgelehnt werden. Ein Widerspruchsrecht war ausgeschlossen. Das gab den Sachbearbeitern und Entscheidungsgremien einen sehr großen Ermessensspielraum. Um eine Entscheidung zu treffen, konnten zudem willkürlich viele Dokumente angefordert werden. Dies reichte von Geburts- und Scheidungsurkunden über Schulzeugnisse und Führungszeugnissen bis zu Militärdienstnachweisen. Und dies nicht nur für den Antragssteller. Erweitert um Sterbeurkunden konnte das Gleiche von Eltern und Großeltern angefordert werden. Die Dokumente mussten übersetzt und beglaubigt werden. Oftmals musste auch die Beglaubigung beglaubigt werden. Und das vor dem Hintergrund, dass der Antrag ohne Begründung abgelehnt werden konnte! In der Türkei kann man zum Beispiel schlichtweg die Sterbeurkunde von den Großeltern nicht nachträglich anfordern. Fehlte dieses Dokument, so brauchte der Beamte den Antrag nicht mehr weiter zu bearbeiten.

Um die Formalitäten der Einbürgerung zu erfüllen, musste man viel Zeit investieren und viel Geduld mitbringen. Lagen alle mühsam gesammelte Unterlagen vor, dauerte die Bearbeitungszeit zwischen 12 und 18 Monaten. Erst als viele Türken den deutschen Pass beantragten, wurden die Vorgänge systematisiert und in Teilen beschleunigt.

Für die meisten Türken waren nicht nur die hohen bürokratischen Anforderungen eine Hemmschwelle bei der Entscheidung, ob sie sich einbürgern lassen wollen oder nicht. Sie mussten im Falle der Einbürgerung ihren türkischen Pass abgeben und zudem entstanden ihnen exorbitant hohe Kosten. Neben den zahlreichen Beurkundungs-, Übersetzungs- und Beglaubigungsgebühren musste allein für die Einbürgerung noch einmal ein bis sechs Monatsgehälter als Gebühr entrichtet werden. Aus diesen Gründen haben sich viele gegen eine Einbürgerung entschieden.

Im Jahre 2000 wurde das Einbürgerungsgesetz endlich novelliert, wodurch die Einbürgerung einerseits erleichtert, anderseits aber auch erschwert wurde. Positiv zu bewerten ist der Umstand, dass jetzt ein Rechtsanspruch auf Einbürgerung besteht, wenn man alle Voraussetzungen erfüllt. Zudem bekommen die Kinder, die in Deutschland geboren sind, automatisch die deutsche Staatsangehörigkeit, wenn die Eltern seit mindestens 5 Jahren offiziell in Deutschland leben und arbeiten. Allerdings gilt auch nach der Novellierung, dass Türken keine doppelte Staatsangehörigkeit besitzen dürfen. So müssen sich die Kinder, die durch ihre Geburt in Deutschland automatisch eingebürgert wurden, bei ihrer Volljährigkeit für einen der Pässe, eine der beiden Staatsbürgerschaften entscheiden. Der für die Einbürgerung jetzt obligatorische Sprachtest stellt aber gerade für die türkischen Migranten der ersten Generation eine große Hürde dar. Der bundeseinheitliche Einbürgerungstest bleibt umstritten, auch wenn spezielle Integrationskurse die Migranten auf diesen speziellen Fragebogen vorbereiten.

Die Zahl der Einbürgerungen von türkischstämmigen Ausländern geht in den letzten Jahren beständig zurück. Der Grund dafür liegt in der Tatsache, dass die Regelungen zur doppelten Staatsbürgerschaft seit 2000 noch strenger gehandhabt und sogar strafrechtlich verfolgt werden können.

Die Gesetze enthalten die klare Botschaft, dass Ausländer schlechter behandelt werden können. Ist das vielleicht der Grund?

Doppelte Staatsangehörigkeit: Der Schrecken des Innenministers

Eine Maßnahme für eine perfekte Integration haben wir sogar selbst eingeleitet: Wir haben die doppelte Staatsangehörigkeit verhindert. In Deutschland ist die doppelte Staatsangehörigkeit nicht erlaubt! Wenn Integration, dann bitte schön richtig!

Wenn jemand einen deutschen Pass haben will, muss er seinen alten abgeben. Gut, in Ausnahmefällen bleibt die doppelte Staatsbürgerschaft erlaubt. Zum Beispiel bei den Diplomaten. Ja, bei den Iranern und den Marokkanern ist es auch erlaubt. Oder bei allen EU-Bürgern. Und bei den Amerikanern. Und bei anderen. Also genau genommen gibt es 3,7 Millionen Menschen mit zwei Pässen in Deutschland. Aber es bleibt grundsätzlich verboten - wenn es um die Türken geht. Da ist dann die innere Sicherheit gefährdet. Stellt Euch vor, was man allein mit einem Pass anstellen kann: Ein- und wieder ausreisen! Mit zwei Pässen wird es doppelt so schlimm: Man darf aus- aber auch wieder nach Deutschland einreisen! Ich habe mal einen Politiker gefragt: „Was ist so schlimm daran, wenn einer zwei Pässe hat?" - „Au au au au au! Da können sehr, sehr viele Probleme auftreten!" - „Aha, welche denn?" - „Naja zum Beispiel, wenn eine Person mit doppelter Staatsangehörigkeit im Ausland von Separatisten entführt wird" –"Aha?" - "Welches Land kümmert sich dann um ihn?" Das ist wirklich ein schlagendes Argument. Also: Wenn ich als amerikanischer Staatsbürger mit klingonischem Pass auf einer fernen Galaxie von den Hobbits entführt werde. Wer kümmert sich dann um mich? Dann müssten die Amerikaner sich ja mit den Klingonen abstimmen. Undenkbar!

Ich muss zugeben so ein türkischer Pass hat viele Vorteile. Klar, sonst wäre auch keiner so neidisch darauf. Kennst Du die Vorteile von einem türkischen Pass?
Du lernst zum Beispiel sehr viele Menschen kennen, wenn du verreist:
Die Grenzbeamten, deren Vorgesetzte, das Wachpersonal der Haftzellen am Flughafen…Du lernst landestypische Verhörmethoden kennen: „Sie wissen, dass man bei uns nicht foltern darf. Nur… hier im Flughafen sind sie noch nicht bei uns!" Und während alle anderen Flugpassagiere die Passkontrolle durchlaufen können, darfst Du Dich freundlicherweise hinsetzen und warten. Damit benötigst Du für die erste Nacht schon mal kein Hotel. Die Grenzbeamten sind so gastfreundlich und lassen Dich nicht so ohne weiteres in dieses gefährliche Land einreisen. Und wenn Du Dich nur ein wenig verdächtig verhältst, bekommst Du völlig umsonst eine medizinische Vorsorgeuntersuchung: „Ziehen sie sich bitte aus! Jetzt bitte hier unter das Röntgengerät. Ich untersuche sie jetzt bis zu den Mandeln. Sie brauchen ihren Mund nicht aufzumachen. Nein, nein. Bücken Sie sich!"

Ein Ausweis oder ein Reisepass bedeutet einem vielleicht nicht so viel, solange man in dem dazugehörigen Land geboren ist und dort lebt. Sobald man allerdings ins Ausland geht, wird der Pass zum wichtigsten Dokument. Er zeigt an, woher man kommt, ob man in das Land einreisen kann, welche Rechte man hat, welche Verpflichtungen man erfüllen muss, wie lange man bleiben darf, wie es mit der Arbeitserlaubnis aussieht. Alle Entscheidungen des fremden Landes beziehen sich auf dieses Dokument und werden hier eingetragen. Ohne den Pass kann man im Ausland seine Legitimation nicht nachweisen. Man wird über dieses Dokument identifiziert und klassifiziert. Das kann alle Lebensbereiche beeinflussen – die Suche nach einem Arbeitsplatz, die Kindergartenplatzsuche, die Suche nach einer Wohnung usw.

Als die Türken nach Deutschland kamen, haben sie auch gemerkt, wie wichtig dieses Dokument in Deutschland ist. Ohne den Pass, in dem die Aufenthalts- und Arbeitserlaubnis vermerkt war, konnten sie weder nach Deutschland einreisen noch hier arbeiten. Meistens erlitten sie durch den türkischen Pass nur Nachteile. Aber daran konnten sie nichts ändern. Sie wurden über ihre Pässe identifiziert. Also identifizierten sie sich auch mit ihren Pässen, mit ihrer Nationalität.

Einige haben sich mit ihrem Schicksal abgefunden, andere versuchten über einen

Umweg die doppelte Staatsangehörigkeit zu erhalten. Bis 2000 mussten die Türken zwar aus der türkischen Staatsbürgerschaft ausscheiden, um deutsche Staatsangehörige zu werden, danach aber konnten sie ohne weiteres wieder die türkische Staatsbürgerschaft erhalten. Die deutschen Behörden haben diesen Umstand stillschweigend hingenommen, weil sie rechtlich keine Handhabe hatten zu verhindern, dass ein deutscher Staatsangehöriger eine neue Staatsangehörigkeit annimmt. Obwohl bei der Ausgabe des deutschen Passes absolut verhindern werden sollte, dass jemand zwei Pässe gleichzeitig besitzt, waren nachträglich fast alle türkische Migranten doppelte Staatsangehörige. Nach dem im Jahre 2000 das neue Ausländergesetz in Kraft getreten ist, gelten da härtere Regeln.

Obwohl bei der Gesetzgebung im Jahre 2000 ursprünglich geplant war, die doppelte Staatsangehörigkeit zuzulassen, verhinderte die damalige Opposition von CDU/ CSU und FDP das Vorhaben und setzte sogar noch schärfere Regeln durch. Damit war der einzig gangbare Weg zur doppelten Staatsangehörigkeit verschlossen. Ein Türke, der die deutsche Staatsangehörigkeit erhält, muss nicht nur seinen alten Pass abgeben, er verliert die deutsche Staatsangehörigkeit auch sofort wieder, falls er die türkische oder eine andere Staatsangehörigkeit annimmt. Nach dem neuen Einbürgerungsrecht braucht man noch nicht mal mehr ein offizielles Verfahren, um denjenigen auszubürgern, der eine doppelte Staatsbürgerschaft angenommen hat. Sobald er eine neue Staatsangehörigkeit angenommen hat, verliert er die deutsche.

Wenn man absichtlich ein destruktives Gesetz für die Integration entwerfen wollte, dann wäre diese Regelung dafür hervorragend geeignet: Die Türken müssen ihre alten Pässe abgeben, um Deutsche werden zu können. Für deutsche Bürokraten ein selbstverständlicher und unverzichtbarer Akt, mit dem die Loyalität zu Deutschland gezeigt werden soll. Man kann ja nur einem Staate dienen. Also soll man der alten Heimat den Rücken kehren und abschwören, sich ihr je wieder zugehörig zu fühlen. Dann kann Deutschland sicher sein, dass die neuen Bürger keine Doppelagenten sind.

Diese Regelung ist ein Relikt aus früheren Zeiten, als Deutschland weder ein Einwanderungsland war, noch drauf Wert gelegt hat, ob die Migranten eingegliedert werden können. Die Menschen, die in jenen Zeiten nach Deutschland kamen, hatten keine andere Wahl als sich von ihrer Heimat abzukoppeln. Weder hatten sie die Möglichkeit, jedes Jahr zumindest eine zeitlang zurück zu kehren, noch konnten sie dauerhaft zu Verwandten und Freunden den Kontakt halten. Die Herkunfts-Identität verblasste mit der Zeit und stand auch nicht im Widerspruch zu einer neuen Identität, die durch den Staatsangehörigkeitswechsel entstand.

In den sechziger Jahren waren die Möglichkeiten, den Kontakt in die Heimat aufrecht zu erhalten bereits leichter. Die Türken konnten durch jährliche Fahrten in die

Heimat, und beständigen Briefwechsel die Verbundenheit mit der Türkei erhalten. Dazu kamen vermehrte Telefonate, vor allem durch verbesserte Telefonverbindungen seit den achtziger Jahren. Heute kann man dank billiger Flugtickets mehrere Male im Jahr in die Türkei fliegen. Wichtige Ereignisse kann man via Satellit in den türkischen Fernsehprogrammen verfolgen. Es gibt das Internet, mit dessen Hilfe man beim Videochat die Frisur der Nichten in der Türkei beurteilen kann, durch Flatrates Stunden lang telefonieren und sogar türkische Zeitungen lesen kann.

Man kann jetzt in Deutschland wohnen aber immer noch in der Türkei leben. Deswegen ist die Identifikation mit der alten Heimat heute eine ganz andere, als früher. Die Forderung, die eigene Staatsangehörigkeit aufzugeben, damit man die deutsche Staatsangehörigkeit bekommt, bedeutet für viele eine Leugnung, wenn nicht sogar ein Verrat der eigenen Identität.

Allein schon, wenn zwei Menschen heiraten, gibt es oftmals Probleme wessen Name der Familienname wird. Damit diese Diskussion entfällt, hat der Gesetzgeber mehrere Möglichkeiten geschaffen, wie bei einer Eheschließung mit der Namensgebung umgegangen werden kann. Man kann den Namen des Ehepartners annehmen, einen Doppelnamen aussuchen oder genauso gut können beide ihren alten Namen beibehalten.

Wenn es einem Menschen noch nicht einmal zugemutet werden kann, bei einer Liebesheirat seinen Namen aufzugeben, wie kann man erwarten, dass die Türken ihre Nationalität - sowohl symbolisch als auch faktisch - aufgeben, wenn sie in die deutsche Gemeinschaft aufgenommen werden wollen? Und dieses Phänomen ist nicht nur ein türkenspezifisches, vielleicht klein kariertes und stolz anmutendes Verhalten, nein, es wird auch in allen anderen Nationalitäten beobachtet. Weltweit gibt es auch viele Deutsche, die zum Beispiel in Südamerika, Namibia, den USA oder im osteuropäischen Ausland leben, zwei Staatsangehörigkeiten haben und in ihrer neuen Heimat deutsches Brauchtum pflegen. Dies wiederum wird in Deutschland mit Freude zur Kenntnis genommen. Man empfiehlt ihnen sogar, die Staatsangehörigkeit des jeweiligen Landes zu übernehmen - ohne Verlust der deutschen Staatsangehörigkeit.

Nicht nur hierbei fällt die offensichtliche Doppelmoral der deutschen Einbürgerungspolitik auf. Sie zeigt sich auch an anderer Stelle: Bei vielen anderen Nationen ist die doppelte Staatsangehörigkeit der Regelfall und wird ohne weiteres hingenommen.

Die ungleiche Behandlung der verschiedenen Ausländergruppen wird von vielen Türken als zusätzliche Diskriminierung seitens des Gesetzgebers wahrgenommen. Dies führt erst recht zu Trotzreaktionen: Viele Türken, unter anderem auch die der gebildeteren Schichten, lehnen es ab, die deutsche Staatsangehörigkeit zu beantragen.

Das führt dazu, dass sogar Kinder der vierten in Deutschland lebenden Generation noch immer türkische Staatsangehörige sind. Auch Kinder dieser Generation werden wieder ausschließlich als Türken definiert.

Sie müssen für ihre bürokratischen Angelegenheiten zum türkischen Konsulat gehen. Dort lernen sie die türkischen Regelungen kennen – nicht die deutschen – und sind später mit diesen vertraut. Von den deutschen Behörden werden sie dagegen nur als Ausländer wahrgenommen. Hier gewöhnen sie sich an die Sonderbehandlung. Bei den Klassenfahrten ins europäische Ausland müssen die Kinder ein Visum beantragen und das auch gesondert bezahlen, während die Klassenkameraden ohne weiteres losfahren können.

Da sie bis zur Volljährigkeit nicht selbst die deutsche Staatsangehörigkeit beantragen können, gibt es aus der Situation keinen Ausweg. Das Verhältnis zur deutschen Gesellschaft wird bis dahin nachhaltig gestört - die Integrationsbereitschaft der Türken negativ beeinflusst.

Seit der Novellierung des Einbürgerungsgesetzes im Jahre 2000 erhalten die Kinder, die in Deutschland geboren sind unter bestimmten Bedingungen den deutschen Pass und haben somit zwei Pässe. Dies ist zunächst als sehr positiv zu vermerken. Allerdings müssen sie sich mit Erreichen der Volljährigkeit für eine Staatsangehörigkeit entscheiden und die andere abgeben. Entweder entscheiden sie sich für die Staatsangehörigkeit der Eltern oder für die Staatsangehörigkeit der Gesellschaft, in der sie leben. Es ist, als müssten sie sich für den Vater oder für die Mutter entscheiden. Es ist eine innere Zerreißprobe und sie werden zu Recht fragen, warum sie sich für nur eine Staatsangehörigkeit entscheiden müssen. Das könnte zu einer kritischen Auseinandersetzung mit Deutschland führen, was erneut auch den Integrationsprozess stören kann.

Es gibt eigentlich keinen vernünftigen Grund die doppelte Staatsangehörigkeit abzulehnen. Denn wenn dies zu Problemen führen würde, müsste man erklären, warum in Deutschland knapp vier Millionen Menschen leben, die bereits offiziell zwei Pässe besitzen.

Ausgerechnet die größte Gruppe von Migranten, denen man gleichzeitig vorwirft sich nicht zu integrieren, ist von dieser Regelung betroffen. Ob es ein Zufall ist oder in kausalem Zusammenhang steht, ist offiziell noch nicht bekannt.

Nachdem auch noch die letzte Möglichkeit abgeschafft wurde, die doppelte Staatsangehörigkeit zu erhalten, ist die Zahl der Einbürgerungen drastisch zurückgegangen. Hinzu kommt, dass zahlreiche Türken ihre nach 2000 bereits erworbene deutsche Staatsangehörigkeit wieder verloren haben. Bereits vor der

Gesetzesnovellierung im Jahre 2000 hatten sie die Wiederaufnahme der türkischen Staatsangehörigkeit beantragt. Da die Prüfung mehrere Monate dauerte, erhielten sie erst nach Inkrafttreten des neuen Gesetzes im Jahre 2000 ihren türkischen Pass. Und schon waren sie wieder Ausländer geworden und mussten eine neue Aufenthaltserlaubnis beantragen, obwohl sie oftmals in Deutschland geboren und aufgewachsen waren und bereits alle Rechte hatten, die ein Ausländer erhalten kann. Von den Behörden wurden sie zum Teil wie Kriminelle behandelt. Es wurde ihnen keine Möglichkeit gegeben den Fehler zu korrigieren. Die deutschen Pässe wurden eingezogen. Nach dieser Rückstufung in den Status des Ausländers waren die Meisten sehr enttäuscht. Sie resignierten und wollen es nicht noch einmal versuchen, die deutsche Staatsangehörigkeit beantragen.

Die SPD hatte im Wahlkampf 2013 versprochen, die doppelte Staatsangehörigkeit auch für türkische Staatsbürger zuzulassen. Dieses Vorhaben wurde dann in etwas abgeschwächter Form in den Koalitionsvertrag zwischen CDU/CSU und SPD aufgenommen. Es war vorgesehen, das so genannte Optionsmodell abzuschaffen. Junge Menschen, die in Deutschland geboren und aufgewachsen und deren Eltern noch türkische Staatsbürger sind, sollten nicht mehr gezwungen werden, sich mit 21 Jahren für eine Staatsangehörigkeit entscheiden zu müssen. Auch wenn dies lange noch nicht heißt, dass die doppelte Staatsbürgerschaft nun zugelassen ist, hatte die türkische Gemeinde diesen Schritt als positive Entwicklung bewertet. SPD Politiker beteuerten, dass die grundsätzliche Einführung der doppelten Staatsangehörigkeit für alle Türken bei dem Koalitionspartner CDU/CSU nicht durchgesetzt werden konnte. So kam es zu diesem Kompromiss.

Nachdem dann die Koalitionspartner drei Monate später den Gesetzesentwurf aushandelten, kam ein Kompromiss vom Kompromiss heraus. Statt das Optionsmodell grundsätzlich abzuschaffen wurden nur neue Regelungen eingeführt, nach denen sich junge Türken von diesem Modell befreien können. Es ist vorgesehen, dass die Türken, die in Deutschland geboren sind, ihre beiden Staatsangehörigkeiten behalten dürfen, wenn Sie mindestens 6 Jahre lang eine deutsche Schule besucht oder einen deutschen Schulabschluss vorweisen können.

Man darf sich wundern, warum die deutsche Bildung plötzlich so wichtig ist, um den türkischen Pass behalten zu können? Was hat das Eine mit dem Anderen zu tun? Wahrscheinlich genauso viel, wie der Einbürgerungstest mit gelungener Integration.

Weiterhin müssen sich die Jugendlichen mit ihren beiden Identitäten beschäftigen, die untrennbar zu ihnen gehören. Entweder müssen sie die Voraussetzungen für die Ausnahmeregelungen erfüllen und diese bei den Behörden nachweisen oder sich für eine der beiden Staatsangehörigkeiten entscheiden. Die integrationshemmende Regelung für die Eltern bleibt leider unverändert.

Erneut zeigt diese Entwicklung vor allem eines: Die Politik tut sich nach wie vor schwer, den Türken den gleichen Status zu gönnen, der schon lange für andere Migrantengruppen gültig ist. Keine Sympathie für diese ethnische Gruppe.

Der Vorsitzende der Türkischen Gemeinde Deutschlands (TGD) hat sich über diese Regelung sehr enttäuscht gezeigt. Das wiederum wurde in der Öffentlichkeit mit Unverständnis aufgenommen. Die meisten Medien sehen die neue Regelung als ein ausreichendes Entgegenkommen der Politiker, welches von den Türken dankbar angenommen werden sollte. Auch diese Debatte fördert schon wieder die Antipathie zwischen Türken und der deutschen Öffentlichkeit.

Das Verbot der doppelten Staatsangehörigkeit behindert nicht nur die Integration, sondern zerstört auch bereits erreichte Ziele. Ist das vielleicht der Grund?

Es sind nur Gastarbeiter, keine Migranten: Fehlende Integrationsarbeit

„ICH BIN EIN FREMDARBEITER" Das war das Erste, was die Gastarbeiter in Deutsch lernen sollten, damit sie wussten, wie sie sich vorzustellen haben. Ja es gab sie wirklich, Deutschkurse für die Neuankömmlinge. Einige Betriebe hatten dies für ihre neuen Mitarbeiter eingerichtet. Dies blieb allerdings die Ausnahme. Die meisten Betriebe sahen die Notwendigkeit nicht ein, warum die Arbeiter aus der Türkei Deutsch lernen sollten. Nach zwei Jahren würden sie ja ohnehin wieder zurückfahren. Statt Deutschkurse anzubieten wurden Übersetzer eingesetzt, die den Dialog zwischen türkischen und deutschen Arbeitern regeln sollten.

Man hat in den Betrieben die Hinweisschilder auf Deutsch und Türkisch angebracht und die Arbeitsanweisungen ins Türkische übersetzt, damit die Arbeitsabläufe störungsfrei funktionierten. Solange die Produktivität nicht gestört wurde, hat es niemanden interessiert, ob die türkischen Mitarbeiter Deutsch sprechen konnten oder nicht. Ein Sprachkurs in der üblichen Form hätte bei den meisten ohnehin wenig Sinn gemacht, da sie kaum lesen und schreiben konnten. Außerdem hätten die Kurse Mehrkosten verursacht, die entweder von den Betrieben oder von den Behörden hätten getragen werden müssen. Die sprachlichen Probleme hatten auch etwas Gutes, denn die türkischen Mitarbeiter konnten sich nicht ohne weiteres über Missstände im Betrieb beschweren. Sie waren auch nicht in der Lage, sich ihrer Rechte bewusst zu werden und Forderungen zu stellen. Ihr sprachliches Defizit schadete vor allem ihnen selbst, denn sie waren angewiesen auf Informationen aus zweiter Hand und konnten nicht autonom und selbst bestimmt auftreten.

Da die Gastarbeiter innerhalb von 2 Jahren wieder zurückgehen mussten, hatten die

Behörden weder Interesse, dass die türkischen Arbeiter Deutsch lernen, noch dass sie mit der deutschen Gesellschaft Kontakt aufnehmen. Wenn ich in einem Bus von meinem Sitznachbarn die Uhrzeit wissen will, muss ich auch nicht unbedingt seinen Namen erfahren. Wir werden uns wahrscheinlich nie wieder begegnen. Ich will ja nur die Uhrzeit wissen, aber ich habe kein Interesse an einer Freundschaft.

Bei der Anwerbung der türkischen Arbeiter spielte allein der Bedarf nach Arbeitskräften eine Rolle. Eigentlich wollte man sie nicht, aber man benötigte sie. Die Wirtschaft brauchte Arbeitskräfte und verlangte von der Regierung eine Regelung. Daraufhin haben Arbeits- und Außenministerium gegen den Widerstand des Innenministeriums die Anwerbung von türkischen Gastarbeitern organisiert. Das Plan war klar: Schnell den momentanen Bedarf decken und nach ein paar Jahren wieder in den gewohnten Status ohne Fremdarbeiter zurück zu kehren. Eine Zeitlang schluckt man halt bittere Pillen, wenn man dadurch wieder gesund werden kann. Aber man will sich weder an das Pillen schlucken gewöhnen, noch damit identifiziert werden. Man freut sich, wenn diese Zeit vorbei ist. Augen zu und durch.

Die Behörden und Betriebe haben sich nur um die einfachsten Grundbedürfnisse der Menschen, wie Essen und Wohnen gekümmert. Teilweise wurden sie in Baracken und provisorischen Unterkünften untergebracht, die sich meistens innerhalb des Betriebsgeländes befanden und oftmals sogar mit Stacheldraht umzäunt waren. Die Unterbringung erfolgte nach den Richtlinien für Wohnheime für Bauarbeiter aus dem Jahre 1934! Danach waren 4 m² pro Person vorgesehen (was den heutigen Platzvorgaben für Bio-Hühner entspricht), ein Waschbecken pro 5 Personen, eine Dusche pro 20 Personen, eine Pissoir und eine Toilette pro 10 Personen. Obwohl die Anforderungen minimal waren, wurden selbst diese oftmals nicht erfüllt. Sechs Bewohner eines 14qm großen Raumes mussten 65,- DM pro Person und Monat zahlen. Auf heutige Verhältnisse umgerechnet, würde dies ca. 200,- € pro Person und Monat entsprechen. Private Unterkünfte waren im gleichen Zustand und zudem für einen Türken nur schwer zu finden.

Also:

Sie haben hohe Mieten für die Bruchbuden bezahlt, in denen sie leben mussten.

Sie haben, als die Gesündesten aller Versicherten, in das Gesundheitssystem eingezahlt.

Sie haben in die Rentenkassen eingezahlt, obwohl klar war, dass sie keine Rente bekommen würden.

Sie haben Lohnsteuer bezahlt, konnten aber kaum öffentliche Einrichtungen in Anspruch nehmen.

Sie haben in die Arbeitslosenversicherung einbezahlt, aber bei Arbeitslosigkeit drohte ihnen die Rückreise.

Sie mussten ihre Pflichten erfüllen, kannten aber ihre Rechte nicht.

Das war eine perfekte Situation für die Organisatoren der Gastarbeiterbeschäftigung. Warum sollten sie etwas daran ändern wollen?
In redlichem Bemühen organisierte die Berliner Stadtverwaltung in jener Zeit einmal im Jahr einen internationalen Ball für alle Gastarbeiter. Fein heraus geputzt sollten sie sich amüsieren können. Der Eintritt kostete pro Person 2,- DM. Speisen und Getränke mussten ebenfalls selbst gezahlt werden. Die Tische waren nach Staatsangehörigkeit aufgeteilt. Die Kontaktaufnahme zwischen Italienern und Griechen, Jugoslawen und Türken und von diesen allen mit den Deutschen konnte somit fast ausgeschlossen werden. Die Behörden hatten aber das Gefühl auch für die Freizeit der Gastarbeiter etwas getan zu haben und waren diese Thema wieder für ein Jahr los.

Wer die Sprache erlernen wollte, um ein wenig mehr am Leben in Deutschland teilnehmen zu können, war auf eigene Initiative angewiesen. Zum einen musste man herausfinden, wo man Deutsch lernen kann, zum anderen musste man nach einem harten Arbeitstag zum Unterricht fahren und nicht zuletzt, musste man in der restlichen Freizeit die Hausaufgaben erledigen. Hinzu kam, dass der Unterricht Geld kostete. Die Gastarbeiter hingegen versuchten, so schnell wie möglich genug Geld zu sparen, damit sie in ihre Heimat zurückkehren konnten. Deshalb war das Erlernen der Sprache in vieler Hinsicht kontraproduktiv zu dem, was die meisten sich vorgenommen hatten. Nichtsdestotrotz haben sich einige Privatunterricht geleistet, um aus ihrer hilflosen Situation heraus zu finden.

Als positive Ausnahme muss man hier allerdings die Arbeiterwohlfahrt (AWO) erwähnen, die den Gastarbeitern bei vielen Formalitäten geholfen hat und sie über gesetzliche Regelungen und Vorschriften beraten hat. Im Rahmen ihrer Möglichkeiten haben sie eine gute Arbeit geleistet, aber auch sie hatten keinen Auftrag, die Menschen zusammen zu führen.

Ansonsten wurden zu der Zeit die folgenden Integrationsmaßnahmen eingeleitet und durchgeführt:

Also nichts!!!

Ist das vielleicht der Grund?

Gott verzeih ihnen, denn sie wissen nicht was sie tun!
Politik ohne Vorstellung von Integrationsaufgaben

In der Bevölkerung gibt es gegenüber der EU und dem Euro eine große Skepsis. Die Politiker haben bei der europäischen Integration viele wirtschaftliche Forderungen erfüllt aber nicht alle menschlichen Aspekte beachtet. Wenn die Europäische Integration gelingen soll, muss man mit den Menschen anfangen. Statt einer gemeinsamen Währung sollte eine gemeinsame Sprache eingeführt werden: „Währung ist für den Handel wichtig, die Sprache aber für den Dialog!" Dabei haben EU und Euro eine Erfolgsgeschichte geschrieben. Für die Wirtschaft! Aber nicht unbedingt für die Bevölkerung.

Das war ja auch nie wirklich beabsichtigt gewesen. Genauso wie man nie beabsichtigt hatte, die Gastarbeiter in die deutsche Gesellschaft zu integrieren. Das Ziel war es damals, für die offenen Stellen in der Industrie so schnell wie möglich entsprechende Arbeitskräfte zu finden. 1961 standen 95.000 Arbeitslosen 573.000 offene Stellen gegenüber. In der Türkei konnte man sich dann mit billigen und willigen Arbeitern versorgen. Es war wie im Schlaraffenland: Nur jeder vierte Anwärter wurde nach Deutschland mitgenommen. Man konnte sich die Besten wie Rosinen aus einem Kuchen herauspicken. Bis dahin war alles in sich schlüssig und passte zum Konzept, der Industrie kurzfristig zu helfen. Als man allerdings dann 1964 die Begrenzung der Aufenthaltsdauer von türkischen Gastarbeitern - die im übrigen nur für die **türkischen** Gastarbeiter galt - aufgehoben und den Familien den Zuzug erlaubt hatte, wurde nicht erkannt, was das bedeutete: Einwanderung! Und ein Land in das man einwandert, ist ein...? Richtig! Ein Einwanderungsland.

Bis 1999 wurde vehement bestritten, dass Deutschland ein Einwanderungsland ist. Das bedeutete, dass die in Deutschland lebenden Ausländer, insbesondere die Türken nicht eingewandert sind, sondern sich nur vorübergehend hier aufhielten. So verstrich wertvolle Zeit, in der man sich weder um die Entwicklung der türkischen Kinder noch für die Einbindung der Eltern in die deutsche Gesellschaft gekümmert hat. Das in den Migranten-Kindern liegende Potential wurde nicht gefördert. Egal wie Erfolgs versprechend sie waren - sie sollten die ‚besseren' Schulformen wie Realschule und Gymnasium nicht unnötig besetzen. Investitionen in die Bildung der Migrantenkinder schienen völlig überflüssig, da sie für die Zukunft Deutschlands unbedeutend waren. Sie waren nur ein zeitlich begrenztes Phänomen, das, genau wie Ihre Eltern bald verschwinden würde.

Wenn es Probleme mit den Migranten gab, hat man die Zähne zusammengebissen und gehofft, dass diese Zeit bald vorüber ist. Politiker haben negative Entwicklungen in Zusammenhang mit der Zuwanderung zunächst ignoriert. Wenn es nicht mehr weiter ging stellten sie einfach ein paar Forderungen in den Raum wie „Lernt erstmal Deutsch!", „Kümmert euch um eure Kinder!" usw. Damit hatten sie erreicht, dass die Bevölkerung in Deutschland davon ausging, dass die Türken im Allgemeinen sich nicht um ihre Kinder kümmern und nicht Deutsch lernen würden. Sie wurden unter Generalverdacht gestellt, das Image der Türken begann Schaden zu nehmen. Während die Türken, die kein Deutsch sprechen und deshalb deutsche Medien nicht rezipieren können, keine Notiz von diesen Forderungen genommen haben, waren diejenigen, die Deutsch gelernt hatten, empört über diese Forderungen, die sie längst freiwillig erfüllt hatten.

Die Konservativen, ohnehin eher fremdenfeindlich eingestellt, begannen die Türken zu verachten. Die Liberalen forderten, Toleranz zu zeigen und die Ausländer in Ruhe zu lassen - egal welche Probleme auftauchten. Es macht allerdings keinen wesentlichen Unterschied, ob man Missstände toleriert oder ignoriert. Man hat sich in die Angelegenheiten der Türken nicht eingemischt, denn sie waren ja nicht Bürger dieses Landes. Man war für sie nicht verantwortlich. Wenn man sich einmischte, gab es von oben herab einen Forderungskatalog, was die Türken machen sollten und wie sie das zu tun hätten. Und dann war man wieder enttäuscht, wenn die Forderungen nicht erfüllt wurden.

Es wurden weder die Ausländergesetze an die neue Situation angepasst noch das Bildungssystem – Deutschland ist ja kein Einwanderungsland. Genauso glaubt man auch noch immer an eine „weiße Weihnacht"! Aber das Wetter ist in Deutschland an Weihnachten fast ausschließlich grau. Man muss die Realität erkennen. Wenn man eine weiße Weihnacht haben will, muss man Schneekanonen einsetzen. Oder eben erkennen, dass der Schnee meistens erst im Januar kommt. Oder gar nicht. Ansonsten ist man jedes Jahr enttäuscht.

Die türkischen Familien mussten ihre vielschichtigen Probleme, die durch das Leben im fremden Land entstanden sind, selber lösen. Sie waren gezwungen, sich gegenseitig zu helfen und eigene Lösungsansätze zu entwickeln. Gab es zum Beispiel Probleme mit der schulischen Leistung ihrer Kinder, so schickten viele Eltern diese für einige Zeit in die Türkei. Mit dem Erfolg, dass die Kinder nach ihrer Rückkehr es noch schwerer hatten, im deutschen Bildungssystem erfolgreich zu sein. Oder der Bedarf an Freizeitaktivitäten wurde durch islamische Organisationen gedeckt. Und wieder gab es weniger Möglichkeiten mit der Mehrheitsgesellschaft in Kontakt zu kommen. Viele solcher Lösungsansätze wirkten kontraproduktiv auf die Integration türkischer Migranten.

Dabei darf man natürlich nicht vergessen, dass es auch viele konstruktive

Lösungsansätze und Initiativen für eine positive Ausgestaltung des Zusammenlebens gab. Ansonsten wären die Probleme heute noch größer. Die dilettantisch anmutenden Lösungsansätze vieler Türken, die sie aus ihrer misslichen Lage herausführen sollten, verstärkten in der Bevölkerung das vorherrschende Unverständnis. Negative Reaktionen blieben nicht aus. Ein Teufelskreis der bis heute nicht durchbrochen werden konnte.

Die Probleme der Zuwanderung wurden von der Politik ignoriert. Ist das vielleicht der Grund?

Kein klares Ziel: Die deutsche Gesellschaft wird nicht auf die Aufnahme von Migranten vorbereitet

Es wäre natürlich ungerecht, wenn man die vielen Bemühungen von Politikern und Verantwortlichen, die sie für die Integration erbracht haben, hier nicht erwähnen würde.

Als wichtigste Maßnahme haben die Politiker die Türken dazu aufgerufen Deutsch zu lernen. Zwar wurden keine flächendeckenden kostenlosen Deutschkurse eingerichtet, aber auf diese Weise konnte man sicher sein, dass die Türken mit dieser Aufgabe für mehrere Jahre beschäftigt sind. Und es gab Anlass für die berechtigte Hoffnung, dass sie diese Mammutaufgabe vielleicht nie bewältigen würden. Und dann wäre es ja ihre eigene Schuld. Noch heute sagen viele Politiker und nicht zuletzt 2012 Bundeskanzlerin Angela Merkel: „Die Türken sollen zuerst Deutsch lernen".

„OK Günter. Meinetwegen. Und dann?" - „Ja, dann sehen wir weiter!" – „Gut, ich habe deutsch gelernt. Was mach ich jetzt?" – „Dann warten wir jetzt bis alle anderen auch Deutsch gelernt haben." - "Und was soll ich in der Zeit machen?" - "Ja, hmm… Ähm… Du lebst doch in Köln, hast Du schon Kölsch gelernt?" – „Wie denn? Ich habe gelernt, dass es im Deutschen drei Artikel gibt: Der, die, das! Was ist dann ‚Dat'? Iss dat dann ‚dat Eis' oder ‚die Eis'? Und was ist das außerdem für eine grammatikalische Form: ‚Dat iss dem Jupp sing Kölsch!' – ‚Isch bin größer als wie du!' oder ‚Komm nach der Oma'?"

Jetzt verstehe ich, warum man sagt „Lernt erst mal Deutsch und dann sehen wir weiter". Von dieser Taktik habe ich schon als Kind gehört. Im Märchen sagte der Sultan immer: „Wenn du meine Tochter heiraten willst, musst du erst das fünfbeinige Einhorn hinter den sieben Bergen finden und lebendig in mein Schloss bringen! Und dann… Und dann... Und dann sehen wir weiter!"

Die Bayern haben daher ihre eigene Art die Ausländer zu integrieren. In einem Dorf habe ich gefragt, ob sie mit Ausländern Probleme haben. „Naa. Gua net. Wir hom fay sogoa oan Necher. Dau unt'n am Kirchblotz. Dau hänger dey de gonzen Ausländer nebn'nand. Dau bei der Wiesn störns halt. Dau wärns abg'hängt. Aba dann hänga's ma wieda auf, dass dey andern net kimma."

Als neueste Maßnahme für eine gelungene Integration gibt es jetzt den Einbürgerungstest. Um ihn zu bestehen, braucht man alle Informationen, ohne die man in Deutschland nicht leben kann - wenn Du als Professor an der Uni unterrichten willst. Nach dem Motto „Du Schatz, ich weiß leider auch nicht, ob Martin Luther oder Karl der Große Deutschland gegründet hat. Aber ich geh mal kurz rüber zu Ahmed und Aysche. Die sind frisch integriert!"

Ich gebe zu, es gibt darin auch einfache Fragen. Zum Beispiel Frage 4: „Welches Recht gehört zu den Grundrechten in Deutschland: a) Waffenbesitz, b) Faustrecht, c) Meinungsfreiheit, d) Selbstjustiz?" Das ist doch eine 50-Euro Frage bei ,Wer wird Millionär?' - "Ja Anton! Man hat das Niveau der Fragen extra runter gesetzt damit auch ihr Türken sie schafft." - "Aber Günter. Das beleidigt jetzt aber meine Intelligenz! Denn die richtige Antwort fehlt auch noch: Es ist e) Blutrache!"

Haben sich die Gestalter der Fragen eigentlich mal die türkische Verfassung angeschaut? Da steht überhaupt nichts von ,Selbstjustiz'. Das erste Grundrecht in der Türkei ist der Ehrenmord! Das zweite Grundrecht ist das ,Recht zum Anpöbeln deutscher Staatsangehöriger auf offener Straße!' Unter uns: Paragraph 2 der türkischen Verfassung ist der Laizismus. Und? Kleine Einbürgerungskunde notwendig? Für alle Freunde der Türkei? Laizismus ist was? Richtig. Laizismus auf Deutschland angewendet heißt, dass es CDU und CSU nicht geben dürfte! Keine Angelegenheit des Staates darf mit Religion vermischt werden. Die Politiker dürften die Religion nicht mehr für ihre Zwecke instrumentalisieren. Geistliche dürften sich in staatliche Angelegenheiten nicht einmischen und müssten die Verfassung anerkennen. Aber das glaubt mir ohnehin keiner, dass dies der Paragraph 2 der türkischen Verfassung ist.

Diese Frage nach den Grundrechten wirkt auf mich, als wenn ich jemanden in Deutschland frage: „Was machen sie wenn sie einen Ausländer sehen? a) sofort töten, b) fragen, ob er noch einen letzten Wunsch hat, c) ihn tolerieren, d) eine Zigarette anbieten, in der Hoffnung, dass er langsam und qualvoll stirbt?"

Oder Frage 91: „In Deutschland kann ein Regierungswechsel in einem Bundesland Auswirkungen auf die Bundespolitik haben. Das Regieren wird a) schwieriger, wenn sich dadurch die Mehrheit im Bundestag ändert, b) leichter, wenn dadurch neue Parteien in den Bundesrat kommen, c) schwieriger, wenn dadurch die Mehrheit im Bundesrat verändert wird, d) leichter, wenn es sich um ein reiches Bundesland handelt." Dass wird dieselbe Person gefragt, von der wir eben noch wissen wollten, ob Selbstjustiz ein Grundrecht in Deutschland ist. Die Person, der wir die Einbürgerung einfach machen wollten.

Die raffinierteste Frage ist allerdings die Frage Nr. 40: „Mit welchen Worten beginnt die deutsche Nationalhymne? " Hmmm...
Du glaubst doch nicht, dass ich das jetzt hier niederschreibe. Der Anfang ist doch verboten, oder? OK, ich verändere den Text ein wenig: „Türkei, Türkei, über allay, lay, lay lom…"

Dann gibt es Fragen wie: „Gehört das Finanzamt zur Judikative, zur Legislative oder zur Exekutive…" Eigentlich ist dieser Test nur für eine Personengruppe gut: Für die Kabarettisten. Ich könnte ein abendfüllendes Programm damit machen. Aber ich möchte auch mal was Intelligentes behandeln. Wenn nur die Menschen in Deutschland leben, die die richtigen Antworten kennen, hätten wir bestimmt bald keine Staus auf den Autobahnen mehr: „Persönliche Ausfahrt Dr. Wiedekind in 2000 Metern – nächste Ausfahrt Frau Professor Hiltrud Schneider weiter geradeaus!" Ich finde die Gesinnungstests spannender. Da geht es ums Eingemachte: „Wenn Sie erfahren, dass Ihre Bekannten oder Freunde einen Anschlag planen, wie reagieren Sie?" - „Eyh, super! Darf ich mit machen? Mein Schwager besorgt gute Bomben aus Afghanistan. Gute Deutsche Marke. Geklaut aus Lager in Kundus. Äh, ist das jetzt etwa, äh, die falsche Antwort, oder was? Eyh. Ja was soll isch denn sonst sagen?"

Und wenn man alles gelernt und den Test bestanden hat, dann ist man fertig, dann ist man integriert. Schnell zum Nachbarn und klingeln: "Hallo Herr Schmitz. Und, alles gut? Ich habe mich frisch integriert und wollte ein wenig mit ihnen plaudern."
- „Ah ja?" - „Herr Schmitz. Sie schimpfen ja immer so über das Finanzamt. Aber nach unserem Grundgesetz gehört das Finanzamt zur Exekutive. Und auch wenn es sie ärgert: Es übt nur seinen verfassungsgemäßen Auftrag aus." - "Was? Sag mal jetzt bist du auch noch Klugscheißer geworden oder was? Mach dass Du weg kommst, du Spinner. Lass dich nie wieder hier blicken!" - „Herr Schmitz, sie oberschlesischer Spätaussiedler, haben sie eigentlich den Einbürgerungstest gemacht?" - „Weg hier. Ich werde dich anzeigen." Rumms. Tür zu. Gelungene Integration. So kamen wir uns näher.

Sie hätten mir lieber beibringen sollen, dass man in Deutschland nicht einfach ein Bonbonpapier in die Mülltonne seines Nachbarn werfen darf. "Herr Anton. Das ist eine Unverschämtheit. Ich werde sie anzeigen!" Nachdem ich vom Gericht zu 20 Tagen Ordnungshaft verurteilt worden war, sagte mein Nachbar: "Sie hätten mich doch einfach um meine Erlaubnis bitten können." - "Gut. Herr Schmitz. Dürfen meine Kinder ab und zu Bonbonpapiere in ihre Mülltonne werfen?' – ‚Herr Anton! Sind wir denn hier in Anatolien? Ich weiß ja nicht mal, wie viele Kinder sie überhaupt mit ihren 90 Frauen haben!"

Man denkt ‚Jetzt habe ich alles getan, was man von mir verlangt hat. Jetzt sind die Leute bestimmt zufrieden!' Und dann geht man aufs Einwohnermeldeamt und will seinen deutschen Pass abholen. ‚Wie heißen sie denn?' – ‚Ich heiße Müslüm Üzümlüköy. Üzümlüköy mit Ü am Anfang, wie es eigentlich die Hühner machen sollten, wenn sie nicht assimiliert worden wären." - „So, so sehr schöner Name. Hören sie mal. Halten sie mich nicht für blöd. Sie leben jetzt so lange in Deutschland und behaupten, sie hätten sich integriert. Aber ihr Name hat nicht ein einziges Ü weniger! Nach deutschem Namensrecht tolerieren wir höchstens ein Ü im Namen. Nehmen sie sich doch ein Beispiel an Günter Verheugen. Der heißt auch nicht Güntürülü Vürhügünü."

Es gab viele, sogar teilweise gut gemeinte Integrationsmaßnahmen. Aber alle hatten sie eines gemeinsam: Keine von ihnen berücksichtigte wirklich, wo die eigentlichen Ursachen liegen und wie man sie wirksam verändern kann. Man hat erst reagiert, wenn Symptome auftauchten und sich dann auf die Behandlung der Symptome konzentriert. Vielleicht konnte man damit einige Probleme abmindern, aber die Ursachen sind geblieben und produzierten immer neue Problemfälle.

Die Integrationskurse und die Einbürgerungstests zeigen die Orientierungslosigkeit der Verantwortlichen auf. Bei den Integrationskursen werden den Ausländern konzeptlos irgendwelche Informationen über irgendwas beigebracht und danach in einem Test abverlangt. Die Frage ist, was will man damit erreichen? Sind die Ausländer dann besser vorbereitet auf den Alltag? Bekommen sie schneller eine Arbeit oder eine Wohnung? Verhindert es Kriminalität? Werden sie bessere Nachbarn? Nein. Darüber hat sich keiner wirklich Gedanken gemacht.

Es mag sein, dass es für einen Intellektuellen wichtig ist zu wissen, wann die DDR gegründet wurde. Aber dieses Wissen hilft einem türkischen Arbeiter nicht die Bohne im Gespräch mit seinen Kollegen. Das ist eine Frage, die höchstens 10 % der Menschen in Deutschland richtig beantworten würden. Die Politiker sagen: „Ja, aber es ist trotzdem wichtig zu wissen, denn das gehört zu unserer Geschichte!" Das mag richtig sein, aber was hat es mit Integration zu tun, wenn man Wissen vermittelt, mit dem die meisten Menschen in Deutschland nichts anfangen können?
Aber einen guten Zweck erfüllen die Einbürgerungstests trotzdem. Die Fragen entlarven, was die Verantwortlichen über Ausländer denken. Wenn zum Beispiel gefragt wird, ob es in Deutschland verboten sei, mehr als eine Frau zu heiraten, so zeigt dies, dass man davon ausgeht, dass die Ausländer – und wahrscheinlich sind hier nur die Türken gemeint - mehrere Frauen heiraten wollen.

Aber auch, wenn es so wäre - was würde sich an den Gedanken der betreffenden Person ändern, wenn sie die Frage richtig beantwortet? Dass es in Deutschland verboten ist, mehrere Frauen zu heiraten, wird wohl inzwischen jedem bekannt sein. Und es ist ohnehin uninteressant zu wissen, ob es verboten ist. Denn spätestens, wenn sie zum zweiten Mal auf dem Standesamt erscheinen, würden sie erfahren, dass das in Deutschland nicht geht.

Insbesondere diese Frage zeigt, wie wenig die Fragengestalter sich auskennen, was Türken und die Türkei betrifft. Ihre Informationen basieren auf Vorurteilen, die an den Stammtischen verbreitet werden. Denn in der Türkei darf man, seit der Gründung der Republik auch nicht mehr als eine Frau heiraten. Dennoch gibt es Regionen, in denen die Männer mehrere Frauen durch ein „Imam nikahi", eine religiöse Eheschließung heiraten. Allerdings sind diese Ehen verboten und werden vor dem Gesetz nicht anerkannt. Schon allein, wenn eine religiöse Ehe vor der standesamtlichen Eheschließung erfolgt, kann der Imam mit einer Gefängnisstrafe bis zu sechs Monaten bestraft werden. Aber wer weiß etwas davon in Deutschland? Wer kennt sich wirklich mit türkischer Kultur und der türkischen Gesetzgebung aus?

Die Institution der Ehe ist in Deutschland ohnehin sehr widersprüchlich. Einige messen der kirchlichen Eheschließung größte Bedeutung bei. Andere heiraten nicht einmal standesamtlich, sondern leben in einer „Wilden Ehe". Spätestens seit der ‚Kommune 1' ist es auch nicht verboten mit mehreren Partnern zusammen zu leben.

Und in diesem Durcheinander will man den Ausländern beibringen was richtig ist? Gibt es überhaupt „das Richtige" was man beibringen kann? Die so genannte ‚Leitkultur'? Und welcher Leithammel leitet die Leitkultur? Wenn so ein Hammel existiert, sollte man ihn den Türken geben, damit sie ihn zum Grillteller verarbeiten.

In einer pluralistischen Gesellschaft wie der Deutschen gibt es nicht nur eine einzige richtige Art zu leben oder sich zu verhalten. Deshalb kann man den Ausländern nicht zeigen, wohin sie sich entwickeln sollen. Die Politiker machen sich unglaubwürdig, wenn sie den Ausländern erklären, was sie über Deutschland wissen müssten. Das sind oftmals Informationen, von denen nicht einmal die meisten Deutschen Kenntnis haben. Und wer von anderen Verfassungstreue verlangt, sollte sich zum einen selbst an die Verfassung halten und auch nicht dauernd das Grundgesetz verändern, wenn es gerade opportun erscheint.

Einerseits verlangen die Konservativen von den Ausländern völlige Unterwerfung und nehmen ihnen die letzte Lust sich einzugliedern. Andererseits neigen die weltoffenen, liberalen Menschen dazu, jeglichen Missstand zu verstehen und zu tolerieren. Eine Richterin sprach in Deutschland einen muslimischen Ehemann frei, der seine Frau unterdrückt und geprügelt hatte. Die muslimische Frau musste damit rechnen geprügelt zu werden, wenn sie mit einem muslimischen Mann die Ehe eingeht – so die Argumentation der Richterin. Sie hatte dabei nur auf die kulturellen Eigenarten der Moslems Rücksicht nehmen wollen. Das löste nicht nur einen Sturm der Empörung aus und verstärkte die Vorurteile gegenüber Moslems - das Urteil gab auch ein völlig falsches Signal an andere Migranten, hinsichtlich der in Deutschland geltenden zivilgesellschaftlichen Verhaltensnormen.

Der größte Fehler der Integrationsarbeit ist allerdings, dass sie sich nur an Ausländer und Migranten richtet. Man versucht sie zu einem Prototypen umzuformen, der den Anforderungen der Gesellschaft entspricht. Aber man vergisst dabei, auch die Gesellschaft umzuformen, damit sie aufnahmefähig oder zumindest aufnahmebereit wird. Es gibt keine großflächig angelegten Aktionen zur Vorbereitung der Deutschen auf die Begegnung und den Umgang mit Menschen aus anderen Kulturen.

Weder wurde den Lehrern interkulturelle Kompetenz beigebracht noch eine zusätzliche Sprache der Gastarbeiter (türkisch) gelehrt. Nach wie vor sind viele Lehrer nicht in der Lage, die Namen der türkischen Kinder und deren Eltern auszusprechen. Es ist eine enttäuschende und entmutigende Erfahrung für Menschen, die sich um die Aufnahme in die Gesellschaft bemühen.

Die Gesellschaft ist nicht bereit, ihre Regeln an die neuen Gegebenheiten anzupassen sondern beharrt stur darauf, dass die Neuankömmlinge – die nunmehr seit Jahrzehnten in Deutschland leben - sich den vorhandenen Strukturen unterwerfen. Wie aber soll das funktionieren, wenn schon die Einschulungsfeier mit einem Gottesdienst in einer Kirche anfängt und die Hälfte der Schüler muslimischen Glaubens ist?

Die Integrationsarbeit ohne Beteiligung der aufnehmenden Gesellschaft ist unsinnig und wird nicht zum Erfolg führen. Es ist, als würde man nur das Kind wegen seiner psychischen Probleme behandeln und nicht auch die Familie und sein Umfeld in den Blick nehmen. Die in der Psychotherapie längst etablierte Sichtweise, dass Umfeld und Familie auf das Kind einwirken und so an bestehenden Problemen beteiligt sind, ist allen Integrationsansätzen nach wie vor fremd.

Fehlende konstruktive Integrationsmaßnahmen mit einem klaren Ziel.
Ist das vielleicht der Grund?

Die Situation heute!

Aber nicht jedes Vorurteil trifft zu. Als ich einmal Urlaub am Schwarzen Meer machen wollte, haben mich sogar Türken davor gewarnt: „Da hat jeder eine Waffe!". Dann war ich da und es stimmte natürlich überhaupt nicht! Dort hat jeder mindestens fünf Waffen. Eine könnte ja kaputt sein, die andere in der Reinigung, eine zu Hause vergessen und eine ist zu neu, um eingesetzt zu werden. Man muss doch immer ein Argument in der Tasche haben.

Wir glauben sogar selber an diese Vorurteile. Ich war neulich bei der Bank und wollte Geld abheben, so auf türkische Art halt. Ich sagte: „Hände hoch!" Der Kassierer schaute mich an und erwiderte: „Entschuldigung, aber haben Sie vielleicht auch eine Waffe dabei?" - „Natürlich. Ich bin doch ein Türke, ich muss doch irgendwo eine Waffe haben, aber wo?" Während ich umständlich nach meiner Ceská suchte lenkte der Kassierer schon ein: „Ach so, sie sind wirklich ein Türke. Zeigen sie mir doch einfach ihren Ausweis. Das belegt ja dann ausreichend, dass sie auch eine Waffe haben!" Eine wirklich nette Geste. Er händigte mir das Geld aus und sagte: „Bringen sie ihre Waffe einfach beim nächsten Mal mit und zeigen sie sie mir!". Ein gelungenes Beispiel für Ethno-Marketing.

„Sag doch mal, Anton. Bei euch in der Türkei trinkt man doch keinen Alkohol, nicht wahr?" - „Natürlich nicht! Erstens ist er schwer zu bekommen und außerdem ist er auch giftig, oder? Wir Türken trinken lieber Raki und Bier." - „Gut, gut, OK. Aber ihr esst doch kein Schweinefleisch in der Türkei? Das ist doch so, oder?" - „Das stimmt! Bei den hohen Preisen. Also ich persönlich nehme mir immer einen Schinken mit in die Türkei. Aber hier, bei den Discounterpreisen in Deutschland, können wir es kaum abwarten bis die Tiere geschlachtet sind. Wir verspeisen sie, solange sie noch zappeln. Aaargh!" - „Interessant, interessant, Anton. Das deckt sich mit meinem Türkenbild."

Wir reden ständig über die Unterschiede der beiden Kulturen. Aber wir haben auch viel Gemeinsames. Wir haben in der Türkei auch unsere Macken und unsere Vorurteile. Es gibt bei uns ehrliche Menschen, aber eben auch Politiker. Freilaufende Politiker. Das Mandat schützt vor der Verhaftung. Zum Beispiel hat der türkische Premierminister auf einem Autobahn-Parkplatz in einem Aktenkoffer Schwarzgeld in Millionen-Höhe entgegen genommen. Und das in der Schweiz! Hmm... Oder war das Helmut Kohl? Hmm. Oder Roland Koch? Kanther? Ich weiß es nicht mehr. Also, wenn es allein nach Korruptionskriterien gehen würde, wäre die Türkei längst Mitglied der EU.

Oder die Tierliebe, die uns verbindet! Auch wir Türken lieben Tiere. Pferd, Kaninchen, Lamm, Rind, Huhn, Gans… Hauptsache es ist Fleisch auf dem Grill! Wir lieben die Tiere, aber ich weiß nicht, ob diese Liebe auf Gegenseitigkeit beruht.

In Deutschland liebt man ja vor allem die Haustiere. Zunächst befreit man sie daher von ihrem größten Leiden – man kastriert sie! Ja natürlich. Sonst leidet so ein Tier. Schließlich war es ja seine eigene Entscheidung, weit ab von seinen Artgenossen in einer menschlichen Wohnung unterzukommen. Pferde zu lieben heißt in Deutschland vor allem: Eier ab. Ja, sonst kann man so einen Hengst nicht reiten. Und wie sonst kann ein Pferd auch mit der Welt klarkommen, wenn es nicht von einem zickigen Teenie herum kommandiert wird? In der Wildnis haben die Pferde früher ohne Sinn und Verstand gelebt. In mühsamer Arbeit haben sie versucht, sich selber Ställe zu bauen, haben Kastrations-Selbsthilfe-Gruppen gegründet, sich gegenseitig die Eier weggetreten und aus den umliegenden Dörfern pubertierende Mädchen entführt, damit diese ihrem Leben endlich einen Sinn geben. Seitdem kriege ich jedes Mal Panikattacken, wenn mir jemand sagt: „Anton, ich liebe dich!" - „Ähh, etwa genauso wie Dein Pferd?"

Als ich gerade frisch in Deutschland gelandet war, habe ich einmal beobachtet, wie eine Frau zu ihrem Hund sagte: "Komm zu Mama!" - Aha! Uiih! Oulala! Was für ein hoch entwickeltes Land. Technisch fortschrittlich. Das hat noch kein Hirte in Ost-Anatolien geschafft. Verzweifelt fragen sie dort jede trächtige Ziege: „Ist es endlich soweit? Ist es von mir?"

Oder eine andere Gemeinsamkeit: Kinderarbeit! Die Kinder arbeiten in der Türkei auf dem Acker oder knüpfen Teppiche und bekommen einen Hungerlohn dafür. Deutschland ist da viel fortschrittlicher. Hier arbeiten die Kinder umsonst! Die Eltern zahlen sogar dafür, damit die Kinder überhaupt arbeiten dürfen. Gutes Marketing ist alles. Stall ausmisten und Tiere vom Dreck befreien nennt man dann ‚Naturnahes Lernen'. „Papa, wir müssen heute nur einmal bezahlen, dürfen aber drei Tage lang die Pferde striegeln!" Das ist billig: Wo kann man heute noch Kinder für nur 200,- € drei Tage lang sinnvoll mit Drecksarbeit beschäftigen?

Oder man nennt die Kinderarbeit einfach „Sponsoren-Lauf". Die Kinder rennen wie die Blöden und andere verdienen. Das muss ich den Türken beibringen. Vielleicht nennen wir die Feldarbeit dann „Acker-Schufting" und machen die Kinderarbeit für Eltern und Touristen attraktiver. Und für die richtig reichen Kinder bieten wir exklusive Abenteuer: „Kohlemining" in Verbindung mit „Tierkadaver-Enthäutung". Man muss es nur anders benennen.

Oder zum Beispiel Feng Shui. Das ist total erstaunlich. Es gibt Leute, die haben deswegen ihr Bett in die Küche gestellt. Ja. Der Feng Shui Berater hat es Ihnen gesagt. Das wäre der beste Ort, um gut zu schlafen. Nachdem sie den Berater bezahlt hatten, mussten sie ohnehin in der Küche schlafen. Die anderen Zimmer hatten sie an Türken untervermietet. Ich glaube, Feng Shui kommt aus der Türkei. In den ländlichen Gebieten leben und schlafen sie auch alle zusammen in der Küche und haben kein Geld mehr.

50 Jahren nach Ankunft der ersten türkischen Gastarbeiter kann man heute noch immer nicht von einem unbeschwerten Zusammenleben zwischen Deutschen und Türken sprechen.

Das wichtigste Indiz dafür ist, dass man die Bürger dieses Landes noch immer nach ihren ethnischen Wurzeln aufteilt. Es zeigt, dass es in der Gesellschaft und in dem Bewusstsein der Menschen eine große Rolle spielt, welcher ‚Gruppe' eine Person angehört. Eine Angehörigkeit, die niemand selbst entscheiden kann – sie wird durch die Geburt festgelegt. Das Beste was ein Türke in Deutschland erreichen kann ist „ein sehr gut integrierter TÜRKE" zu sein. Damit bleibt er aber im Auge des Betrachters und auch in seinem eigenen Verständnis immer noch Türke. Man sagt „Mesut Özil ist sehr gut integriert". Warum sagt man das Gleiche nicht von Franz Beckenbauer? Ja, gut - er spricht immer noch kein richtiges Deutsch aber das tut doch Özil auch nicht unbedingt. Sie sind einfach beide gute Fußballer, die in Deutschland Fußball spielen. Sonst nichts. Warum spielt ihre ethnische Herkunft überhaupt eine Rolle? Weil das Dasein von Mesut Özil immer noch als etwas Sonderbares, etwas Außergewöhnliches betrachtet wird. Wenn jemand in Deutschland geboren und aufgewachsen ist und für die deutsche Nationalmannschaft spielt, dann aber nicht selbstverständlich als Teil der Gesellschaft wahrgenommen wird, führt das unweigerlich zu Problemen. Er wird als Türke gesehen! Und bekam dann für seine Integrationsleistung sogar ein Bambi. Aber niemand erklärte, was er für die Integration getan hat. Alles was er macht kann den Türken, die in Deutschland leben zu Gute kommen. Aber es kann auch schlecht für sie sein - denn er repräsentiert die Türken im Land. Wenn er sich entscheidet für die deutsche Nationalmannschaft zu spielen, ist das gut für das Image der Türken. Aber wenn er dann die Nationalhymne nicht mit singt, bedeutet es, dass die Türken sich nicht zu Deutschland bekennen.

Mesut Özil ist ein selbstverständlicher Teil dieser Gesellschaft. Es ist anmaßend, ihm zu sagen, was und wie er es machen muss, damit er als gut integriert gilt. Deutschland reißt ein Teil aus sich selbst heraus und stellt dann fest, dass dieses Stück sich sehr gut einfügen würde, wenn man ein paar Korrekturen durchführt.

Die Betrachtung in ‚wir' und ‚die' führt dazu, dass die Gesellschaft sich immer mehr spaltet und es zur Bildung von Parallelgesellschaften kommt.

Von circa 2,8 Millionen in Deutschland lebenden Türken haben gerade einmal circa 600.000 die deutsche Staatsbürgerschaft. Die Einbürgerungszahlen sind seit der Reformierung des Ausländergesetzes in 2000 rückgängig. Die doppelte Staatsbürgerschaft ist nach wie vor verboten. Dies erhöht die Hemmschwelle, die deutsche Staatsangehörigkeit zu beantragen, weil man dafür seine türkische Identität aufgeben müsste. Und diese Regelung betrifft fast ausschließlich die Türken und kaum die anderen Ausländer in Deutschland. Diese Doppelmoral empfinden die Türken als Zeichen der Antipathie. Es fördert ihre eigene Missgunst gegenüber der deutschen Gesellschaft.

In den Schulen und auf den Schulhöfen ist es verboten türkisch zu sprechen, obwohl andere Sprachen wie Spanisch, Englisch und Italienisch gern gesehen sind. Die unterschiedliche Behandlung der Sprachen führt auch hier zu Diskriminierung und zu Konflikten zwischen Türken und Deutschen.

Die Anzahl der bi-nationalen Ehen zwischen Türken und Deutschen bewegt sich auf einem äußerst niedrigen Niveau. Die Akzeptanzhürde wird beständig höher. Wenn ein deutsch-türkisches Paar heiraten will, erhalten die Partner von allen Seiten fast ausschließlich warnende Hinweise: „Hast Du dir das wirklich gut überlegt?" - „Gibt es denn keine Frau/keinen Mann mit der gleichen Abstammung?" - „Willst Du etwa deine Kultur aufgeben?" - „Willst du dein Land verraten?" - „Willst du eine/r von denen werden?" - „Was sollen wir den Verwandten, den Nachbarn und unseren Freunden sagen? Wie sollen wir es ihnen beibringen?"

Die Parlamente spiegeln den türkischstämmigen Bevölkerungsanteil nicht wieder. Als Türke ist es sehr schwer gerade in den Volksparteien eine entsprechende Karriere zu machen. Ebenso sucht man in anderen Organisationen wie Gewerkschaften, Wohlfahrtsverbänden oder in den Vorstandsetagen von großen deutschen Unternehmen vergeblich nach Türken.

Das könnte man natürlich damit begründen, dass die Türken partout nicht in der Lage sind solche Posten zu adäquat zu besetzen. Dagegen sprechen allerdings die Feststellungen diverser Studien: Bewerber mit einem türkischen Nachnamen müssen bei gleicher Qualifikation acht bis zehnmal so vielen Bewerbungen schreiben, wie Bewerber mit einem deutsch klingenden Nachnamen.

Nicht zuletzt deswegen verlassen jedes Jahr zehntausende junge türkischstämmige Akademiker, die in Deutschland geboren und aufgewachsen sind und die hier studiert haben ihre deutsche Heimat. Meistens wandern sie in die Türkei aus, wo sie feststellen müssen, dass sie dort erst recht Fremde sind. Migrantenkindern fehlen dadurch gut integrierte Vorbilder, denen sie nachstreben können. Vorbilder, die von der Gesellschaft als vollwertige Bürger angenommen sind.

Die überwiegenden Teile der türkischen Kinder sind in den Hauptschulen. Die Anzahl der türkischen Kinder, die die Schule ohne einen Abschluss verlassen müssen, ist doppelt so hoch wie bei deutschen Kindern. Ohne ausreichende Bildung hat man kaum Zukunftsperspektive in der Gesellschaft angenommen zu werden.

Alle ein bis zwei Jahre gibt es in den Medien eine fast ausschließlich negativ besetzte Integrationsdebatte, die immer heftiger ausgetragen wird. Die Diskussionen werden nicht lösungsorientiert geführt, sondern bieten die Plattform, auf der die gegenseitige Antipathie zum Ausdruck gebracht werden kann. Wenn die Medien das Thema dann nicht mehr behandeln, verschwindet die Debatte aus der Öffentlichkeit. Aber unterschwellig wird sie fortgeführt und zerfrisst das Vertrauen zwischen den unterschiedlichen Bevölkerungsgruppen. Eine schlechte Ausgangsbasis für die nächste Integrationsdebatte.

Der SPD Politiker Thilo Sarrazin hat in seinem Buch „Deutschland schafft sich ab" die These aufgestellt, dass die Migranten aus dem arabischem Raum – wozu er auch die Türkei zählt - nicht in der Lage sind, sich in die Gesellschaft zu integrieren. Obwohl er in seinem Buch rassistische Thesen aufstellt, die die Türken als Volksgruppe diffamieren, wurde ihm übergroße Aufmerksamkeit geschenkt. Es ist richtig, dass die Meinung eines Einzelnen, auch wenn sie sehr provokant ist, durch die Verfassung geschützt wird. Problematisch ist hier auch nicht die Meinung eines Einzelnen, problematisch ist die breite Zustimmung, die er zu seinen Äußerungen bekam. Über 60 Prozent der Bevölkerung stimmten seinen Thesen zu. Damit hätte er theoretisch eine neue Partei gründen und mit absoluter Mehrheit Deutschland regieren könnte. Zusätzliche Brisanz erhielt das Geschehen durch den Umstand, dass die Bevölkerung ihm und seinen Thesen zugestimmt hat, bevor das Buch überhaupt veröffentlicht worden war. Und auch in der Folge wurden seine Bücher zwar millionenfach verkauft aber kaum gelesen. Man solidarisierte sich mit ihm, ohne genau zu wissen, was er überhaupt gesagt hat. Es reichte aus, dass er sich negativ über die Moslems und Türken äußerte. Er hat eine Reflektionsfläche erschaffen, auf der die vorhandene Antipathie gegenüber Türken und Moslems zum Ausdruck gebracht werden konnte. Viele haben sich diese Möglichkeit nicht entgehen lassen.

Wie der Diskurs über ihn und seine Meinung geführt wurde, zeigt erst recht wie tief die Antipathie gegen Türken in der Gesellschaft verankert ist. Viele Prominente haben zwar seine Wortwahl kritisiert, aber gleichzeitig eingeräumt, dass er in der Sache doch Recht haben würde. Probleme, über die angeblich in Deutschland lange geschwiegen wurde, würden hier angesprochen. Letztlich wurden aber in den Debatten nur die bekannten Missstände immer wieder aufgekocht und gegen die Türken Dampf abgelassen. Unter dem Deckmantel „Kann man nicht einfach Klartext reden und auch die Türken kritisieren ohne gleich in die Nazi-Ecke gestellt zu werden!" wurden rassistische Sprüche ungeniert geäußert und sind damit salonfähig geworden.

Die Äußerungen von Sarrazin waren extrem polarisierend und hetzten die verschiedenen Bevölkerungsgruppen gegeneinander auf. Deshalb sind seine Äußerungen eher als Volksverhetzung zu sehen, denn als freie Meinungsäußerung. Trotz Anzeigen wurde allerdings gegen ihn kein Strafverfahren eröffnet. Für einen Parteiausschluss fand sich in der SPD keine Mehrheit. Als Vorstand der Bundesbank konnte er nicht gekündigt werden. Er legte dann selbst sein Amt nieder – ohne Kürzung seiner Rentenansprüche. In manchen Kreisen wurde er zum Held erklärt, weil er so ,mutig' gegen alle Widerstände die Wahrheit gesagt hätte. Angeblich hätte er seine Karriere aufs Spiel gesetzt und hätte alles verloren, nur um das deutsche Volk zu warnen.

Spätestens nach der Sarrazin-Debatte weiß selbst ein gutmütiger Türke, dass er in diesem Land - mehrheitlich - unerwünscht ist.

Es ist nicht nur, dass solche Debatten keine Lösungen schaffen, sie verursachen neue Probleme. Denn in Vereinen, Betrieben und Freundeskreisen, in denen das gedeihliche Miteinander längst Normalität war, fangen die Diskussionen von vorne an und sorgen für ein schlechtes Klima. Sogar in den bi-nationalen Familien werden die Ehepartner an ihre unterschiedliche kulturelle Zugehörigkeit erinnert, die für sie schon längst keine Bedeutung mehr hatte. Instinktiv versuchen sie, das ihnen von Sarrazin zugewiesene Lager zu verteidigen. Und schon sind sie in der Debatte mit drin. Die unterschiedlichen Gruppen entfernen sich wieder voneinander, die Einzelnen tun sich eher wieder mit Gleichgesinnten zusammen.

Es werden rassistische Statistiken oder diplomatisch ausgedrückt: ,Statistiken nach ethnischer Herkunft' geführt und damit versucht, negative Entwicklungen in Deutschland zu erklären, den Schuldigen zu finden. Wenn an einem Ort die Kriminalitätsrate hoch ist, ist schnell die – scheinbar statistisch belegte - Erklärung „aber die Taten werden überwiegend von Ausländern verübt" zur Hand. Und dann ist alles wieder in Ordnung. Die Ausländer sind schuld. Also: Ausländer raus, dann ist das Problem gelöst. Wenn Deutschland in der Pisa Studie schlecht abschneidet, liegt das an den Kindern mit Migrationshintergrund. Ohne sie wäre das Bildungssystem in Deutschland paradiesisch. Aber da es sich um Ausländer handelt ist niemand zuständig. Statistiken, die nach ethnischer Herkunft vorgehen, fördern den Rassismus in Deutschland und bei den Ausländern das Gefühl, zu Unrecht unter Generalverdacht zu stehen.

Türken haben Probleme in bürgerlichen Stadtteilen eine Mietwohnung zu bekommen. Deutsche Vermieter pflegen Vorbehalte gegen sie. Dadurch werden sie gezwungen, in den von Ausländern dominierten Gettos zu wohnen. Oftmals können Türken nicht einmal eine Immobilie käuflich erwerben, weil man befürchtet, dass dadurch das Objekt an Wert verliert.

Nach einem meiner Auftritte mit meinem Kabarett-Programm, sprach mich ein Zuschauer an: „Das klingt ja alles so wunderbar bei ihnen, bei mir aber ist es so: Ich wohne in einem Reihenfamilienhaus. Jetzt wurde das Haus rechts von mir an einen Türken verkauft und das Haus links von mir wird auch an einen Türken verkauft. Was soll ich denn jetzt machen?" Ich habe geantwortet „Ich kaufe ihnen ihr Haus ab, denn jetzt ist es bestimmt nicht mehr viel wert".

Wenn Türken oder türkische Organisationen eine Veränderung wünschen oder anstreben, wird dies immer noch als eine Einmischung in die inneren Angelegenheiten Deutschlands angesehen. Man sieht sie nicht als Bürger dieses Landes, sondern als Ausgesandte der türkischen Regierung! Als Frau Aygül Özkan 2010 kurz vor ihrem Amtsantritt als Sozialministerin von Niedersachsen in einem Interview lediglich eine Entscheidung des Bundesverfassungsgerichtes zitierte, wurde sie derart heftig kritisiert und unter Druck gesetzt, dass sie sich für ihre Äußerungen entschuldigen und sie zurücknehmen musste. Die erste türkischstämmige Ministerin in Deutschland hatte gesagt, dass Kruzifixe nicht in staatliche Schulen gehören – genau so, wie es das Bundesverfassungsgericht entschieden hatte. Daraufhin wurde sie beschimpft, erhielt Morddrohungen und vom Ministerpräsidenten Christian Wulff gezwungen, sich vor dem Landtag zu entschuldigen. Und natürlich erhoben sich Stimmen, sie solle erst einmal die Verhältnisse in der Türkei verbessern, bevor sie sich an deutschen Traditionen vergreife.

Es ging nicht darum, ob sie in der Sache Recht hatte oder nicht. Es ging darum, ob sie als „Nichtdeutsche' Deutschland kritisieren darf. Ein weiteres Beispiel dafür, dass türkischstämmige Menschen fortlaufend der Türkei in Verbindung gebracht werden und nicht als Teil der deutschen Bevölkerung gesehen werden.

Umgekehrt passiert das Gleiche, wenn es um Kritik an der Türkei geht. Türkischstämmige Menschen in Deutschland werden für die Entscheidungen der türkischen Regierung verantwortlich gemacht oder zumindest damit in Verbindung gebracht: „Wie geht ihr mit euren Minderheiten um?" – „Warum lasst ihr es nicht zu, dass in der Türkei Kirchen gebaut werden?" – „Warum wird die Meinungsfreiheit in der Türkei unterdrückt?" – „Wie könnt ihr nur eine Partei verbieten lassen?" – „Wie kann Euer Ministerpräsident so etwas sagen?" Obwohl sie dort noch nicht einmal wählen dürfen, hängt das Ansehen der türkischstämmigen Bevölkerung in Deutschland sehr stark von der türkischen Politik ab. Diese Sichtweise stiftet Identifikation – mit der Türkei!

Als der türkische Ministerpräsident Erdogan nach Deutschland kam und in großen Hallen Reden hielt, kamen zehntausende von Türken, um ihm zuzujubeln. Die deutsche Politik und die Öffentlichkeit waren empört, dass der türkische Präsident zu den hier lebenden Türken spricht und diese ihm begeistert zuhören. Übersehen hat man dabei, dass er – in Folge des Verbotes der doppelten Staatsbürgerschaft – für die meisten noch immer ihr politisches Oberhaupt ist. Erdogan sah sie als das, was sie sind: türkische Staatsbürger. Er empfahl ihnen, sich nicht zu assimilieren sondern Türken zu bleiben und ihre Kultur weiter zu leben. Da kam dann plötzlich die Frage auf, ob der türkische Präsident überhaupt zu ,unseren' Türken sprechen darf. Plötzlich waren alle – und insbesondere auch die konservativen Politiker – äußerst Besitz ergreifend und erklärten, dass die Türken zu Deutschland gehören. Sie verhielten sich wie Kinder, denen ein anderes Kind ein Spielzeug wegnimmt, mit dem sie gar nicht gespielt hatten, mit dem sie gar nicht spielen wollten und das ihnen auch gar nicht gehörte.

Es ist nicht wichtig, ob der türkische Ministerpräsident zu den Türken in Deutschland sprechen darf. Das machen deutsche Bundeskanzler genauso, wenn sie zum Beispiel in Polen mit Organisationen von dort lebenden Deutschen zusammentreffen. Sie empfehlen ihnen dann auch nicht, dass sie sich assimilieren und ihre deutschen Wurzeln vergessen sollen. Warum sollten sie auch so etwas überhaupt empfehlen? Sie vertreten doch die Interessen Deutschlands, genau wie der türkische Präsident die Interessen seines Landes vertritt. Man kann von Regierungschefs nichts anderes erwarten. Worüber man sich wirklich Sorgen machen sollte ist, dass viele türkischstämmige Menschen sich ihm zuwenden und von ihm Hilfe erwarten. Das ist das Zeugnis dafür, dass sie sich von deutschen Politikern nicht vertreten fühlen. Die Quittung für ihr jahrelanges nicht-integratives Vorgehen. Auch wenn Frau Merkel bei einem gemeinsamen Besuch mit dem türkischen Präsidenten an einer deutschen Universität die türkischstämmigen Studenten mit den Worten „Ich bin aber auch eure Bundeskanzlerin" zu gewinnen versuchte – die meisten von ihnen fühlen sich von der Bundesregierung nicht wirklich vertreten. An der Ehrlichkeit dieser vielleicht lang ersehnten und wichtigen Aussage gab es berechtigte Zweifel. Und unbeachtet von dem öffentlichen Aufruhr, ist die Mehrheit der Türken den Veranstaltungen von Erdogan ferngeblieben. Sie fühlen sich weder von Herrn Erdogan noch von Frau Merkel vertreten. Denn sie haben in Deutschland noch kein Wahlrecht und in der Türkei keines mehr, sie wurden in die politischen Prozesse nicht eingebunden, ihre Gestaltungswünsche werden ignoriert. Auf dem Bundestag steht „Dem deutschen Volke" - und sie sind Ausländer.

Viele Türken lassen sich nach ihrem Ableben in der Türkei bestatten, obwohl sie in Deutschland gelebt haben und ihre Verwandten auch weiterhin hier leben. Gefühlsmäßig hatten sie sich noch nicht in Deutschland niedergelassen.
Die Brandanschläge von Mölln, Hoyerswerda und Solingen wurden bekannt und verursachten große öffentliche Betroffenheit. Die vielen alltäglichen, rassistisch motivierten Angriffe gegen Ausländer werden von Behörden und Medien gern

verschwiegen, damit sie keine schlechte Publicity bringen und weil sie eben zu alltäglich sind.

Die drei Hauptakteure des NSU (Nationalsozialistischer Untergrund) haben innerhalb von sieben Jahren, zehn Personen mit türkischem und griechischem Migrationshintergrund getötet und wurden dabei nicht gefasst. Die Ermittlungen konzentrierten sich nur auf die Opferfamilien selbst. Polizei und Ermittler vermuteten, dass die Mordopfer selbst in kriminelle Milieus verwickelt waren. Die Hinterbliebenen wurden dahingehend vernommen. Die einzige Gemeinsamkeit aller Opfer, die in verschiedenen Städten der Bundesrepublik lebten, war ihr Migrationshintergrund. Trotzdem wurde ein fremdenfeindlicher Hintergrund dieser Morde ausgeschlossen – ja, nicht einmal in Betracht gezogen. Dieses Vorgehen zeigt, dass auch Behörden und Institutionen in vorherrschenden Vorurteilen gefangen sind und dementsprechend handeln. Türke – Getto – mangelhafte Sozialisation - Kriminalität – Drogen – mafiöse Strukturen - Schutzgelderpressung – Mord.

Ein anderer Grund für das fehlerhafte Handeln der Polizei wäre aber noch beunruhigender: Dass sie zwar einen rechtsradikale Hintergrund vermutet oder vielleicht sogar erkannt, aber absichtlich nicht verfolgt hat. Man kann sich das Vorgehen der Polizei in diesem Fall nicht anders erklären. Es sei denn, sie sind wirklich sehr, sehr unfähig. Was in anderen Mordfällen aber nicht der Fall ist.

Als die Täter dann bekannt waren, wurde der Fall erst recht kompliziert. Es gibt heute mehr ungeklärte Fragen als Antworten:

1. Warum erschossen so kaltblütiger Killer sich selbst? Oder wurden sie erschossen? Von wem?

2. Warum brannte der Wohnwagen nach ihrem Tod? Sollten Beweise vernichtet werden? Warum Beweise vernichten, wenn die Haupttäter bereits tot sind?

3. Warum ist der Verfassungsschutz trotz vieler Hinweise auf Untergrundaktivitäten jahrelang nicht gegen den NSU tätig geworden?

4. Warum wurden Akten über einzelne Terroristen des NSU vom Bundeskriminalamt vernichtet? Und das nachdem der NSU aufgedeckt worden war.

5. Warum schweigt der Verfassungsschutz?

Wäre dies ein Hollywoodfilm, wüsste man sofort, dass es hier nicht um ein paar durchgeknallte Rechtsradikale geht. Die Reaktionen des Staatsapparates verdeutlichen dies in brisanter Art und Weise:

1. Es wurde kein Mitarbeiter des Verfassungsschutzes in U-Haft genommen.

2. Es wurden keine weiteren Akten beschlagnahmt - damit nicht noch mehr Akten verschwinden?

3. Niemand wagt sich an die Auflösung oder den Neuaufbau des Verfassungsschutzes.

Obwohl es hier nachweislich um rechtsradikale Taten geht und Deutschland auf Grund seiner Nazivergangenheit eine besondere Verantwortung in dieser Sache trägt, kommt keine wirkliche Aufklärung zu Stande. Traut man sich nicht? Vor wem oder was hat man Angst? Warum agieren die Verantwortlichen so vorsichtig? Das alles weiß man nicht. Was man aber weiß ist, dass die Türken sich in Deutschland unsicher fühlen. Sie verlieren den Glauben an den so hoch gepriesenen Rechtsstaat. Anscheinend kann oder vielleicht will der Staat die Türken auch gar nicht beschützen.

Stattdessen wird jahrelang diskutiert, ob man die NPD verbieten soll. Aber was soll ein Parteiverbot bringen, solange den führenden Köpfen dieser Organisation kein Politikverbot erteilt werden kann? Durch die fortlaufenden Diskussionen erhalten sie stattdessen noch mehr Aufmerksamkeit, können sich als ‚Verfolgte des Systems' stilisieren und bekommen am Ende noch mehr Wählerstimmen. Wird die Partei verboten, formieren sich die gleichen Leute neu, gründen die nächste Partei und machen weiter wie bisher. Dann dauert es wieder Jahre, bis die Politik erneut reagieren kann. Wissen die Verantwortlichen das nicht oder sind sie wirklich so unfähig? Oder wollen sie dieses Problem vielleicht gar nicht wirklich loswerden?

Der mögliche Beitritt der Türkei zur Europäischen Union wird dagegen mit scheinheiligen Argumenten bekämpft: Die Türkei hätte eine nicht EU-kompatible Kultur, wäre undemokratisch, hätte Tendenzen zum Gottesstaat und läge geographisch auch gar nicht in Europa. Das unterstützt natürlich den Gedanken, dass die in Deutschland lebenden Türken auch nicht Deutschland-kompatibel sind.

Jeder, der sich mit der Europäischen Union auskennt weiß dagegen, dass diese Argumente nur vorgeschoben sind. Es gibt nur sehr wenige Länder an die vergleichbare Aufnahmebedingungen gestellt wurden. Auch hier liegt die Vermutung nahe, dass die Antipathie gegen die Türken und die Türkei eine wichtige Rolle spielt. Zwar wird beständig betont, dass die EU kein christlicher Club sei, aber anscheinend ist es doch sehr schwer, ein muslimisch geprägtes Land - kein islamisches Land, wie immer wieder behauptet wird - aufzunehmen. Erkennbar wurde dies, als mehrere Mitgliedsstaaten der EU versuchten den christlichen Gottesbezug in die EU-Verfassung aufzunehmen. Es beschleicht einen manchmal das Gefühl, dass die Religionskriege des Mittelalters noch immer nicht verdaut sind und eine alte Feindschaft gern gepflegt wird.

In der Öffentlichkeit wird fast ausschließlich über den radikalen, fundamentalistischen Islam gesprochen und dabei suggeriert, dass alle Moslems sich danach richten oder zumindest für derart radikale Haltungen anfällig sind. Wird einmal über einen friedfertig und integrativ denkenden Muslim berichtet, so lautet zumeist die erste Frage, ob er sich nicht gegen die radikalen Tendenzen verteidigen müsse. Der Islam und seine Gläubigen bleiben in der öffentlichen Wahrnehmung sehr negativ belegt. Das steht persönlichen Begegnungen natürlich enorm im Weg. Der eine will herausfinden, ob er es mit einem radikalen Islamisten zu tun hat, der andere muss irgendwie belegen, dass er es nicht ist. „Hier schau unter mein Bett: Keine Bomben, keine Waffen und auch kein Koran mit vergifteten Seiten!"

Der Islam steht im öffentlichen Diskurs oftmals für Gewalt, für die Unterdrückung der Frauen, für Demokratiefeindlichkeit, für Ultra-Konservativismus und für eine mittelalterliche Weltanschauung. Damit unterscheidet er sich eigentlich nicht von der katholischen Kirche. Aber genau wie bei den christlichen Religionen können auch die Glaubenssätze des Islam von jedem Gläubigen anders ausgelegt werden. Der Friedfertige wird Bibel oder Koran so zu lesen verstehen, dass sich ihre zentralen Glaubensinhalte zum Nutzen aller verwirklichen können.

Dass das auch beim Islam so ist, kann man sich nicht vorstellen. Die Aussage des damaligen Bundespräsidenten Christian Wulff „Der Islam gehört zu Deutschland", hat daher eine Schockwelle in Deutschland ausgelöst - als sollten jetzt islamische Religionsvorschriften in Deutschland eingeführt werden und alle sich zum Gebet gen Mekka wenden. Der Bundespräsident wollte die Moslems in Deutschland willkommen heißen und deutlich machen, dass auch sie Bürger Deutschlands sind. Ein sehr erfreuliches und sehr starkes Signal für die hier lebenden Türken. Diese Aussage schien allerdings nur seine persönliche Ansicht zu repräsentieren und nicht die der Öffentlichkeit. Merkwürdigerweise verlor er nach dieser Aussage in den regelmäßigen Umfragen an Sympathiewerten. Und plötzlich stand auch seine Vergangenheit im Fokus der Öffentlichkeit: Vor allem Journalisten der Bildzeitung recherchierten zu einer möglichen Vorteilsnahme in seiner Zeit als Ministerpräsident Niedersachsens. Christian Wulff musste vor einen parlamentarischen Untersuchungsausschuss.

Der Zusammenhang lässt sich wahrscheinlich nicht nachweisen, merkwürdig bleibt es trotzdem. Zumal damit seine islamfreundliche Aussage auch völlig in den Hintergrund geriet.

Als Gegenreaktion zu dem fremdenfeindlichen Klima und im Bewusstsein der Verantwortung gegenüber der deutschen Nazivergangenheit, gibt es in Deutschland auch eine zunächst tolerant anmutende liberale Strömung, die aber für die Integration ebenfalls nicht hilfreich ist. Denn solange es sich nicht um eine nachgewiesene Straftat handelt, wird hier auf alle Probleme mit Ausländern mit übermäßigem Verständnis reagiert. Man will die Migranten in Ruhe lassen, ihre Eigenarten unterstützen und sie darin auch noch unterstützen. In den Schulen wird zum Beispiel akzeptiert, dass türkischstämmige Mädchen am Schwimmunterricht oder an Klassenfahrten nicht teilnehmen, wenn ihre Eltern dies aus religiösen Gründen ablehnen. Genau die Eltern, die sich ansonsten eher nachteilig behandelt fühlen, erfahren in einer völlig unpassenden Situation plötzlich Verständnis für ihr Verhalten. Ihre Kinder verlieren derweil den Kontakt zu den Klassenkameraden, wenn sie nicht sogar auf Grund ihrer ‚Privilegien' ausgegrenzt werden. Andere muslimische Eltern, die ihre Kinder eigentlich zum Schwimmunterricht schicken würden, geraten unter ‚religiösen' Druck. Legen sie ihren eigenen Glauben richtig aus?

Laut einer Studie des Kriminologischen Instituts Niedersachsen von 2010 wünschen sich fast alle deutschen Jugendlichen keinen Kontakt zu türkischen Jugendlichen. Dagegen empfinden über 50 % der türkischen Jugendlichen den Kontakt zu Deutschen als angenehm. Die Feindschaft und ethnisch bedingte Übergriffe unter den Jugendlichen nehmen zu. Ausländerfeindlichkeit und Deutschfeindlichkeit schaukeln sich gegenseitig hoch.

Fremdenfeindlichkeit ist in Deutschland leider so sehr zur Normalität geworden, dass man sie fast gar nicht mehr merkt. Die Floskel „ein hoher Ausländer-Anteil" wird inzwischen fast ausschließlich benutzt, wenn ein Problem nach Begründung ruft. „Ein hoher Ausländer-Anteil" heißt dann für eine Schule: Niedriges Niveau, problematische Schüler, gewalttätige Übergriffe. In einer englischsprachigen Privatschule in Köln beträgt der „hohe Ausländeranteil" sogar 80%. Erstaunlicher Weise haben sie keine Probleme. „Ein hoher Ausländeranteil" in einer Wohngegend bedeutet: Niedrige Mieten, schlechte Wohnqualität, hohe Kriminalität, sozialer Brennpunkt. Nicht nur, dass man damit das eigentliche Problem verschweigt, man liefert auch den Schuldigen sofort mit. Eine einfache Formel: „Schuld an unseren Problemen trägt der Ausländer!" Gab es diese Phrase nicht schon einmal in Deutschland?

Es gibt nicht einen Grund!

Das alttestamentarische Wunder bleibt leider aus. Bei diesen Rahmenbedingungen kann es kein reibungsloses Zusammenleben geben.

Weißt Du eigentlich, wie man einen ausländischen Mitbürger mit deutschem Pass nennt? Nein? Man nennt ihn einen AMMDP! Einen was? Einen ausländischen Mitbürger mit deutschem Pass. Oder meinst Du wirklich, dass sich etwas ändert?

Ich kam als Türke nach Deutschland, um ein Deutscher zu werden. Nach kurzer Zeit habe ich festgestellt, dass ich den Status ‚Kanake' verlassen durfte und mir der Status eines ‚Ausländers' zuerkannt wurde. Nach zwei Jahren schaffte ich es, zum ‚ausländischen Mitbürger' zu werden. Danach musste ich acht Jahre lang im Status ‚Migrant' verharren. Dann bekam ich endlich den deutschen Pass und wurde zum „Deutschen mit Migrationshintergrund". Nunmehr lebe ich seit rund dreißig Jahren in Deutschland und werde als „ein ganz normaler Deutscher" bezeichnet - „...mit Migrationsgeschichte!" Auf die nächste Stufe bin ich sehr gespannt. Die Eskimos haben derart viele verschiedene Wörter für Schnee, weil es für sie überlebenswichtig ist. In Deutschland versucht man diesen den Rekord zu brechen. Es scheint, dass man aus Überlebensgründen 1001 verschiedene Wörter für „Ausländer" sucht.

Was bringt die Zukunft?

Die Optimisten sagen „Ach, es wird sich schon geben. Mit der Zeit werden alle Türken selbstverständlich Teil dieser Gesellschaft werden. In hundert bis hundertfünfzig Jahren gibt es keinen Unterschied mehr zwischen deutschen und türkischen Namen!" Dann folgt meist das Beispiel mit den Polen, die sich ja auch hervorragend integriert hätten. Außer den polnischen Nachnamen ist sei ja nichts übrig geblieben. Na, das scheint mir doch eine tolle Motivation für die Türken, die heute in Deutschland leben. Sie können sich für hundert Jahre in flüssigen Stickstoff legen und es anschließend noch einmal mit der Wohnungssuche versuchen. Lassen sie sich zusammen mit einem Duden einfrieren, haben sie bis dahin auch gut Deutsch gelernt.

Die perfekte Integration der polnischen Arbeiter im Ruhrpott ist aber leider nur ein weit verbreitetes Gerücht und mit der Situation der Türken heute nicht vergleichbar. Mit diesem Beispiel versucht man zu zeigen, dass andere ethnische Gruppen kein Problem haben die Anforderungen der Aufnahmegesellschaft zu erfüllen und dass die deutsche Gesellschaft sehr wohl in der Lage ist Ausländer aufzunehmen. Die Geschichte hört sich durchaus plausibel an. Es gibt in der Tat viele Deutsche mit typischen polnischen Nachnamen, die kein polnisch sprechen können und auch keine polnischen Gebräuche pflegen. So stellt man sich gelungene Integration vor und erwartet die gleiche Entwicklung mit den Türken. In einhundert Jahren!

Der Unterschied zu den türkischen Gastarbeitern ist allerdings prägnant:

Die Einwanderung der Polen nach Deutschland im 19. Jahrhundert war keine Immigration, sondern vor allem eine inländische Bewegung von Arbeitssuchenden. Die betreffenden polnischen Gebiete gehörten damals zum deutschen Kaiserreich.

Die Polen haben sich mit ihrer Familie bewusst für einen Umzug in eine andere Region entschieden und sich von ihrer Heimat innerlich verabschiedet. *Für die Türken bedeutete die Reise nach Deutschland eine Art Saisonarbeit.*

Dass sie ihren Umzug selber organisierten zeigt, dass sie in der Lage waren, ihre Verantwortung selbst in die Hand zu nehmen und ihr Leben in einem anderen Umfeld neu zu gestalten. *Die Türken mussten noch nicht einmal ihre Zugtickets selber kaufen und wussten nur sehr wenig über ihr Reiseziel.*

Da eine ausreichende Telekommunikation und gute Reisemöglichkeiten am Ende des 19.Jahrhunderts fast völlig fehlten, hatten die Polen kaum Kontakt zu ihrem Heimatort. *Die Türken konnten jedes Jahr in die Heimat fahren und durch die sich stets verbessernden Telefonleitungen, in Verbindung bleiben.*

Und die Wahrheit bezüglich der polnischen Integration sieht ebenfalls anders aus. Anfänglich haben sich die Polen keineswegs nahtlos in die Gesellschaft eingefügt. Im Gegenteil: Sie suchten und gründeten Zusammenhänge, in denen sie unter sich bleiben konnten. Sie hatten ihre eigene Zeitung, polnischsprachige Vereine aller Art und sogar eine eigene Gewerkschaft. Ehen wurden fast ausschließlich untereinander geschlossen. Und 1903 wurde die Polnische Nationaldemokratische Partei gegründet, die sogar im Reichstag vertreten war. Noch nicht einmal die gleiche christliche Religion schaffte eine Brücke zur Integration: Die Polen bildeten ihre eigenen kirchlichen Gemeinden. Sie lebten und pflegten die Kultur ihrer Herkunft. Das schaffte viele Ressentiments und sogar eine antipolnische Stimmung: Schalke 04 wurde wegen der vielen Spieler mit polnischen Namen als „Polackenverein" beschimpft.

Nach der Neu-Gründung des polnischen Staates im Jahre 1918 kehrten die meisten Polen dann in ihre Heimat zurück. 1938 lebten nur noch ca. 150.000 polnischstämmige Menschen innerhalb der Grenzen des deutschen Reiches. Dagegen leben zurzeit ca. 2,8 Millionen türkisch-stämmige Menschen in Deutschland. Während des Dritten Reiches waren polnische Vereine verboten. Die Kinder wurden aus den Schulen verwiesen, Arbeitsstellen gekündigt, die Menschen deportiert oder sogar ermordet. Und die übrig gebliebenen? Sie haben sich assimiliert. Wie viele waren es? Stammen alle polnischen Namen wirklich von den assimilierten Polen? Oder kommen sie nicht vielleicht doch aus Oberschlesien oder aus Masuren? Das weiß keiner von denen, die über den „polnischen Integrationserfolg" reden. Es ist grob fahrlässig, mit dem Hinweis auf den Erfolg der polnischen Integration der heutigen ethnischen Spaltung tatenlos zu zusehen.

Wenn man unbedingt einen Vergleich ziehen will, dann hat die Entwicklung der türkischen Community in Deutschland eher Parallelen zu der der Afroamerikaner in den USA.

Beide Gruppen wurden nur nach dem Gesichtspunkt der körperlichen Leistungsfähigkeit ausgewählt und in ein für sie völlig fremdes Land befördert. Die Afroamerikaner mit Gewalt, die Türken mit dem Versprechen guter Verdienstmöglichkeiten. Ungebildet wie sie waren, starteten sie in ihrer neuen Heimat auf dem niedrigst-möglichen Arbeiterstatus und wurden entsprechend behandelt. Selbst nach Aufhebung der Sklaverei in den USA verdienten die Afroamerikaner nicht genug Geld und mussten - wie die Türken heute - in den ärmeren Gegenden wohnen. In diese Stadtviertel wurde wenig investiert und so entwickelten sie sich mit der Zeit zu sozialen Brennpunkten, zu Gettos. Deren Bewohner haben wenig Geld, wenig Bildungschancen, wenig Selbstwertgefühl und wenig Zukunftsperspektive - die Kriminalität nimmt zu. Das führte zu weiterer Stigmatisierung und Diskriminierung. Ihren Kindern geben sie alles mit, was sie besitzen: Wenig Geld, wenig Selbstbewusstsein, wenig Unterstützung, wenig Bildung, wenig Perspektive und wenig Hoffnung. Die Zeit hat dieses Problem in den USA nicht gelöst, sondern es eher verschärft. Türken leben mittlerweile schon in der 4. Generation in Deutschland und es scheint, dass sich hier das Gleiche abzeichnet.

Wenn sich bei der politischen Gestaltung der Integration nichts ändert, dürfen wir uns auf die Steigerungen in Deutschland freuen:

• Es gibt immer mehr Schulabgänger ohne Abschluss oder mit nur unzureichender Qualifikation. Die Anzahl unausgebildeter Jugendlicher, die keine Arbeit finden und von den Sozialsystemen abgefangen werden müssen, wächst.
Die Steuern steigen.

• Frustrierte, perspektivlose Menschen geraten in kriminelle Milieus.
Die Anzahl der Delikte steigt.

• Türkischstämmige Akademiker fühlen sich in Deutschland nicht mehr wohl und wandern ab. Gute Beitragszahler fallen weg - die Sozialversicherungsbeiträge steigen.

- Die eigentlichen Herausforderungen des Landes bleiben ungelöst, neue Problemfelder erwachsen daraus.

- Arbeitsstellen können nicht qualifiziert besetzt werden. Wichtige Arbeiten bleiben unerledigt.

- Diese negativen Auswüchse haben nicht nur finanzielle Folgen, sie gefährden auch den sozialen Frieden. Dem Rassismus wird ein fruchtbarer Boden bereitet. Übergriffe häufen sich. Es beginnt bei den Randgruppen, wie es derzeit bei den Salafisten und Rechtsradikalen beobachtet werden kann und erfasst dann langsam weitere Teile der Gesellschaft.

- Vorbehalte, Vorurteile und offene Feindschaften nehmen zu. Die fortlaufende Erfahrung von Diskriminierung führt dazu, dass die türkischstämmige Bevölkerung sich miteinander solidarisiert und in Netzwerken zusammenschließt. Es werden eigene Schulen eingerichtet, eigene Solidaritäts-Vereine gegründet, eigene Parteien ins Leben gerufen. Fühlen sich diese Gruppierungen stark genug, werden sie ihrerseits nach Möglichkeiten suchen, deutschstämmige Menschen zu benachteiligen. Das führt zum Schulterschluss innerhalb der verschiedenen Bevölkerungsgruppen und stärkt das Bewusstsein für die eigene ethnische Identität. Es spaltet die Gesellschaft. Gewalttätige Auseinandersetzungen sind abzusehen.

Ich höre Euch jetzt sagen: „Jetzt übertreibst Du aber!" Ja, ich hoffe, dass ich falsch liege. Aber die Wahrscheinlichkeit, dass alles so kommt wie ich es beschreibe, ist relativ hoch. Die Frage ist: Wollen wir abwarten und uns damit in unbekannte Risiken stürzen? Oder wollen wir endlich die Probleme anpacken und sie lösen? Es reicht nicht, dass alle Türken perfekt Deutsch sprechen können.

„Doch, doch, doch, doch, Anton. Ich kann mich ja noch nicht mal unterhalten, wenn der Türke nicht Deutsch sprechen kann" - „Willst du dich wirklich mit einem Türken unterhalten, dem deutsch egal ist, Günter? - „Natürlich!" - „Gut ich übersetze. Komm wir gehen zu ihm und sprechen ihn an,,
- „So, wir sind hier beim Mustafa. Was willst Du ihn fragen?"
- „Ja ähem! Guten Tag, wie geht´s?"
- „Merhaba nasilsin? - Er sagt, es geht ihm gut."
- „Alles klar so?"
- „Ok mi? - Er sagt ja!"
- „Und wie ist es denn sonst so?"
- „Ok mi gidiyor? - Er sagt, es ist OK!"
- „Sind sie kriminell?"

- „Kriminel misin? - Er sagt nein"
- „Sind sie arbeitslos?"
- „Arbeitslos musun? - Er sagt nein."
- „Aber vielleicht demnächst?"
- „Ama yakinda Arbeitslos olucakmisin? - Er sagt nein."
- „Wollen Sie nicht wenigstens einen fundamentalistischen Gottesstaat gründen?"
- „Fanatik Gottesstaat kurmak istiyormusun? - Er weiß nicht, was das ist."
- „Anton. Gibt es nicht gebildetere Türken, mit denen ich sprechen kann?"
- „Natürlich. Aber da brauchst du dann ja keinen Übersetzer, nicht wahr?"

Können wir gemeinsam die Probleme lösen?

Das ist mein letztes und gleichzeitig mein Lieblingskapitel. Ich möchte die Probleme nicht nur benennen, sondern versuchen sie zu analysieren und Auswege aufzuzeigen. Das mache ich jetzt übrigens nicht als Türke, wie Ihr mich vielleicht gerne sehen möchtet, sondern als ein Mitglied dieser Gesellschaft, der Gefahren erkennt und seine Verantwortung wahrnimmt.

Vergessen wir für einen Moment alle Probleme, Unwägbarkeiten, gegenseitige Forderungen und Schuldzuweisungen. Das größte Problem, das unbedingt gelöst werden muss, ist die durch jahrelange destruktive Kritik entstandene Antipathie. Sie spaltet die Gesellschaft, entfernt die Menschen voneinander und verhindert eine konstruktive Zusammenarbeit. Es wird sich nichts lösen lassen, solange zwei angespannte Gruppen einander gegenüber stehen und eine aggressive Stimmung die Diskussion beherrscht.

Integrationsprogramme stoßen heutzutage zumeist auf Ablehnung. Auch wenn sie gute Ansätze und hehre Zielsetzungen haben, zunächst stößt man auf Gegenwehr in der Bevölkerung. Mühsam versucht man die Menschen von der Maßnahme zu überzeugen und doch bleibt der gewünschte Erfolg aus. Weder sind die meisten Türken, noch der überwiegende Teil der deutschen Bevölkerung aufs Neue bereit, an Integrationsproblemen zu arbeiten. Alle sind das Thema leid, die meisten haben resigniert. Man will auch nicht mal mehr versuchen zusammenzuleben. Deshalb will auch niemand Kompromisse eingehen.

Eine Lösung für alle offenen Fragen der Integration wäre, alle Türken und alle anderen missliebigen Ausländer des Landes zu verweisen. Das allerdings würde die wirtschaftlichen Probleme der Bundesrepublik enorm vergrößern. Die Binnennachfrage sinkt, die Produktion muss zurück gefahren werden, die Arbeitslosigkeit steigt. Über 60.000 türkische Unternehmen müssten geschlossen werden, die Steuereinnahmen würden sinken, die deutschen Mitarbeiter verlören ihren Job. Der Nachwuchs würde fehlen, das bestehende demographische Problem sich eklatant vergrößern, die Renten müssten gesenkt werden.

Eine andere Lösungsstrategie für das türkische Integrationsproblem könnte sein, eine andere Minderheit, wie zum Beispiel die Rumänen oder die Bulgaren in den Fokus zu nehmen. Die Fremdenfeindlichkeit konzentriert sich auf die neuen Ausländer, die Kritik an den Türken lässt nach. Dies ist schon einmal erfolgreich geschehen, als der negative Fokus, in dem die Italiener standen, auf die einwandernden Türken verschoben wurde. Bis die Türken nach Deutschland kamen wurden die Italiener als „Spaghetti-Fresser" beschimpft. Heute sind die Türken „Knoblauch-Fresser" während die Italiener als besonders attraktive und gut integrierte EU Bürger gelten. Das Feindbild ändert sich, die Fremdenfeindlichkeit aber bleibt und spaltet die Gesellschaft weiter.

Das Ziel muss es sein, langsam zu einer neuen Gesellschaft zu verschmelzen und friedlich miteinander zu leben.

Wir haben keine andere Wahl: Wir werden zusammenleben müssen. Wir können Deutschland nicht entvölkern, um von vorn zu beginnen. Nur Einzelne von uns können und wollen das Land verlassen. Also müssen wir nicht nur zusammenleben, sondern auch zusammen arbeiten und zusammen Probleme lösen.

Das funktioniert aber nur dann, wenn man dies gerne und freiwillig tut. Umweltschutz und Mülltrennung funktionieren in Deutschland auch nur deshalb so gut, weil die Mehrheit davon überzeugt ist hier etwas Gutes zu tun und nicht weil sie dazu verpflichtet werden. Wir befolgen gerne die gesetzten Regeln, weil sich alle vom Umweltschutz eine höhere Lebensqualität versprechen. Und wir versuchen auch ständig, andere davon zu überzeugen, so dass die Akzeptanz für Umweltschutzmaßnahmen ständig steigt.

Wir müssen die gegenseitige Sympathie befördern, damit die Integrationsmaßnahmen angenommen werden und vielleicht sogar Eigeninitiative entsteht. Wenn man sich sympathisch ist, geht man eher Kompromisse ein, man respektiert sich. Es hört sich vielleicht sehr romantisch an, aber eine ausgelassene und freundliche Atmosphäre wird viel mehr für die Integration bringen, als es die Einführung neuer Gesetze und Regelungen je vermag.

Man muss die verschiedenen Kulturen unter einem Dach vereinen und gezielt daran arbeiten, daraus eine neue Gesellschaft hervorgehen zu lassen. Statt auf die Unterschiede sollte man sich auf die Gemeinsamkeiten konzentrieren und diese in gemeinsamen Aktionen fördern. Auf dieser Basis entwickelt sich eine neue Kultur, die die Menschen zusammenführt und es ihnen ermöglicht, die Unterschiede als Bereicherung zu erfahren. Mit dieser neuen Kultur werden sich alle viel leichter identifizieren können. Es ist dann weder die deutsche Leitkultur, noch die türkische Leidkultur, noch die italienische Lightkultur noch irgendeine andere aus einem anderen Land – es ist eine neue Kultur der in Deutschland lebenden Menschen. Sie bezieht sich auf das Hier und Jetzt. Sie ist etwas, das man zusammen kreiert und etwas über die Menschen, die heute hier leben, aussagen wird. Sie ermöglicht es, sich selbst definieren zu können und verhindert, sich für die eine oder andere Kultur entscheiden zu müssen. Eine neue Identität wird entstehen. Die Migranten in Deutschland sind auf der Suche nach einer klaren Identität. Die Identität ihres Ursprungslandes verschwindet von Tag zu Tag, von Generation zu Generation. Und die deutsche Identität bleibt ihnen verschlossen, weil sie stets als Fremde betrachtet werden.

Aber nicht nur die Migranten suchen nach einer neuen Identität. Auch die Deutschen sind im Aufbruch. Sie suchen die Chance, sich neu zu definieren. Noch immer lasten die Schatten des Dritten Reiches, des Holocausts und auch der DDR Vergangenheit auf ihnen. Darunter ist aber der Wunsch nach einer weltoffenen, lebensbejahenden Identität zu spüren. Noch stehen sie sich selbst im Weg, die vermeintlich Fremden unter ihnen als einen vitalen Teil von sich selbst zu verstehen.

Jeder würde davon profitieren, wenn es die Möglichkeit gäbe sich gemeinsam neu zu definieren.

Zusammen eine neue Kultur zu entwickeln und damit eine neue gemeinsame Identität zu schaffen ist die Lösung des heutigen Integrationsproblems.

Eine neue Identität, die sich auf alle Menschen hier und heute bezieht, die eine positive Ausstrahlung hat, die offen für andere Menschen und Ideen ist, die die ethnische Identitäten verbindet und auf die man vor allen Dingen stolz sein kann – das bietet einen idealen Rahmen, um die vielfältigen ethnischen Gruppen in Deutschland zusammenzuführen. Es wäre eine Identität, die durch den geografischen Raum ‚Deutschland' gegeben ist, den man gemeinsam bewohnt und gestaltet - eine territoriale Identität. Die territoriale Identität wird die ethnische Identität nicht ersetzen, sondern sie sinnvoll ergänzen. Sie steht nicht im Widerspruch zur ethnischen Identität. Die eine zeigt die ethnische Zugehörigkeit, die andere die territoriale Verbundenheit, die ja über die Menschen wesentlich mehr aussagt. Die territoriale Identität zeigt, wo ich zu Hause bin, wo ich mich am besten auskenne, wo mein Lebensmittelpunkt ist und mit wem ich zusammen lebe. Ein Türke, der in Deutschland lebt, hat zum Beispiel mit einem Italiener oder einem Deutschen, die ebenfalls in Deutschland leben, viel mehr gemeinsam, als mit einem Türken, der in den USA lebt. Mit diesem verbindet sie eventuell noch die gleiche Sprache - die sie aber ohnehin nicht mehr perfekt beherrschen. Mit den Menschen in Deutschland verbindet sie aber alles - angefangen von den Verkehrsregeln, über die Sprache bis hin zu der aktuellen wirtschaftlichen Lage. Es ist daher viel sinnvoller die territoriale Identität hervorzuheben, als die wenig aussagekräftige ethnische. Die territoriale Identität führt die Menschen zu einem Team zusammen.

Territoriale Identität – die D-Länder

Den ersten Schritt für diese neue territoriale Identität habe ich bereits ans Laufen gebracht und die D-Länder Kampagne ins Leben gerufen. Die Kampagne sucht nach einem Namen für alle Menschen in Deutschland und will damit die Aufmerksamkeit auf die Zusammengehörigkeit und auf die gemeinsame Zukunft lenken.

Ich gebe zu, das Wort ,D-Länder' (Deutschländer) ist nicht besonders schön und auch nicht besonders kreativ. Daher kann auch ein jeder etwas anderes vorschlagen. Besser ist es, 100 Begriffe für die Zusammengehörigkeit zu haben, als gar keine Bezeichnung dafür.

Skeptiker werden sicher einwenden, dass allein ein neues Wort nichts bringt. Viele Menschen werden sich auch in Zukunft auf ihre ethnische Zugehörigkeit beziehen und das Trennende, das sie von anderen Kulturen unterscheidet in den Vordergrund stellen. Es mag ja sein, dass es viele Menschen gibt, die sich nichts außer ihrer ethnischen Identität vorstellen können. Für sie wird sich nichts ändern. Sie werden sich sicherlich weiterhin mit anderen ethnischen Gruppen anlegen und sich gegenseitig bekriegen. Rassistische Denkmuster werden sicher allein deswegen noch nicht verschwinden. Aber es gibt viele Menschen, die gegen Rassismus eingestellt sind und die friedlich miteinander leben wollen. Sie bekommen dann endlich die Möglichkeit, ihre Meinung auch kundzutun, ohne sich auf ein Lager beziehen zu müssen. Denn die D-Länder Kampagne befürwortet weder, dass die Ausländer sich an die Deutschen anpassen müssen, noch dass die Deutschen alles hinnehmen müssen, was die Ausländer anstellen. Sie stärkt die Meinung der Menschen, die friedlich miteinander leben wollen und bekämpft damit rassistisches Gedankengut. Und dabei geht es natürlich nicht nur um Türken und Deutsche, sondern um alle Menschen - mit oder ohne Migrationshintergrund.

Sobald die Bezeichnung D-Länder ein erstes Bewusstsein für die territoriale

Identität geschaffen hat, wird man sich besser aus Integrationsdiskussionen heraus halten können. Wenn dann ein türkischstämmiger Mensch gefragt wird: „Fühlst Du dich eher als Türke oder als Deutscher" muss er sich nicht zwischen diesen beiden Möglichkeiten entscheiden, sondern kann sich auf seine territoriale Identität beziehen und sagen „Ich bin ein D-Länder!" Damit kann er genau das ausdrücken, was er eigentlich antworten will: „Ich stamme ja vielleicht aus einem anderen Land, aber ich gehöre zu Deutschland und das hier ist meine Heimat!" Und auch für einen Deutschen ist es dann einfacher in den Diskussionen als „D-Länder" Stellung zu nehmen. Er bringt damit zum Ausdruck: „Ich bin gegen Rassismus und erachte die Migranten als gleichberechtigter Mitbürger. Und diese Sichtweise ist die des Souverän dieses Landes, nämlich unsere."

Spätestens seit den siebziger Jahren ist Deutschland ein Einwanderungsland und noch immer ist vielen nicht klar, was das bedeutet.

Über die D-Länder Kampagne hinaus, könnte man mit folgenden Maßnahmen die Entwicklung positiv beeinflussen:

- Eine gemeinsame Bezeichnung für alle Menschen in Deutschland wird eingeführt: D-Länder.

- Die doppelte Staatsangehörigkeit wird grundsätzlich erlaubt.

- Jeder der länger als fünf Jahre in Deutschland lebt, erhält das uneingeschränkte Wahlrecht.

- Die Namensänderung nach erfolgter Einbürgerung wird erleichtert. Jeder kann den Namen wählen, von dem er meint, dass er für sein Leben in Deutschland von Vorteil ist.

- Der Religions-Unterricht wird durch den Ethik Unterricht ersetzt. Die Kinder werden in religiösen Dingen nicht mehr getrennt und bekommen gleichzeitig andere Religionen objektiv vermittelt.

- Es wird ein nationaler Feiertag für die „D-Länder" eingeführt, an dem alle Menschen in Deutschland gemeinsam feiern können. Er könnte am ‚Tag der deutschen Einheit' stattfinden und diesen erneuern.

- Es werden dezentrale Wettbewerbe ausgeschrieben, die nach den besten Ideen zur Förderung eines gedeihlichen Miteinanders suchen.

- Ein medialer ,National Contest' sucht nach den besten Songs für die „D-Länder Identität". Diese können bei Feiern gemeinsam gesungen werden.

- Mit Jugendlichen wird ein D-Länder Tanz entwickelt und als Flash Mobs aufgeführt.

- Als wichtige symbolische Geste wird die Aufschrift auf dem deutschen Bundestag „Dem deutschen Volke" geändert in: „Den Menschen in Deutschland"

Und nicht zu guter Letzt

- Der Laizismus wird eingeführt und konsequent umgesetzt. Der Einfluss religiöser Organisationen wird minimiert, die Objektivität des Staates gewährleistet. Kirchliche und religiöse Organisationen dürfen keine weltlichen Einrichtungen wie Krankenhäuser, Kindergärten, Schulen, Sozialeinrichtungen u.a. mehr betreiben. Andersgläubige können hier nicht mehr benachteiligt werden.

All diese Maßnahmen kosten so gut wie kein Geld, aber sie würden helfen, die Menschen zusammen zu bringen und sie zu motivieren, sich an der Gestaltung des gemeinsamen Lebens aktiv zu beteiligen.

Wenn man Geld an die Hand nehmen kann oder möchte, könnten zudem noch folgende Maßnahmen eingeleitet werden:

- Für alle neu Zugewanderten werden kostenlose Pflichtkurse angeboten, in denen sie auf das Alltagsleben in Deutschland vorbereitet werden. Dazu gehören dann Sprachkenntnisse, Verhaltensregeln und Umgangsformen, zivilgesellschaftliche und rechtliche Grundlagen.

- Das dreigliedrige Schulsystem wird abgeschafft und eine eingliedrige Gesamtschule im Modulsystem eingeführt. Durch kleinere Klassen, mehr Lehrer und gute Konzepte werden die Kinder auf diese Weise maximal gefördert.

- Alle konfessionellen Schulen werden geschlossen. Die religiöse Trennung der Gesellschaft wird gestoppt.

- Es werden bilinguale Schulen eingeführt. Kinder mit einer anderen Muttersprache sind somit nicht mehr benachteiligt und deutsche Kinder können wie selbstverständlich die Sprache der Migranten erlernen.

- In den Schulen wird ‚Interkulturelle Kompetenz' als Unterrichtsfach eingeführt. In den Volkshochschulen wird das Gleiche für Erwachsene angeboten.

- Es werden Begegnungsstätten eingerichtet, in denen sich Migranten und Einheimische auf Augenhöhe treffen können. Hier können gemeinsame Aktivitäten unternommen werden, wie zum Beispiel Gartenarbeit, Kochen, Sport, Spielen, Gesprächsrunden und anderes mehr.

Dies sind nur ein paar Vorschläge, aber es gibt sicherlich noch tausende von anderen Möglichkeiten, die die Gesellschaft in eine gemeinschaftliche und kooperative Richtung lenken werden. Erst aber gilt es, die Bereitschaft in der Gesellschaft zu wecken, solche Maßnahmen mit zu tragen. Gegen den Willen der Menschen wird man keine Veränderung durchsetzen können. Das erste Ziel muss es deshalb sein, die Sympathie für einander zu wecken und zu fördern. Die richtigen Schritte werden dann automatisch folgen.

„Das hast Du jetzt aber schön gesagt, Anton!" - „Danke Günter!" - „Wo hast Du denn so was gelernt? Doch nicht etwa in der Türkei?" - „Nein Günter. Beim Friseur!"

Nachwort

Ich kam nach Deutschland mit dem Ziel zu studieren, Karriere zu machen, neue Freunde kennen zu lernen, meine Hobbys auszubauen und so schnell wie möglich ein Teil dieser Gesellschaft zu sein. Ich war jung motiviert und gut vorbereitet.

Bereits nach fünf Jahren war ich erfolgreicher als viele Einheimische in meinem Alter, was mir mit Anerkennung bestätigt wurde. Als ich dann endlich die deutsche Staatsangehörigkeit beantragte, dachte ich, mein Ziel erreicht zu haben. Allerdings zeigte mir die Behandlung durch die Behörden, dass man mich noch immer noch als Fremden betrachtete. Ich fand hier keine „Willkommenskultur" sondern eher die Haltung: „Wenn es dir nicht passt, kannst Du ja wieder gehen." Das überraschte mich. Denn ich betrachtete mich schon längst als ein Teil der Gesellschaft, während die Gesellschaft offensichtlich in mir immer noch einen Fremden sah. Sie ordnete mich der Gruppe der „Türken" zu, aus der ich nicht herauskam. Zwar bin ich natürlich ein Türke, aber was sagt das über mich aus? Ich habe mir meine ethnische Identität nicht freiwillig ausgesucht, deshalb kann diese Identität über mich nichts aussagen. In Deutschland reicht diese Information aber anscheinend aus, um mich beurteilen zu können. Als Türke ist man kein unbeschriebenes Blatt, sondern eine mit Vorsicht zu genießende Person. Ich musste viel Überzeugungsarbeit leisten und beweisen, dass ich den herrschenden Vorurteilen nicht entspreche. Nachdem ich dies geleistet hatte, ging es dann darum, zu begründen warum die anderen Türken sich nicht integrieren und so schlecht benehmen würden. Ich habe für mich entschieden, zu solchen Vorurteilen zwar Stellung zu beziehen, aber nie zu versuchen, die Türken zu verteidigen oder gar zu versuchen, geäußerte Vorurteile zu widerlegen. In der absurden Logik solcher Konversationen macht man sich dann selbst ‚schuldig' und wird für das Gegenüber unglaubwürdig. Oftmals erwidere ich dann: „Ja, die Türken sind so schlecht, aber ich bin eine Ausnahme. Ich habe mich gebessert!" Wenn ich dann noch anfüge, dass meine Familie irgendwo und irgendwann ein deutsches Gen mitbekommen hat, beruhigen sich die Leute und sind froh, dass sie ihre Vorurteile behalten dürfen.

Ereignisse wie die Anschläge vom 11. September 2001 oder der Beitrittswunsch der Türkei in die Europäische Union und die sich daran anschließenden Diskussion, verschärften die Vorurteile gegenüber Türken und Moslems. Wegen der mir zugewiesenen Identität fühlte ich mich ständig betroffen. Ich wurde gezwungen mich als Türke zu fühlen und die Verantwortung für berechtigte oder unberechtigte Kritik gegenüber den Türken zu übernehmen. Deshalb habe ich mich laufend mit der Thematik befasst und versuchte heraus zu finden, woher diese Probleme kommen. In der intensiven Beschäftigung wurden für mich eine Vielzahl von Faktoren evident, die die Aufnahme von Migranten in die Gesellschaft und ein gedeihliches Zusammenleben erschweren oder unmöglich machen. Als stärkster Faktor stellt sich mir der ethnische Dauerstreit dar, der heute als Integrationsproblem bezeichnet wird.

Das Buch habe ich aus der Sicht des deutsch-türkischen Verhältnisses geschrieben, da ich mich damit am besten auskenne und die deutsche Gesellschaft anscheinend die größten Probleme mit diesem Verhältnis hat. Aber natürlich steht es auch exemplarisch für alle Migrantengruppen, die in Deutschland leben. Ich habe versucht, bei meinen Beschreibungen und Beobachtungen objektiv zu bleiben. Dennoch ist für den geneigten Leser meine persönliche Betroffenheit sicher trotzdem zu erkennen. Ich höre öfters, dass ich mich eigentlich gar nicht beklagen dürfte, ich wäre doch von Diskriminierung oder Fremdenfeindlichkeit gar nicht betroffen. Doch jedes Mal, wenn meine in der Türkei lebende Mutter mich und ihre Enkel besuchen will, dauert es circa drei Monate bis alle bürokratischen Formalitäten erledigt sind. Damit meine Einladung an sie von der Ausländerbehörde akzeptiert wird, muss ich unter anderem meine Kontoauszüge der letzten 6 Monate, die Geschäftsbilanzen der letzten drei Jahre, eine Prognose meines Steuerberaters für das laufende Jahr, den Mietvertrag für meine Wohnung sowie Nachweise für meine sämtlichen finanzielle Verpflichtungen vorlegen. Meine Mutter muss ihrerseits einen Einkommensnachweis, Grundbuchauszüge, und Krankenversicherungsunterlagen sowie die Gewerbeanmeldung und die Steuerbescheide vom Arbeitgeber ihres Ehemanns beibringen. Obwohl ich seit nunmehr 20 Jahren deutscher Staatsangehöriger bin, darf die Ausländerbehörde entscheiden, wann meine Mutter mich und ihre Enkel sehen darf. Sie hat kein Anrecht, ihre engsten Verwandten zu besuchen. Wenn sie kein Visum erhält, sehen wir sie eben gar nicht. Mir und meinen heranwachsenden Kindern wird so die Möglichkeit genommen, eine lebendige Beziehung zu ihr aufrecht zu erhalten. Versuche ich, diesen Umstand auf der Ausländerbehörde zu erklären, bleiben die Beamten sehr sachlich: „Wir können nichts für sie tun. Ihre Mutter ist Türkin und die Visapflicht gilt für sie genauso wie für alle Anderen." Ich vermisse dann nur noch die Frage: „Warum haben sie als deutscher Staatsangehöriger auch eine türkische Mutter?" Selber schuld. Jeder vernünftige Mensch in Deutschland wird mir sicher Recht geben, dass die Visa-Pflicht in solchen Fällen aufgehoben werden muss. Aber die Gesetze bestehen und diskriminieren Menschen wie mich. In der Türkei sagt man dazu: „Kurunun yanında yaş da yanar" (Neben trockenem brennt auch nasses Holz). Bis zum Flächenbrand.

Mir geht es nicht darum einen Schuldigen zu finden. Die Frage, ob die Deutschen oder die Türken Recht haben stellt sich mir gar nicht. Das wäre eine typisch rassistische Betrachtung, die ich mit meinem Buch ja bekämpfen will. Es geht um die Rahmenbedingungen, die für die negativen Entwicklungen verantwortlich sind. Wenn in dem Buch von Deutschen die Rede ist, geht es mir um Gesetze, gesellschaftliche Regeln und Konventionen, öffentliche und veröffentlichte Meinungen, um die Medien, Politiker… also um all diejenigen, die für diese Rahmenbedingungen verantwortlich sind. Es geht mir nie um einen einzelnen Deutschen. Im Gegenteil, es gibt viele sehr moderne, fortschrittlich denkende Menschen (D-Länder) in Deutschland. Diese möchte ich meinem Buch erreichen. Ich hoffe, dass wir gemeinsam die ungünstigen Rahmenbedingungen und das dahinter liegende, oftmals noch immer sehr vorurteilsbeladene Bewusstsein in Deutschland ändern können.

Köln, im Mai 2014
Alparslan Babaoğlu-Marx

DANKE

Ich will mich bei Allen, die bei der Entstehung des Buches geholfen haben, herzlich bedanken.

Besonderer Dank gilt:
- meinem Lektor und Regisseur Gregor Leschig
- Domid e.V. Köln für die Möglichkeit zu recherchieren
- Erhan Zengi (80ML) für die Gestaltung
- Maximilian Ruland für die Literatur Hinweise